東アジアの福祉資本主義

教育,保健医療,住宅,社会保障の動き

イアン・ホリデイ＋ポール・ワイルディング 編
Ian Holliday and Paul Wilding

埋橋孝文・小田川華子・木村清美・三宅洋一・矢野裕俊・鷲巣典代 訳

Welfare Capitalism in East Asia
Social Policy in the Tiger Economies

法律文化社

WELFARE CAPITALISM IN EAST ASIA
Social Policy in the Tiger Economies
Edited by Ian Holliday and Paul Wilding

Editorial matter, selection and Chapters 1, 2, and 7
© Ian Holliday and Paul Wilding 2003
Chapter 4 © Ian Holliday 2003
Remaining chapters © Palgrave Macmillan 2003

First published in English under the title
WELFARE CAPITALISM IN EAST ASIA 1st edition
by Ian Holliday and Paul Wilding
by Palgrave Macmillan, a division of Macmillan Publishers Limited.
This edition has been translated and published
under license from Palgrave Macmillan.
The author has asserted the right
to be identified as the author of this Work.

Japanese translation rights arranged
with Palgrave Macmillan Ltd, Hampshire, England
through Tuttle-Mori Agency, Inc., Tokyo

目　次

第1章　東・東南アジアのタイガー経済地域における福祉資本主義
■イアン・ホリデイ，ポール・ワイルディング …………… 1
1　なぜ，東・東南アジア福祉資本主義なのか？　3
2　社会政策の分析と東アジア福祉モデル　6
3　東アジア福祉モデルを超えて　12
4　分析的アプローチ　14
5　本書の構成　19

第2章　タイガー地域における社会政策の背景
■イアン・ホリデイ，ポール・ワイルディング …………… 23
1　基礎的データ　23
2　香　港　28
3　シンガポール　31
4　韓　国　33
5　台　湾　35
6　社会政策のプロセス　38
7　類似点と相違点の評価　41

第3章　教　育
■カ-ホ・モク ………………………………………………… 45
1　歴史と基本的方向性　46
2　規　制　52
3　供　給　63
4　財　政　69
5　評　価　74
【国・地域別の要約】

第4章 保健医療
　■イアン・ホリデイ ………………………………………………… 81
　　1　歴史と基本的方向性　81
　　2　規　　制　89
　　3　供　　給　96
　　4　財　　政　102
　　5　評　　価　106
　　【国・地域別の要約】

第5章 住　　宅
　■ジェームズ・リー ……………………………………………… 115
　　1　歴史および基本的方向性　116
　　2　規　　制　122
　　3　供　　給　129
　　4　財　　政　134
　　5　評　　価　139
　　【国・地域別の要約】

第6章 社 会 保 障
　■ユン-ウェン・クー ……………………………………………… 147
　　1　歴史と基本的方向性　147
　　2　規　　制　153
　　3　供　　給　160
　　4　財　　政　167
　　5　評　　価　171
　　【国・地域別の要約】

第7章 結　　論
　■イアン・ホリデイ，ポール・ワイルディング ………………… 181
　　1　類似点と相違点　181
　　2　東アジア福祉モデル論争　194
　　3　21世紀のタイガー地域における社会政策と福祉資本主義　204

訳　注　209
参考文献　213
年表：香港，シンガポール，韓国，台湾　239
訳者解説　267
人名索引・事項索引　273

凡　　例

1．原文で' 'と表記されているものは，日本語訳では「　」と表記した。
2．原文のイタリック表記は＜　＞に入れた。
3．初出人名はカタカナの後に（　）で英語表記を入れた。人名で著書，論文を表している場合には，そのまま原文で表記した。
4．原著で明らかに間違っていると考えられる箇所は適宜訂正した。
5．原著および本邦訳書の通貨表示はすべてアメリカドル表示である。原著出版時の為替レート：1アメリカドル＝7.8香港ドル（HK＄），1.8シンガポールドル（S＄），1200韓国ウォン（won），35台湾ドル（NT＄）。

■著者紹介

Ian Holliday（イアン・ホリデイ）
香港城市大学公共・社会行政学科長，教授（政策研究）。マンチェスター大学，ニューヨーク大学での教鞭をとった経歴をもつ。現在の研究関心は東アジアにおける政治制度と公共政策の比較分析。

Yeun-wen Ku（古允文，ユン-ウェン・クー）
国立曁南（Chi Nan）大学（台湾）社会政策・ソーシャルワーク学科教授（社会政策）。台湾から東アジア諸国に及ぶ福祉の発展と政策論議に関する著書多数。現在，台湾社会政策学会事務局長・部会長。

James Lee（ジェームズ・リー）
香港城市大学公共・社会行政学科準教授（専門は住宅政策）。ブリストル大学で博士号取得（住宅政策）。アジア太平洋住宅研究ネットワーク創立者のひとり。

Ka-ho Mok（カ-ホ・モク）
香港城市大学人文・社会科学部副部長，公共・社会行政学科準教授。比較教育・公共政策研究に強い関心。香港教育研究学会会長，香港比較教育学会副会長。

Paul Wilding（ポール・ワイルディング）
マンチェスター大学名誉教授（社会政策）。ノッティンガム大学，ウェールズ大学カーディフ校，香港城市大学で教鞭をとる。社会福祉に関するイデオロギー上の諸問題，専門職団体の権力（professional power）と福祉国家，イギリスにおける社会政策の全般的な問題に関する著書多数。

■訳者紹介（50音順，所属，専門）

埋橋孝文（うずはし　たかふみ）1章，訳者解説
同志社大学社会学部教授
社会政策・社会保障論

小田川華子（おだがわ　はなこ）5章，7章2・3節
花園大学社会福祉学部専任講師
地域福祉・参加型地域社会開発論

木村清美（きむら　きよみ）6章
大阪産業大学経済学部教授
生活経済論

三宅洋一（みやけ　よういち）2章
大阪経済大学経済学部講師
国際経済・アジア経済論

矢野裕俊（やの　ひろとし）3章
大阪市立大学大学院創造都市研究科教授
教育学・高等教育論

鷲巣典代（わしず　のりよ）4章，7章1節
日本バプティスト病院准看護師，介護支援専門員，社会福祉士
高齢者医療福祉

■年表作成者紹介

香港，シンガポール：三宅洋一
（上掲訳者紹介参照）

韓国：孫　希叔（ソン・ヒスク）
同志社大学大学院社会学研究科博士後期課程院生
高齢者福祉・社会福祉実践論

台湾：高橋　隆（たかはし　たかし）
社団法人かながわ福祉サービス振興会研究員，社会福祉士
社会福祉学・社会保障論

第1章
東・東南アジアのタイガー経済地域における福祉資本主義

Ian Holliday, Paul Wilding
(イアン・ホリデイ, ポール・ワイルディング)

　ここ20, 30年，東・東南アジアのいわゆるタイガー経済地域[*1]における経済社会的発展をめぐっての学術的・政治的関心が著しく高まってきた。経済発展をめぐる関心が高まってきた理由は明らかである。戦後，持続的な高度経済成長がまず最初に日本でみられ，ついで香港，シンガポール，韓国，台湾という「4つの小龍」(four little dragons) に波及した [Vogel, 1991]。そうした経済成長はその後インドネシア，マレーシア，タイにも及ぶことになったが，持続的な高成長はこれらの国の近代史のなかで先例のないものであった [Morley, 1999]。第2次世界大戦後に独立した旧植民地は，経済的には国際的な順位表の下位に甘んじていた。しかし，そのうちのいくつかの国は急速な経済成長をみせ，その結果，1人当たり所得を世界でもトップレベルまで急激に高めることになったのである。周辺地域から脱する発展経路に関心のある人々が東アジアの経験に着目するようになったのは，自然の成り行きであった [Haggard, 1990]。

　やがて，かなり長期に経済不振に陥っている国々との2種類の系統の対比が注目を集めることになった。第1は，今日なお未発展の国々，とりわけアフリカの国々との対比であり，多くの東・東南アジアの国は短期間のうちにそれらの国を追い抜いてしまった。今日では，1960年代初めに韓国がガーナと同じ経済発展水準にあったとはにわかに信じがたい。国連開発計画 (UNDP) は，韓国の2000年の1人当たりGDP (購買力平価換算) を1万7380ドル，ガーナのそれを1964ドルと算定している。国連開発計画は2002年に総合人間開発指標 (composite Human Development Index) で測って韓国を27位にランクづけしたが，ガーナの順位は129位であった [UNDP, 2002]。1950年代半ばに南朝鮮 (韓国) と分か

れることになった北朝鮮の1人当たりGDPは現在およそ1000ドルであり，韓国の数字のほぼ5％である［CIA, 2002］。第2のより多く行われる対比は，先進国ではあるが近年停滞している西欧の国と比べてみてのことであり[*2]，1970年代，80年代にいくつかの東・東南アジア経済地域はそれらの国に追いつくようになった。その結果として，以下のような標題の学術的研究が出版されることになった。

・『ジャパン・アズ・ナンバーワン』［Vogel, 1979］
・『アジア経済地域のハイパー成長』［Chen, 1979］
・『台湾成功物語』［Kuo et al., 1981］
・『通産省と日本の奇跡』［Johnson, 1982］
・『アジアの次の巨人－韓国と遅れた産業化』［Amsden, 1989］

　1990年代初めに，世界銀行が日本の働きかけにより，東・東南アジアの経済発展に関する特別研究グループを発足させた［Wade, 1989］。この研究成果は1993年に『東アジアの奇跡』［World Bank, 1993］という標題で出版された。

　東アジアの「奇跡」という考えには，常に異議申し立てが行われてきた［Krugman, 1994］。もちろん，あと知恵ではあるが，東・東南アジアをめぐるいくつかの主張には誇張があることも見て取れる。1997年7月2日，それまでアメリカドルに連動していたタイのバーツが，国際通貨システム上の変動相場制に移行し，その直後に10％減価した。引き続くアジア金融危機では，アジア，ラテンアメリカ，東欧などの新興市場で，高潮のような通貨・株の投げ売りが生じたのである。東・東南アジアからの資本逃避はこれらの地域の多くの国内経済の脆弱性を暴露し，通貨危機と経済危機のドミノ効果をもたらすことになった［Haggard, 2000］。私たちの取り上げている4つの国・地域では韓国の受けた痛手がもっとも大きかった。

　アジア金融危機発生の原因に関する多くの説明は，国際的要因，とりわけアメリカ合衆国が主導する団体によってこの地域に課せられた新自由主義的政策措置を強調している。たとえば，ウェードとベネロッソは「ウォール街／アメリカ財務省／IMF複合体」に非難されるべき原因があるとしている［Wade and Veneroso, 1998］。しかし，国内的要因を重視する説明もいくつかあり，それらは不適切なガバナンスの要因を強調している［Rhodes and Higgott, 2000：3］。

危機は，この地域における「クローニー資本主義」(crony capitalism)[*3]という性格を暴露し[Kang, 2002]，今後の経済展望に関する自信を掘り崩すという長期的な影響を及ぼすことになった。日本の経済的不振が10年を超えたこともあって，東アジアの発展モデルは，もはや，かつてのようには賞賛されなくなっている。

東・東南アジアの発展が社会面で西欧の人々の注意をひくには，やや時間がかかった。しかし，1980年代後半までに，社会発展の問題が経済発展と並んで研究文献の中での有力なテーマにますますなりつつあった。同分野で研究者に強烈な印象を与えたのは，この地域での社会発展を支える強固な社会的凝集性（social cohesion）であり，また，それにともなう良好な社会的成果（social outcome）であった。東・東南アジアの国々は急速な経済成長を記録するのと同時に，低い税率と低い割合の公的支出，うらやましいほどの高い社会的安定性，乳幼児死亡率や平均寿命，教育水準のような生活の質をめぐる指標での高いスコアを達成していたのである。その結果として，一連の学術的な研究が新しく現れることになった。それらは書籍よりも論文の形をとったものが多かったが，次のような代表的な書籍も出版された。

・『東アジア福祉モデル』[Goodman et al., 1998]
・『儒教主義福祉クラスター』[Lin, 1999]
・『東アジアにおける社会福祉の発展』[Tang, 2000]
・『東南アジアにおける福祉資本主義』[Ramesh, 2000a]

本書で試みるのは，これらの著作によって喚起された議論をよりいっそう発展させることである。

1　なぜ，東・東南アジア福祉資本主義なのか？

過去15〜20年間に東・東南アジア福祉資本主義への関心が高まった理由のいくつかは明白であり，すでに本書で言及してきた。成功したと認められたものは，遅かれ早かれ，常に注意をひきやすい。しかし，それだけではない。注意をひきつけることと密接に関連するのはタイミングの問題である。この地域の社会政策の強みが発見された時期は，20世紀を通してしかるべき位置を占めて

きた西欧福祉国家が持続的な批判と攻撃を受けた時期と重なる。石油価格が高騰し経済成長がストップした1970年代半ばに，西欧諸国の多くが突然の苦痛を覚えつつ経験した「国家の財政的危機」［O'connor, 1973］は，反国家主義へ，というイデオロギー上の変更を前面に押し出すことになった。この変更は最初にイギリス，アメリカで，その後，その他の国で進行した。カステルの言葉を借りれば，「＜レッセフェール＞資本主義という失われた楽園を捜し求めていた」人にとって［Castells, 1992：34］，東・東南アジアにおける自由で制約のないと考えられる経済はたいへん魅力的に映ったのである。クリス・パッテン（Chris Patten）は香港総督の在任中に，香港の急速な経済成長は公的支出の割合が低いことの産物であるとイギリス保守党に伝えた［Kwon, H.J., 1998a：38-9］。国家の役割を縮小し，公的支出を引き下げ，市場により多くの活動の余地を与え，個人の責任を強調することを望む人々にとって，このメッセージは大いに歓迎されたのである。

　同時に東・東南アジアの経験はまったく異なった関心をもつ人々の興味をひくことになった。この地域で起こりつつあることを観察した人々の多くは，レッセフェールよりも国家が，経済的・社会的発展を刺激するための能動的な役割を成功裏に果たしていたことを見出した。この分野での初期の重要な著作は，ジョンソンによる日本の「開発主義国家」の分析であった［Johnson, 1982］。この著作は次のことを明らかにした。戦後期の東・東南アジア地域のめざましい経済的進歩は，古典的なリベラリズムに近似したものの産物ではなく（そういう主張もあるが），むしろ，統治された市場を生み出す国家主義的要素によるものである［Wade, 1990］。アジア金融危機後にこの議論は再評価され，全体として再び強調されることになった［Weiss, 2003］。

　開発国家理論の系論を取り上げれば，社会政策研究者は国家の役割が経済的領域に限定されないことに注目してきた。さらに彼らは，この地域にみられる管理された福祉資本主義の種類が，西欧で知られているどれともアプローチや方向性の点で大いに異なることを明らかにした。こうした点にもとづいて東・東南アジアのダイナミックな経済は，レッセフェールの自由主義と福祉国家を重視する社会民主主義との間の第3の道を代表するとの主張が現れた。また，東・東南アジアの国家はジェソップの「シュンペーター的ワークフェア国家」

[Jessop, 1994]，もしくはセルニーの「競争国家」[Cerny, 1997] に近似しているという別の主張も現れた。この経験が移転可能かどうか，可能とすればどの程度に可能か，また，どのようにすれば移転可能なのかを検討するようになったのは自然の流れであった。

　さらに，東・東南アジアの発展をめぐる論争には，文化的要因を重視する刺激的な議論もある。その特徴は儒教がこの地域で果たしている役割に強い関心をもっていることである [Rozman, 1991 ; Tu, 1996]。この言説の政治的な系論は「アジアの価値」論争 [Lee, 2000 ; Bell, 2000] として知られるようになった。その場合，往々にして儒教の伝統のある社会での信頼と協力の情緒的ネットワークがもつ経済的な重要性に焦点が当てられた。たとえば，カステルは Hamilton and Biggart (1988) に依拠しながら，東アジアにおける現代のビジネス・ネットワークを以下の3つに区分した。つまり，日本における共同体論理 (a communitarian logic)，韓国における世襲論理 (a patrimonial logic)，台湾の企業にみられる中国の父性原理 (a patrilineal logic) である [Castells, 2000 : 195]。しかしながらより包括的な議論としては，中国の＜関係＞，日本の＜人間関係＞，韓国の＜縁故＞などによって作られるつながりとそこで生まれるネットワークは，あらゆる形態の社会組織に浸透するという主張がある。中国の＜郷親企業＞，日本の＜系列＞，韓国の＜財閥＞，台湾の＜家族企業＞が経済の領域の例である。しかし，そうした例は，たとえば政治の領域での派閥など，他でもみられる [Hahm et al., 2001 ; Bell and Hahm, 2003]。社会の領域での議論は，そのようなネットワークがユニークな形の社会政策を生み出したと主張する。その場合の社会政策は，家族を中心とした強固でインフォーマルな紐帯の上に構築されるのである [Jones, 1990, 1993 ; Lin, 1999]。

　東・東南アジアの福祉発展への関心に火をつけたもうひとつの要因は，国際比較研究に対して学界および実務専門家の関心が増大したことである。このことはとくに1980年代後半に顕著になった。この点をめぐる1990年代以降の画期的な研究がエスピン-アンデルセンの『福祉資本主義の三つの世界』であった。同書は，先進福祉システムを自由主義，保守主義，社会民主主義という包括的カテゴリーに配置することを試みた [Esping-Andersen, 1990]。彼の分析でのひとつの盲点は，東・東南アジアの資本主義国家の福祉の状況にはあまり注意が振

り向けられていないことである。日本のケースは言及されているが，詳しくは論じられていない。それどころか，まったく不十分にしか取り扱われていないと考える向きもある。確かにエスピン-アンデルセン自身が後にこの点を認め，「日本の福祉国家をラベリングするどのような試みも時期尚早である。というのも，それはまだ制度的に十分根づいていないからである」[Esping-Andersen, 1997: 179] と述べている。東・東南アジアの他の国はまったく言及されていない。その結果，さまざまな独特の伝統と観点をもつそれらの国出身の著者がエスピン-アンデルセンの分析を取り上げたときに，東・東南アジアの社会政策および社会発展の性格をめぐる論争が生まれてくることになる。この地域に関心をもつ人々が福祉資本主義の世界をめぐる議論によって喚起される明白な問題は，アジアがどの程度類型論にフィットするか，もしくは逆に，類型論が東・東南アジアにフィットするか，というものであった [Jones, 1993; Lin, 1999]。この関心は，より一般的に「三つの世界」の分析の強固さと限界を見極めることに興味のある人々によっても共有された。

東・東南アジアへの関心が高まっていることの，あまり目立たないが重要な理由は，私たちがますますグローバル化する世界におり，そのなかで，アジアの存在がこれまで以上に大きくなってきているということである。このことは，戦後期の日本の勃興，1970年代後半からの中国の世界舞台への再登場，1997年7月に起こったアジア金融危機，2001年9月のアメリカでの，また，2002年10月のインドネシアでのテロリスト攻撃などにそれぞれ部分的に反映している。もっともダイナミックな動きを示している地域からなる東・東南アジアが多くの注目を集めるようになり，いまなおそうであるのは，自然の成り行きであった。

2 社会政策の分析と東アジア福祉モデル

東・東南アジアの社会政策をめぐる議論に大いに貢献したもっとも初期のものは，1980年代半ばにさかのぼることができる。1986年にミジリーは「東アジア福祉レジーム」についての論文を著した。彼はそれ以降の研究で重要になるアプローチを暗示したが，それを詳しく展開したわけではない [Midgly, 1986]。

1990年代にジョーンズは，香港，台湾，シンガポール，韓国の福祉をめぐるアプローチを検討し，これら4つの国・地域をまとめて「家産的福祉国家」(oikonomic welfare states) と表現した [Jones, 1990：25]。彼女は，この言葉によって，それぞれの国・地域の主たる関心が良好な家計管理であることを示した。ジョーンズは，その後の論者がするように，4つの国・地域における重要な差異と並んで共通する要素を強調した。彼女によれば，これらの国・地域は福祉へのアプローチをめぐって共通の核となるような信念，価値観と優先事項をもっているという意味での「中国的な性格」(Chineseness) を共有している。この中国的な性格には次のものが含まれる。
・政策目標としての経済成長の至高性
・福祉の供給者としての家族への信頼
・服従と義務の強調
・福祉の基礎としての秩序と社会的安定性に対する確信
・政治への嫌悪
・コミュニティの建設と強化への関心
・国家への低い期待
・社会正義や社会的権利，再分配政策への関心の欠如
・西欧スタイルの福祉国家施策が意味しているものに対する基本的な懸念

　以上のような類似したパターンと並んで，非常に明確ないくつかの相違点もある。たとえば，保健医療における組織や財政方式，住宅の分野での国家の役割の点で違いがあり，また，社会保険メカニズムを利用することへの態度などが異なる。

　ジョーンズは3年後に4つの国・地域を再び分析したが，その際，かつて家産的な福祉国家と呼んだものを「儒教主義的福祉国家」と呼びかえた [Jones, 1993：198]。そのことによって彼女は，それらの国・地域が共有する性格の特徴が何であるかについての自分の見解をそれとなく明らかにした。ジョーンズはまた，その儒教主義的福祉国家が「福祉国家の『独自のブランド』を構成する」と明確に主張した [Jones, 1993：199]。それに加えて彼女は，それがエスピン-アンデルセンの類型に当てはまるかどうか，当てはまるとすればどれに相当するかという問題に取り組み，その結果，当てはまらないと判断した。つま

り，あまりに多くの社会的管理が存在するため自由主義的とはいえない。社会民主主義の世界にみられる重要な再分配への強い志向性が存在しない。また，保守主義的コーポラティストのグループにもうまく当てはまらない。ジョーンズは4つの国・地域はそれらとは異なるものであり，次のような性格で特徴づけられる儒教主義的福祉国家であると主張した。すなわち，これらの国・地域は「(西欧スタイルの) 労働者の参加がみられない保守主義的コーポラティズム，キリスト教を欠いた補足性の原理，平等を欠く連帯，自由解放主義 (libertarianism) なき自由放任主義である。もし別の表現があるとしたら，伝統的な儒教主義的拡大家族でこそみられるようなスタイルの『家計経済』的福祉国家である」[Jones, 1993：214]。中国，香港，日本，シンガポールからなる「儒教主義的福祉クラスター」をめぐるリンの分析は，こうした見解をより洗練化している [Lin, 1999]。

　日本，韓国，台湾の社会政策をめぐるグッドマンとペングの分析は，ジョーンズに続いてこの地域における福祉資本主義に関する論議に貢献した。彼らの分析は上の3地域よりやや広い地域的文脈での考察をも含んでいた。グッドマンとペングは「『西欧』のパターンとは異なる『東アジア社会福祉レジーム』と呼ぶべきケースとなりうることを示唆している」と主張した [Goodman and Peng, 1996：193]。これらの国・地域はおおむね「市場指向的・保守的な社会福祉におけるリーダー」に該当すると分類されたのである [Goodman and Peng, 1996：192]。とりわけ，彼らは台湾と韓国が日本の慣行を反映し「西欧の流れに沿った社会福祉展開のパターンから根本的に乖離している」ことに注目し [Goodman and Peng, 1996：194]，両地域の共通した要素を取り出している。西欧福祉国家から区別される共通の特徴とは，儒教というひとつの言語の共有，個よりも集団の重視，経済的配慮の優先，公的福祉の供給への抵抗感，家族の重視，西欧的アプローチへの嫌悪感である。

　その後展開された議論は『東アジア福祉モデル』というタイトルの論文集でひとつの頂点に達したといえる [Goodman et al., 1998]。同書は日本と4つの「小龍」を分析した。序文でホワイトとグッドマンは「はたして東アジア福祉モデル (The East Asian Welfare Model, EAWM) といった産物が実際に存在するのか，もし存在するとしたらそれはどのようなものであり，どのようにして生成

してきたものか」という中心的な問題に真正面から立ち向かっている［White and Goodman, 1998 : 4］。彼らの結論は慎重なものであるが，最終的には否定的である。この地域における福祉システムは西欧のそれとは異なり，その限りにおいて「共通の要素を共有している独自の福祉の経験を構成する」［White and Goodman, 1998 : 13］。それにもかかわらず，明確で重要な差異が存在し，それを踏まえると，「これら5つの国・地域に共通する1つの同質的で全体を包括するような『東アジア福祉モデル』という考えは誤解を招きやすい」［White and Goodman, 1998 : 14］。この結論は興味深く，また重要である。それは単にタイトルの有効性を否定しようとする著者がほとんどいないだけの理由ではない。政策の違いにもとづいてモデルを拒否するというそのやり方にもよる。確かに，共通した社会的問題に対する5つの地域の対応は均質的でない。つまり，実際の政策やプログラムのレベルでは明らかに本質的な差異が存在する。他方，「全体を包括するような」方法といえるもの──経済的目標への社会政策の明確な従属──を共有する。それは事の成り行きを左右する原理が根本のところで一貫していることを意味し，5つの国・地域をある程度まとまったものとしている。

　私たちは以前の論文のなかでとりわけ＜東アジア福祉モデル＞によって喚起された論争に，2つの仕方で貢献しようとした。2つの仕方とは，第1に，そのモデルが存在する根拠を要約し，また，その根拠を評価することであり［Wilding, 2000］，第2に，実際に存在するものをより正確に記述する専門的用語を改訂し精緻化することである［Holliday, 2000］。ワイルディングの結論は，東アジア福祉モデルの考えが次の2つの点で潜在的に有意義であるというものであった。つまり，伝統的な西欧アプローチの方法と異なる明確で重要な相違点を指摘し，また，この国・地域の社会政策の目的（aims）と目標（objectives），優先事項にみられる重要な類似点をさし示す点で有益であると指摘したのである。このコンセプトは，あまり極端な形で主張されない限りでは役に立つ。ホリデイは東アジア福祉モデルのコンセプトのなかの制約的で誤解を招きかねないと考えた2つの要素，つまり，地理的要素と「モデル」という用語の使用をやめることを試みた。ホリデイはグッドマンと彼の同僚が分析した5つの国・地域の福祉志向のなかの中心的・代表的な要素を描き出した。それは生産主義

(productivism) という要素である。彼は生産と経済成長への関心をより低次の政策上の差異を超えて存在するヘゲモニー上の統一的な推進力であると考えた。これを基礎にして，彼は5つの国・地域を生産主義的福祉資本主義の例であると定義した。それぞれの国・地域における社会政策は，西欧におけるよりもよりいっそう明示的かつ持続的に，経済成長への主要な関心に従属しているとされた。その従属は明らかに首尾一貫しており，また，熟慮のうえでなされたものであった。5つの国・地域間の政策上の差異を認め考慮に入れるために，彼は包括的な生産主義的グループのなかのサブカテゴリーを考案した［Holliday, 2000：710］。

東アジア福祉モデルの論議をやや超えて検討範囲を広げれば，近年の研究に対して貴重な貢献をした著書として，タン（Tang）の『東アジアにおける社会福祉の発展』（*Social Welfare Development in East Asia*）を挙げることができる。同書の中心的部分は，東アジアの福祉発展というかなり疑わしき名前で呼ばれているものについての国際比較研究を進展させるために，香港，シンガポール，韓国，台湾の公的福祉を分析した部分である。私たちの見解によれば，タンの議論の出発点はかなり問題点を含んでいる。彼の問題設定は「なぜ東アジアでは社会福祉が進展していないのか」［Tang, 2000：vii］というものである。論点のこうした切り口の問題は，世界のどこかで――タンは明らかに西欧福祉国家を想定している――適切な発展水準のモデルが存在すると仮定していることである。タンは適切な発展と望ましい目標をめぐる基準に関する暗黙の見解をもっており，それにもとづいて分析を加えている。タンの前掲書はいくつかの有益な国際比較上の議論を含んでいるものの，本質的には比較研究ではない。同書はおおむね以下の3つの中心的な研究関心に支えられている［Tang, 2000：8］。すなわち第1に，社会発展の達成水準からみて4つの国・地域はどこに位置するか，第2に，なぜそれらは現状のように発展してきたのか，第3に，それらの将来のありうるべき方向と発展パターンはどのようなものか，である。これらによって提供されるかなり一般的な手引き以外に，ケース・スタディのための強固な共通の枠組みはない。国ごとに分析するアプローチを採用していることにより，比較研究の作業が著しく複雑なものになっている。効果的な比較研究は，私たちの見解によれば，堅固な共通枠組みを具備しつつ，もっと範囲が

狭く扱いやすい (manageable) サービスにもとづく比較から始めるべきである。それにもかかわらずタンの著書は多くの長所をもっている。第1に，4つの国・地域のケース・スタディはそれぞれの国・地域の社会発展についての鋭い記述的分析となっており，その発展を理解するための豊富な事実や分析上の基礎を提供している。第2に，同書は，西欧の福祉発展に関する理論は東アジアの状況に適合しないとし，福祉の低い発展段階 (underdevelopment) と呼ばれている状況に関してもう1つの有益な説明を与えている。第3に，国家中心的理論 (state-centred theories) の観点からの発展の説明が重要である。第4に，将来をめぐる議論は，4つの国・地域で採用されているアプローチの本質的で社会的な，現時点での基礎構造を提示している。最後に，これら4つの国・地域が社会発展の多くの基本的な分野でどのような成果をあげているのかの評価を試みている。

　最後に，ラーミッシュの『東南アジアにおける福祉資本主義』(*Welfare Capitalism in Southeast Asia*) は，これもまた東アジア福祉モデルの議論から距離をおいたものではあるが，研究の進展に貢献したもうひとつの著作である。同書の際立った強みは，シャープな政治学的アプローチ，東南アジアについての詳細な分析，それに関連したその他の国，とりわけ東アジア諸国の社会政策をめぐっての叙述にある。彼は西欧での社会政策の発展に密接に関わっている諸要因——産業化，都市化と人口高齢化——が東南アジアでの公的福祉拡張の動因になっていないという難問から出発する [Ramesh, 2000a：6]。彼はそれゆえに，東南アジアの社会政策の展開に関する別の説明を試みる。儒教の役割のような文化的説明は，東南アジアが「安易な一般化を許すにはあまりにも多様である」という理由から批判されている [Ramesh, 2000a：7]。「儒教主義」と形容されてよい国・地域もあれば，そういえない国・地域もあるのである。それに代えてラーミッシュは，東南アジアでは中道左派政党や労働組合が存在しないことと政府がとる本質的で重要なプラグマティズムを指摘する。彼は，社会政策の発展を，本質的には権力の座にある政権への政治的支持を構築する願望の産物としてみている [Ramesh, 2000a：9-10]。この分析は微妙な意味合いをもっているが，鋭いものである (nuanced and perceptive)。彼の分析は，輸出指向の発展戦略が社会政策展開の鍵となる形成要因であるというデヨ (Deyo) の議論

の価値を強調するが，デヨのこの命題は，この地域の異なる国々がなぜ異なった社会政策の戦略を採用しているのかを理解する手がかりを与えていないことも指摘する［Ramesh, 2000a：12］。また，国際的要因を政策の展開の説明モデルに組み込むことの価値を認めつつも，そのような国際的制約と並んで，経済進歩の資本主義的パターンによって生み出される福祉発展への国内的圧力を見据える必要性を強調する。東南アジアの現実の政策レベルに関するラーミッシュの結論は，「国家や政策間の類似性はわずかであり，バリエーションが多く」，そのなかでは教育については明確な類似性があり，社会保障政策については類似性がもっとも少ない，というものである［Ramesh, 20001：15-16］。ラーミッシュの研究は，私たちの研究のような直接的な比較研究ではない。それは，一部には東南アジアでの社会政策のその他の領域を取り上げていないからである。そのことは，それぞれの国の制度に関する「建設的な叙述」（constructive description）が必要であることを意味している。しかし，ラーミッシュは私たちの研究を鼓舞するような多くの問題関心や難問を提示している。

3　東アジア福祉モデルを超えて

　東アジア福祉モデルという概念は，いまなお，この地域の社会政策に関する論議の中心的な問題になっている。このモデルを分析した主要な論文では，その有効性に関する疑義が表明されていることについてはすでに述べた。しかし，ホワイトとグッドマンが表明した以上に疑問が広がりつつある。1990年代に出現した議論を検討すれば，それがいくつかの特徴をもっていたことに気づく。地域的にはその論争は戦後日本の経済的成果の再現に成功し，ダイナミックな展開を示した経済地域に焦点を当てている。時には日本そのものが分析の対象の一部になっている。その他の場合には，香港，シンガポール，韓国，台湾のみが分析されている。その場合，多くの東アジア，というよりもほとんどの東アジアの国が分析から除外されているのが通例であり，東南アジアでは一国——シンガポール——だけが含まれている。論争に地理上の名称がつけられているにもかかわらず，実際には，ごくわずかの地域——しかも，それらは地理的統一性ではなくて，同じような発展経路によってひと括りにされている——

にしか焦点が当てられていない。地理学上の区分に即していえば，多くの言説には根本的な疑問の余地がある。関心のある国・地域を「東アジア」と区分するのはあまり適切ではない。アジア太平洋地域におけるある特定の新興工業国（と擬似国家 quasi-countries）という方が適切であろう。

　また，分析上の問題が存在した。東アジア福祉モデルをめぐる議論はかなり一般的なレベルで展開されることが多く，必要な実証的事実を欠くことが往々にしてあった。さらに，たとえ実証的研究であっても，社会政策の主要部門にわたっての，もしくは，国家間の厳密な意味での比較研究であることはなかった。その結果，刺激的で広範囲にわたるディスカッションが起こったにもかかわらず，それらは全体として体系的であることはなかった。東アジア福祉モデルをめぐる論議のなかで，社会政策の主要部門に関する信頼に足る比較分析を見出すのは困難である。また，東アジアについての情熱にはかなり危険な類いのオリエンタリズムが見え隠れする。ここで見出されるのは，地理的位置関係にもとづいて異なる国・地域を大まかに1つのグループに括るというものである。実際にはそれらの国・地域は何千マイルも離れており，まったく異なった歴史をもっているにもかかわらず，そのように一括されているのである。また，それらがアジアの国・地域であるというだけで，何らかの共通の発展パターンが存在するという前提がおかれることもある。

　さらにまた，多くの議論の暗黙のテーマは，ヨーロッパもしくは西欧が正しい社会発展のある種の輝かしい雛形を提供しているという仮定であった。ヨーロッパ基準と異なるパターンは，それゆえに説明されるべきものとされた。しかしながらボールドウィンが指摘したように，社会発展のヨーロッパモデルという考えそのものが疑わしいのである。彼は「ヨーロッパ福祉国家という考え」は「データから自動的に現れてくるものではない」と主張した [Baldwin, 1996：33-4]。支出や供給パターンおよび水準の大きな違いは，単一のヨーロッパ福祉国家という地理的ならびに規範的な概念の内部で緊張関係を生んでいるのである [Baldwin, 1996：32]。事実，大きく異なる国々は結局のところ，エスピン－アンデルセンの3つの福祉資本主義に集約されることになる。それにもかかわらず，異なる発展パターンは，ただ単にそれらがヨーロッパもしくは西欧の経験と乖離しているという理由だけで説明されるべきものとされる。タンは「ア

ジアの福祉の分析は，まずもって社会福祉の低い発展（underdevelopment）を説明することから始めなければならない」[Tang, 2000：16] というような，奇妙で不適切な表現で，この見解を表明している。そのことは，「4つの国・地域が西欧福祉国家の途に乗り出していくことができるという兆候は望むべくもない」[Tang, 2000：172] という彼の悲観的な結論をも特徴づけている。これらの判断は，明らかに，何が適切な社会供給の水準なのかについての西欧の尺度を反映している。

東アジア福祉モデルに潜む諸問題およびそれに関連する議論は，「低い発展」「差異」を説明されるべきものとあらかじめ想定することなく，この地域における福祉システムをあるがままに分析することから始めることが必要であることを示唆している。その場合，この地域における福祉発展の性格を分析する際に取り扱わなければならない，以下のような5つのキーとなる問題が存在するように考えられる。

1) どの地域に分析の焦点を当てるべきか，また，その理由。
2) 当該地域のどの政策部門が分析されるべきか，また，その理由。
3) どの程度，福祉の供給をめぐる類似した，もしくは，異なったアプローチが観察できるか。
4) どのようにすれば，際立った特徴や類似性，また，首尾一貫性や相違点がバランスよく把握できるのか。
5) 上のようなアプローチは単一の福祉モデルと分類できるほど類似しており，首尾一貫したものであるのか。

4　分析的アプローチ

私たちの分析的アプローチは，上の5つの問題の解答から明らかになってくる。第1の点に関して，私たちがアジアのタイガー経済地域と呼ぶ香港，韓国，シンガポール，台湾に焦点を絞ることにした。このネーミングは完全に満足すべきものとはいえない。というのは，とりわけこれら以外の国・地域が近年「タイガー」的性格を示しているからに他ならない。たとえば1980年代後半ま

での日本 [Johnson, 1982], 1960年代半ばからのインドネシア, マレーシア [World Bank, 1993], 1970年代後半からの中国 [Babkina, 1997] である。しかしながら, 私たちの用語法を擁護できる3つの理由がある。第1に,「東アジア」という適当でない用語——これはすでに述べたように単純に誤っている——よりも好ましいことは確かである。第2に, 近年「タイガー」は私たちの取り上げている4つの地域を意味する確立したネーミングになってきている。世界銀行は10年前に「4つのタイガー地域は, 通常, 香港, 韓国, シンガポール, 中国の台湾を意味する」と述べた [World Bank, 1993：xvi]。第3の理由は, 私たちのネーミングはその他のものよりもかなり簡潔であることである。この点について私たちは, たとえば東・東南アジア福祉資本主義などの用語についても検討した。しかし, 必要な正確さを損なうことなく冗長な説明を避けたいと考えたのである。ここで, 4つのタイガー地域の名称について速記風の略称を用いていることに注意を促しておきたい。正式には, 香港は中華人民共和国香港特別行政区であり, シンガポールはシンガポール共和国, 韓国は大韓民国である。台湾の国際的地位はあいまいであり, 限られた国からの承認を受けているに過ぎないが, 中華民国と呼ばれることもある。

　以上が, 私たちの設定した第1の問題のうちの「どの地域」に関わる回答である。同じ問題の「なぜその地域なのか」という問題に関しては, いくつかの回答が考えられる。私たちはこのプロジェクト研究を扱いやすいものにするという実践的な関心から始めた。この研究は主に2つの意味で扱いやすいものである。第1に, 扱う地域の範囲があまり大きすぎず, 第2に, それぞれの地域には分析のためのデータが豊富に存在することである。それに加えて, 4つの国・地域に焦点を当てる学術上および政策上の十分な根拠がある。よく指摘されるように, これらの国・地域には比較を実りあるものにする類似性が十分備わっている。すなわち, ほどよく類似している近年の歴史をもち, ほぼ同じような経済発展段階にあり, ほぼ似た人口構造を共有している。また, 経済的, 社会的趨勢を共有し, 文化的・政治的類似性をもっているのである。しかも, 多くの指標からみて, 戦後のアジアで最初に超成長経済を達成した日本と明確に異なり, また, 同地域における次世代の成長経済にあたる国々とも異なっている。国連開発計画の2002年の人間開発指標で日本は9位にランクされ, 本書

で取り上げている3つの国・地域（台湾はランクづけされていない）は20位台の半ばで，非常に近接している（香港23位，シンガポール25位，韓国27位）。東・東南アジアのそれ以外の国では59位のマレーシア，ついで70位のタイ，77位のフィリピンが最上位にある［UNDP, 2002］。こうしたUNDPによる4つの国・地域の分類は1人当たりGDPや，それほど明確でないものの社会発展の段階のようなその他のデータにも反映している。したがって，私たちが取り上げている国・地域は全般的にみてかなり類似したグループを形成しているのである。ただし，続く各章で示されるように，興味深いことに，また，意味深長なことではあるが，同じ問題群に対する政策的対応においては異なっている。したがって，異なるものからの学習が実際に可能になる。

　2番目の問題に関しては，本書は教育，保健医療，住宅，社会保障にそれぞれ1章をあてて分析している。労働／雇用政策と環境政策に関する章を設けたかったが，こうした分野では，詳細で体系的な比較研究があまり行われておらず，それは可能でないことが判明した。それぞれの分野で現れようとしている文献は重要な洞察を含んでいるものの，私たちが手がけようとしている類いの研究に耐えるほどには発展していない。さらに，社会政策の伝統的な中心分野に絞る強力で積極的な理由が存在する。4つの国・地域は，これら4つの中軸的なサービス供給領域で重要なサービスを展開してきた。データが豊富にあり，サービスに関する意義深く大いに有益な学術的研究に依拠することが可能である。また，これらの4つのサービス領域では，規制，財政，供給などの広がりのある公的活動（state action）がみられる。したがって，これらのサービスの分野は比較研究の確固たる基盤を提供しているのである。

　3番目の問題については，すでに部分的にではあるが回答が与えられている。4つの国・社会は類似点とともに相違点も併せもっている。それらは以下の2つの方法で要約することができる。マクロレベルでは類似した目的と志向性がみられる。実際の政策とプログラムというミクロレベルでも共通のテーマが観察されるが，相違点もある。このことを把握するために，私たちはホリデイの「生産主義的福祉資本主義」分析を援用する。この分析は，4つの国・地域のアプローチの中心的な共通性を理解するとともに，副次的な相違点も存在することを示そうとしている。ホリデイの見解によると，生産主義的であるための

異なった経路が存在する。つまり，明確に同一視できるひとつの福祉資本主義の世界が存在するが，そのなかには相互に区別できる小世界（subworlds）もあるという議論である［Holliday, 2000：709-10］。4つの国・地域での社会政策へのアプローチは，社会政策が経済成長に圧倒的にまた明示的に従属しているという点では一体である。福祉を高進する最善のルートとして「経済第一主義」（"economy first"）と成長および完全雇用に，ほとんど疑いを挟む余地がないほどの力点がおかれる。これらの国・地域では「成長によって駆り立てられている」［Morley, 1999］。福祉は経済的目標に従属し，よりいっそうの経済発展を達成するために利用される。その限りにおいて，福祉は経済発展を支援するものとして考えられ，経済発展を阻害するものとはみなされない。ホリデイの言葉を借りれば「その他のあらゆることはここから派生する」［Holliday, 2000：708］。このことは本質的で他を圧倒する強力な力であり，そのため，実際のプログラムをめぐる力点のおき方の違いにもかかわらず，これら4つの国・地域を生産主義的福祉資本主義国家として一括して分類することが正当化されるのである。4つの国・地域はまた，時にはプラグマティズム的対応によって国家の介入がみられることがあるものの，基本的には福祉の分野における国家の関与に対して本能的，イデオロギー的にあからさまな敵対的対応をするという点で際立っている。

このアプローチを比較分析の基本として用いながら，私たちは次のようにいうことができる。すなわち，これらのタイガー経済地域は，福祉資本主義の中核的な特徴ゆえに，西欧の人が知っているどのタイプのアプローチとも異なるものとして特徴づけられるのである。西欧の福祉システムは，たとえそれらがエスピン－アンデルセンの分類のどれに位置づけられようとも，アジアのタイガー経済地域に一般的な上のような関心に動機づけられていない。西欧の国の関心はかなり異なっている。つまり，狭い意味で特別に福祉主義的（welfarist）であり，それほど生産主義的でなく，また政治主義的でもない。もちろん，切羽詰まったときに西欧の国家は社会政策よりも経済を常に優先してきたが，そのことは一般的にそれほどあからさまでなく，また躊躇しながらの優先であった。それは所与の政策というよりも，正当化を必要とする難局の場合にとる立場であったのである。福祉にいたる最上の道として経済成長にそれほど力点

がおかれていない。実際の政策やプログラムというミクロレベルでは，さらにいくつかの際立った要素がみられる。西欧の国家とアジアのタイガー経済地域とを比べれば，明確なアプローチの違いが浮かび上がってくる。たとえば後者の特徴として，低い公的支出水準，福祉供給者としての家族の至上性，供給者としてではなく規制者としての国家の顕著な役割，ジョーンズが「儒教主義的福祉国家に共通したもっとも印象的な特徴」[Jones, 1993：213] と呼んだ，法令にもとづかない福祉 (non-statutory welfare) へのこだわりなどである。

　第4の問題を取り上げれば，すべての研究者が共通の特徴と相違点を強調している。必要なのは，際立った特徴と類似点をともに把握する専門術語である。私たちの議論は，4つの国・地域は福祉に対する共通した中心的なアプローチによって一体のものとして捉えることができるというものである。つまり，重要な政治的目標として追求される経済成長に他を圧倒する優先権が与えられるため，福祉は常に従属的な位置に甘んじざるをえない。そうした関心は福祉政治と社会的ニーズを支配することになる。4つの国・地域のなかには異なる方法で，たとえば保健医療ケアを供給することで副次的な目標を追求する国・地域がある。しかし，そのような相違点は，重要であるが，経済成長を促進し容易にするというタイガー地域の社会政策の主要な方向性にとってはあくまで二義的なものである。したがって，この統一した目的，優先事項と，歴史，制度的発展などの違いから生まれる政策上の相違点の双方を把握する形の範疇化が必要とされる。私たちはエスピン－アンデルセンの福祉資本主義の3つの世界論を拡張する。つまり，自由主義的，社会民主主義的，保守主義的世界に加えて，生産主義的世界という第4の世界を新たにつけ加えることを提案する。また，この統一構成物の内部での異なった方向性を説明するために，生産主義的世界のなかの小区分を設定する。

　最後の5番目の問題に関して，ホワイトとグッドマンが東アジア福祉モデルという概念を拒絶したことをすでに述べた。それは，彼らが検討した国・地域における政策や制度の違いにより，そのような分類が誤ちであるという理由によるものであった。彼らによれば，そうした相違点があまりにも大きいため「モデル」という用語が正当化されないし，また有益でもない。というのは，モデルという用語は首尾一貫性と類似性を意味するのであるが，それらは現実

には見出せないものであるからと説明される。私たちはこの点を認めつつも，それでも，それから一歩前へ進むことが可能であると信じる。すなわち，私たちは福祉資本主義の「世界」というエスピン－アンデルセンの用語法を踏襲する。「モデル」は現実にはありえないような正確さと酷似性を示唆するが，「世界」は完璧に正確でないかもしれないが，幅の広さで現実を把握する。私たちが開発しようとすることは，実際には，地理的，文化的な用語法に潜む障壁や限界を避けつつ，4つの国・地域におけるアプローチの根本的な統一性を描き出す類型論なのである。モデルの「東アジア的なもの」('East Asianness')を強調することは，オリエンタリズムという危険な意味合いを表現することになる。また，それは地理的な要素を誇張することになる。私たちにとって，その他の要素，つまり，これらの成功しつつある資本主義システムの心臓部に存在する生産主義的推進力の方がより重要である。

以上に加えて，東アジア福祉モデルという考えに関する近年の具体的な議論は，少なくとも以下の5つの理由から私たちの分析と何らかの形で関連している。第1に，このモデルは国ごとのサービス・システムを分析し評価する際の標準的な雛形として利用できる。第2に，それは，4つの国・地域の福祉発展をめぐる議論を純然たる国家単位に限定された範囲のものから，より価値のある比較論的なものへと移行させるのに役に立つ。第3に，私たちが選んだ4つの国・地域内の共通点や相違点に焦点を当てることにつながる。第4に，福祉に対するタイガー地域のアプローチと西欧のアプローチの本質的な違いを際立たせることにつながる。第5に，純粋に記述的にではなく分析的に物事を考えさせ，単なる国家単位の視点からではなく，モデルもしくは世界の視点から研究させる契機になる。

5 本書の構成

本書のこれからの章を紹介すれば次のようである。第2章も導入的な章であり，私たちが取り上げる4つの国・地域の社会政策の発展に関する背景を解説する。分析の核心部分は第3～6章であり，教育，保健医療，住宅，社会保障という社会政策の中心的な領域の比較分析を行う。これらの分野を取り扱う章

で各執筆者は，①政策の展開，②サービスの規制，③サービスの供給，④サービスの財政，という4つのキーとなる問題に注目する。そのうえで各章では問題となっている政策分野で何が生じているかについての全般的な評価が試みられる。各章の末尾の簡便な付属参考資料では，4つの国・地域の政策システムが簡単にスケッチされる。このアプローチは4つの国・地域の政策についての私たちの分析がどうしても圧縮されざるをえないことを意味する。しかし，私たちがとった戦略の利点は欠点を補ってあまりあるものと考える。本書は4つ国・地域の社会政策をめぐる最初の純粋な比較分析である。この種の研究方法を採用して初めて，類似点と相違点を明らかにでき，そうすることで理論的な理解と政策上の発展を刺激することができる。私たちはこの両方に深く関わっているのである。

　私たち執筆者は，＜政策の展開＞を検討するに際して，国家がいつ，なぜ，どのようにして，問題となっている政策領域に関与するようになるのか，また，そうした関与を形づくった中心的な要因に注目する。ここで浮上するイシューは経済，政治，イデオロギー，国家建設，文化，模倣などである。＜規制＞を分析するにあたっては，当該の法的，政治的，政策的枠組みの性格と重要性を，サービスの供給を保証し規制するために国家が用いる仕組みや手段と並んで検討する。＜供給＞を把握するために当該部門の異なる主体と機関によって供給されるサービスの範囲と性格，サービス間のバランスを検討する。ここでは国家，市場，家族，雇用主，NGOsのすべてが考慮に入れられる。＜財政＞を分析するにあたって財政の全領域，財政に関する異なる主体と機関の間のバランス，それらの結果として生じる様式の重要性を判断に入れる。そのうえで全般的な評価を行うために，各執筆者は政策の展開，規制，供給と財政という4つの領域での機能の強みと弱み，成功と限界を見極める。最後に，検討を加えるそれぞれのシステムの現実的・潜在的適応可能性に関して，推論にならざるをえないが，一応の結論に到達することを試みる。つまり，たとえば人口の高齢化や以前と比べての経済成長率の鈍化に直面したときに，どのように首尾よくそうした変化に適応していけるかについて考察する。

　最後に第7章は，4つの国・地域の社会政策の類似点と相違点，および，これらタイガー地域アプローチの維持可能性 (the sustainability of the tiger approach)

を詳細に分析することによって本書を総括する。そこでは以下の6つの中核的な共通性が確認される。
① 社会政策において福祉への特別の関心よりも政治的な関心が凌駕している。
② 福祉と社会的安定性の主要原動力としての経済成長と完全雇用へのこだわりがみられる。
③ 福祉は経済的な配慮に従属しており，そのため福祉は「生産主義的」であると定義するのが合理的である。
④ 福祉の分野における国家の役割をめぐって，一連の信念が共有されている。
⑤ 福祉における家族の役割が強調される。
⑥ 強力であるが範囲が限られている国家の機能についての信念が存在する。

　4つの国・地域でみられる相違点は重要であるが，2次的なものである。それらの相違点は本質的には，共通の目標を達成するための異なった方法といえ，哲学もしくは戦略の根本的な違いではなく，4つの国・地域の個別的な状況の違いによるものである。4つの国・地域の中心的なアプローチの方法は類似しており，同じ中核的な原理に明確にまた明示的に関わっている。すなわち，経済が最優先され，生産主義的福祉がみられ，また，国家の役割は限定されているのである。この非常に重要な類似点は相違点を凌駕する。最後に，経済的，政治的変化から生じる重要な圧力に直面して，タイガー地域アプローチがはたして維持可能であるのかどうかを検討して，本書の結びとする。

第2章
タイガー地域における社会政策の背景

Ian Holliday, Paul Wilding
(イアン・ホリデイ,ポール・ワイルディング)

　この章に続く部門別の各章は,教育,保健医療,住宅,社会保障という社会政策の4つの中心領域の比較分析を取り扱っている。この章では,社会政策が展開されてきたその社会,経済,政治の特質を検討することにより,以下の各章にとって必要な背景を説明する。私たちの目的は,香港,シンガポール,韓国,台湾の社会・経済・政治の発展をスケッチすること,および,国家が福祉において果たす役割について簡潔に概観を述べることである。この後者の目的の一部として,この章の最後に近い節で,4つの国・地域の社会政策のプロセスの特質についていくつかの一般的な解釈を試みる。

1 基礎的データ

　私たちが選んだ4つの国・地域の社会政策を分析することの正しさの1つは,それらの地域に一連の類似性が広範にみられることにある。しかし,いくつかの基礎的データをみると,それらの社会の間で重要な相違があることも認めなければならない(表2-1)。

　面積の点では,香港とシンガポールはたいへん狭い。本質的に,この2つは都市国家である。ただし厳密には,香港は国家ではない。韓国と台湾も国際的基準からすればかなり小さい(たとえば,韓国は日本の4分の1,台湾は日本の10分の1の大きさ)。しかし,どちらもいかなる意味でも都市国家ではない。このグループ内では,韓国はシンガポールの約150倍の大きさである。同様の区分は土地利用の面でもみてとれることは驚くにはあたらない。韓国と台湾はかなりの規模の農業部門を擁している点で,香港,シンガポールと対照的である。たま

表2-1 東アジア・タイガー諸国・地域の地理，人口，経済の基礎的データ（2001 - 02年）

	香 港	シンガポール	韓 国	台 湾
面積（km²）	1,092	693	98,480	35,980
農地割合（％）	6	2	19	25
人口（百万人）	7.3	4.5	48.3	22.5
年齢構成　0～14歳（％）	17.5	17.6	21.4	21.0
15～64歳（％）	71.6	75.3	71.0	70.0
65歳以上（％）	10.9	7.1	7.6	9.0
人口増加率（％）	1.3	3.5	0.9	0.8
主要民族集団規模（％）	95	77	100	98
識字率（％）	92	94	98	94
GDP（10億ドル）	180	106	865	386
1人当たりGDP（ドル）	25,000	24,700	18,000	17,200
GDPに占める税額比率 （含，社会保障）（％）	8.9	14.9	23.6	17.3
世帯所得シェア　高位20％（A）	45.0	48.2	39.3	39.2
世帯所得シェア　低位20％（B）	5.0	5.2	7.5	7.1
所得格差（A）／（B）	9.0	9.3	5.3	5.5
労働力率（％）	61	65	61	58
経済のサービス　部門比率（％）	86	67	51	66
軍事支出（対GDP％）	N/A	4.9	2.8	2.8

注：ほとんどのデータは2001-02年の数値であるが，いくつかは1990年代後半のものである。
資料：[CIA，2002；DGBAS，2001]

たま，この違いは限られた経済的影響しか及ぼしていない。というのも，韓国の農業部門は経済活動のなかで5％しか占めておらず，台湾での割合はそれよりもなお低く2％でしかないからである。

　人口に目を転じれば，香港とシンガポールは韓国と台湾よりはるかに少ない。しかし，人口密度は非常に高くなっている。このことはまた，社会政策に対して異なった要求を生むことになる。4つの国・地域の人口の年齢構成はそれほど違わないが，香港では高齢者の割合がやや高く，韓国と台湾では若い年齢層の割合が高いことは注目に値する。香港は世界でもっとも低い出生率であるといわれるが，韓国と台湾は国内へ流入する移民が少ないので，人口増加率はこの2カ国ではより低いものとなっている。4つの国・地域のなかでもっとも同質的な国は韓国である。ここにはおよそ2万人の華人が登録されているし，ごく少数の華人以外の人がとくにソウルに住んでいるが，韓国は圧倒的に韓国人

の社会である。韓国語が唯一の公用語である。通常，香港は高度に国際化された社会であると考えられているが，実際の登録をみると，全人口の約95％を中国人が占めている。ただし，こうした統計数字はやや誇張されている。というのも，香港に住み，働いている多くの外国籍の人が何らかの理由によって公式データに捕捉されていないからである。さらに，中国人のなかで多数を占める広東人とその他のグループという区分が存在し，そのことが社会によりいっそうの多様性をもたらしている。それにもかかわらず，香港はきわめて同質的である。公用語は広東語と英語であるが，これは植民地時代の遺産を反映している。台湾は，民族的にきわめて同質的であるという意味で独特のケースである。つまり，人口の98％が中国人である。しかし，この中国人グループは内部的には分裂状態であり，そのことは香港とは対照的に非常に重要な意味をもっている。台湾人のなかの支配的グループは全人口の84％からなっているが，自らを他の人々とは大きく異なると考えている。彼らの大部分は1949年の中国革命のときに中国本土からこの島へ移住してきた人々か，その子孫である。台湾の公用語は標準中国語（マンダリン）である。最後に，シンガポールは民族的にはきわめて複雑であり，77％が華人，14％がマレー人，8％がインド人となっている。中国語，英語，マレー語，タミル語という4つの公用語がある。これらすべての国・地域では，仏教，儒教，道教といった一連のアジアの宗教が存在している。しかし，珍しいことに韓国では，有力な宗教はキリスト教である。記録のうえでは，全人口の49％が信者である。さらに，仏教徒は全人口の47％になっているが，ジョーンズがたいそう力説していた儒教信者はほんの3％にまで減少している［Jones, 1993］。4つの国・地域の人々は基本的に読み書きができ，識字率は香港の92％から韓国の98％までの範囲にあることが示されている。

　経済的にもまた，重大な相違がある。人口の大きさを考えると，韓国と台湾が4つの国・地域のなかでは大きな経済として表されるのは予期されることである。しかし，1人当たりGDPに関しては，この2カ国は4つの国・地域のなかでは低い方になる。香港とシンガポールの市民の1人当たりGDPは，韓国や台湾の市民のほぼ1.5倍となる。同じような区分は，税と所得分配を検討しても明らかである。香港とシンガポールでは税金は低いが，平等主義的社会ではない。韓国と台湾では税金は高いが，より平等な社会である。同様の区分

はまた，異なった経済構造において顕著なものになる。香港とシンガポールでは，サービス部門が明らかに優位を占めている。韓国と台湾の経済はもっと多様であり，韓国では工業がいまなおGDPの44%を占めているし，台湾では32%を占めている。労働力率は4つの国・地域においてほぼ60%となっている。香港の国防支出はまったくなく，北京の中央政府の責任となっているが，他の社会ではGDPの約3%から5%が国防予算にあてられている。

　ほとんど目立つことのない教養的側面として，4つの国・地域はかつて植民地であり，その宗主国は香港とシンガポールではイギリスであり，韓国と台湾は日本であった。さらに，1945年に第2次世界大戦が終結し日本軍が降伏したとき，2つの日本植民地は独立を獲得したが，2つのイギリス植民地は独立までかなり長く待たなければならなかった。そのうえ，どちらとも当初の脱植民地化の決定がすぐに完全な独立をもたらしたわけではなかった。シンガポールは，1963年から65年までの短期間ではあるが，マレーシアと一緒になっていた。香港の主権は1997年にイギリスから中国へと渡った。4つの国・地域は，その将来についての不確実さを抱えながら生きてきたし，また生き続けている。つまり，香港は中国へ主権が返還されることで，台湾は中華人民共和国から裏切り者がつくった省と非難されることで，韓国は厳密にはいまなお北との戦争状態にあり，シンガポールは時折マレーシアとの緊張関係があることなどである。ウェードは「台湾と韓国はともに＜分断国家＞であり，分裂した相手と共存し続けるという確かな脅威に直面してきた」と書いている［Wade, 1995：129］。やや程度は弱まっているものの，こうした点は香港とシンガポールにもあてはまる。1980年代後半まで，シンガポールだけが，当初はかなり窮屈な仕方ではあったが，民主主義を主張することができた。タイガー地域すべてが政治よりも巧妙な統治を優先させていた。すべての地域が将来にわたる重圧と緊張，つまり，経済競争力を巧みに維持すること，高齢化する人口構造，社会権について新しく生まれた主張，性別役割分業などの重圧と緊張に直面している。性別役割分業の変化という要因は，家族に対してそのような役割を強調してきた社会ではとくに混乱を生み出すように思われる。

　次に，基礎的データのレベルでも，4つの国・地域にはかなりの相違がある。しかし，こうした相違はいったん他の社会と比較すると消え始める。もし私た

ちが東・東南アジアの他の国々を取り上げるならば、ほとんどの面でグループとしての4つの国・地域のなかの相違よりも、この地域とそれ以外の社会との間での相違の方が大きいことがわかるだろう。もし私たちが、たとえばヨーロッパ、南アメリカ、あるいはアフリカに注目すると、その相違はいっそう大きくなるだろう。さらに4つの国・地域を1つに括る特徴は、戦後に示された爆発的な成長経験を共有していることである。1993年、世界銀行が東アジアの「奇跡」を報告したとき、「1960年から85年の間に、日本および4匹の虎の1人当たり実質所得は4倍以上に増加し、同じように東南アジアの新興工業国では2倍以上になった」と述べている。「もし成長がランダムに分散されていたならば、こうした成功がこれほど地域的に集中する可能性はほぼ1万分の1でしかない」［World Bank, 1993：2］。1人当たりGDPの変化を証明するデータによると、台湾は国際的ランキングで第2位、香港、シンガポール、韓国はそれぞれ4位、5位、6位となっている。世界銀行の研究によると、東・東南アジアは高い成長と不平等の減少（ジニ係数の変化で測定）を結びつけた、世界の他ではみられない社会からなっているとも述べている。それに付け加えて、「さらに、急速な成長を遂げた東アジア経済、つまり日本と4匹の虎はもっとも平等である」と述べている［World Bank, 1993：4］。追加的データ、たとえばジェンダーによる格差に関するデータも、多くが同じ事態を示している。

　もちろんタイミングも異なっており、その道筋も異なっている。さらに最近の経済的傾向は、タイガー地域すべてが1990年代後半のアジア金融危機で深刻な経済的ショックを経験し、このショックからいまやっと回復し始めたばかりであることを示している［Haggard, 2000］。それにもかかわらず、1960年代中頃から90年代中頃までの爆発的成長の経験は、この地域にとって共通したものであり、その歴史と向上心との両方によってその社会を特徴づけている。こうした要因に注目しようとする主な理由の1つは、この地域を本質的には「生産主義的」（productivist）方向に向かったものだと認識するからである。

　経済的領域をはずれるが、4つの国・地域は程度の差はあるが、儒教の教えと信仰のシステムに強く影響を受けてきたという意味で儒教文化に属している。それは儒教的遺産をともなった社会である［Tu, 1996；Hahm et al., 2001；Bell and Hahm, 2003］。残っているものは単に消えつつある歴史の堆積物に過ぎず、しか

もその堆積物は政府の政治的目的のためにわざわざ喚起されたものかもしれない。それにもかかわらず，これらの社会を理解するために儒教は依然として重要である。儒教は秩序，ヒエラルキー，義務，安定，家族の責任，個々人よりも集団の重要性などを強調していて，こうしたことが政策に重大な影響を与えてきた。これは社会政策にも，他の領域にも当てはまるのである [Lin, 1999]。

以下に描かれる 4 つの国・地域のあらましのなかで，私たちはまず社会政策の発展のための経済的基盤に焦点を当て，次に他の重要な要因を考察する。生産主義的指向と高い成長という一般的な枠組みのなかで，私たちは 4 つの国・地域を性格づけてきた顕著な特徴を記述するつもりである。

2 香 港

香港の劇的な経済発展の開始にとって重要な契機となったのは，おそらく朝鮮戦争が勃発し，1951年に国連から課せられた中国との貿易禁止であった。香港はいつも，現実の物を生産するよりも再輸出によって生計をたててきた物資の集散地であった。中国との貿易禁止によって，香港は繊維，プラスチック，エレクトロニクス消費財などを生産し，輸出指向工業化へと転換せざるをえなかった最初のタイガー経済となった。1950年代の終わりまでに，香港内で生産された輸出品は再輸出よりも大きな価値を香港にもたらした。1972年までに，製造業品は香港の輸出額の80％を占めていた [Woodwiss, 1998：149]。こうした活発な国内製造業部門の勃興は，個人企業や小規模事業によって特徴づけられるし，韓国や台湾のように国内生産を直接に国家が促進するような必要がほとんどないし，シンガポールのように多国籍企業をひきつけるための国家の努力もほとんど必要としないということであった [Chiu et al., 1997]。実際ペンペルがいうように，香港は「事実上，その名に値する国家装置」をもっていなかった [Pempel, 1992：83]。しかし，彼はまたデヨの考察にも注意を払っている。つまり，「主要銀行，商社，政庁の部局からなる香港の既存の支配体制が強力で一元的な役割を果たした。これは，他の地域の政府が外国との経済関係を取り結びそれをうまく続けていったり，特定の便宜を受ける経済部門の企業に長期資本を提供したりすることと同じようなものであった」[Deyo, 1989：43]。

戦後，1949年以降に，香港は急速に世界でもっとも貿易に依存する経済のひとつとなり，いつも世界経済の状況に影響されるようになった。香港経済にとって決定的な要因として，世界貿易の条件，主要な貿易相手国，とくにアメリカと中国の経済的健全さ，産業の競争力，国際的投資をひきつけるスキルなどが考えられてきた。とくに大陸中国での危機の時期——1940年代末の中国革命，その10年後の大躍進，1960年代から70年代の文化大革命の時期——に，未熟練の移住民が香港領内へ流入し，それが製造業に安価な労働力の供給を確実にした［Chiu et al., 1997］。1970年から90年の間に，香港経済は再び劇的に変化した。この時期には，産業が低賃金を利用するために華南に移動するにしたがって，香港は次第に製造業経済からサービス経済へと転換したのである。この期間に，製造業のGDPに対する寄与度は実質的に半分となった。1997年に主権が返還されるまでに，サービス部門は工業部門の6倍の労働者を雇用した［HKSAR Government, 1997：115］。劇的な経済成長は記録的なものであった。

政治的には，1997年まで香港は総督と幹部公務員の小さな集団によって統治されたイギリス植民地であった。マイナーズは，総督の権力を「畏敬の念を起こさせるほどのすごさ」と記述している［Miners, 1995：69］。総督は行政長官や立法評議会から助力や助言を受けるとされていた。しかし，1990年代初めになるまで，彼らは有効な組織であるというより，形式的な役割を負ったものであった。1992年，最後の総督クリス・パッテン（Chris Patten）が着任して初めて，香港のなかに民主主義を導入しようということがまじめに企てられた。全般的に，植民地政治システムはほとんど政治的抗議を受けなかった。1966年から67年の間に，中華人民共和国の国境線を越えて文化大革命の波に煽られた過激な暴動が発生し，それはいつまでも不安定化する可能性が含まれていた。1980年代と90年代には，1997年にイギリスから中国への主権の返還があるというぼんやりとした見通しが立ったことで，市民社会と社会的対立がかなり急激に拡大されることになった［So, 1999］。しかし，全体として，植民地政庁の決定は政治的，社会的安定と経済成長を生み出し，高いレベルの満足を与えていた。1997年の主権返還以降，香港の政治システムはゆるやかな方法で発展してきた。行政長官は総督の地位にとって代わったが，特別行政区の政治はその植民地先行者とじつによく似ている。実際，初代行政長官董建華の最初の行動のひとつ

は香港域内での民主化へのコースを後戻りさせることであった［Lau, 2002］。

　植民地政庁にとって第1に重要な福祉イニシアチブは住宅建設であった。1950年代半ばに開始された補助金付きの公共住宅の大量建設プログラムによって，90年代までに人口のほぼ半分が公共住宅に住むことになった［Castells et al., 1990］。1960年代初頭，政庁は支払う余裕のない人々に対する医療ケアを提供する責任を認識し始めていた。これは結局，利用した時点では事実上無料になるような税を財源とした病院システムを生み出した［Grant and Yuen, 1998］。「文化大革命」から影響を受けて発生した1966〜67年の暴動，1971年の総督マレー・マクルホース卿（Sir Murray Maclehose）の有名な公約に引き続いて，政庁は福祉の他の分野へと向かった。1971年，公的扶助制度が創設され，初等教育が義務化された。1978年には義務教育が9年間に延長された。1980年代と90年代初頭に，財政支出による高等教育が劇的に拡大された［Wilding et al., 1997］。

　「積極的不介入主義」[*1]（positive non-interventionism）という公にされた哲学があるにもかかわらず，香港政庁は活発に社会政策に関わり，福祉を供給し，規制し，財政運営を行った。2000年に，強制積立基金（Mandatory Provident Fund, MPF）が創設され，2002年には政府が失業手当導入の可能性を公言していたが，養育費，失業，高齢者への財政支出などはかなりの格差が残されたままになっている。こうして，究極の自由市場経済という香港の自己イメージとはむしろ矛盾するような活動的な国家の存在がある。毎年，香港はこうしたことを基準にして，シンガポールより卓越しているかどうかを競っている。国際的基準によると，政府は小さく，税金と公的支出は低くなっている。しかし，シンガポールと同じように，香港にとって小さな政府とはさまざまな点で国際的資本をひきつけるための策略である。そして，現実はむしろもっと複雑である。たとえば香港の場合，カステルは「経済成長のための条件を作り出すためには政府の決定的役割」があることを書いている［Castells, 1992：45］。とりわけ政府補助金付きの住宅建設は賃金を抑制し，そのことで競争力を維持し促進することに重要な貢献をしてきた［Castells, 1992：48-9］。

3 シンガポール

1960年代,シンガポールがまずイギリスから,そしてマレーシアから独立するようになったとき,その将来は見込みのないものに思われた。香港と同じように,シンガポールは長い間,物資の集散地として生計をたててきた。1960年に,輸出の90％以上は再輸出であり,製造業製品輸出はGDPの10％未満であった。さらに,労働市場への新規参入者が増大しつつあり,新しく参入を希望する者も増大しつつあったが,その経済はこれらの人々を吸収できないという特徴を示していた。国家の独立を先導するために,リー・クァン・ユー (Lee Kuan Yew) のもとで人民行動党 (PAP) は活発な国家主導の輸出指向工業化戦略に着手した [Rodan, 1989]。1980年代までに製造業製品輸出は劇的に増加を示していたGDPのほぼ70％に達していた [Huff, 1999：223]。失業率は1966年の9％から83年の3％へと低下し,労働力率は42％から64％へと上昇した [Castells, 1992：35]。実質賃金も急速に上昇し,1978年から90年までの間に2倍となった [Huff, 1999：225]。こうしたことは,ある程度は労働力の質を改善するように政府が推進した結果でもあるし,また,ある程度は労働集約的産業への投資を思いとどまらせるように賃金を急激に上昇させるという政策の結果でもある [Haggard and Cheng, 1987：119]。シンガポールの経済発展において注目すべき要素は,外国企業が果たした支配的な役割である。1970年代までに,外国企業は製造業生産高の70％以上を生産していた [Huff, 1999：222]。シンガポールは,政治的にも社会的にも安定していること,税の優遇措置があること,良好なインフラがあり,教育を受けた従順な労働力があることなどによって,急速に外国投資にとって好ましい土地となったのである。1985年から95年の間に,シンガポールは世界のどの国よりも多くの外国直接投資 (FDI) をひきつけてきたし,2度も世界第2位となった [Huff, 1999：223-4]。1990年代後半までに,5000の多国籍企業がこの都市国家のなかで活動を続けていた。

シンガポールは,いま活動中の開発主義国家 (developmental state) のたいへんわかりやすい実例,つまりシンガポール株式会社である [Low and Johnston, 2001]。生き残るためには,リー・クァン・ユーと人民行動党は繁栄をもたら

さねばならなかった。こうしたことを行うには，彼らは2つの問題を，すなわち，国内製造業の弱さと雇用不足という問題を克服しなければならなかった。その解決を外国直接投資の増加に求めたのであった。しかし，外国直接投資を確保するためには，シンガポールが安定していること，従順で教育を受けた労働力があること，そして効率的なインフラが存在することを示す必要があった。魅力的な税の免除を提唱することも必要と判断された。1990年代に，シンガポールの製造業の生産高の3分の2から出た利益は非課税となった［Huff, 1999：222］。そうした戦略を実施するためには，労働組合や戦闘的労働者たちの活動を抑え込むためのプログラムを開発し，着手実行する権力をもった政府が必要であった。リー・クァン・ユーと人民行動党は，1963年以降の数年間でこうしたことを達成した。そのためには，労働組合のリーダーを刑務所に入れ，組合の登録を認めず，組織労働者による政治活動を禁止した［Rodan, 1996a］。経済的成果は大衆に正当性を訴える手段となった。1990年代後半には，シンガポールはもっとも自由な経済という点でも，もっとも競争力がある経済という点でも世界の第2位という立場にたつことになった［Tang, 2000：39］。

　福祉に関して，シンガポール国家の役割には4つの重要な側面がある。すなわち，公的な発言や公共政策においては福祉政策に反対していること，大量の公共住宅建設計画をもつこと，多目的の中央積立基金（Central Provident Fund, CPF）をもつこと，労働者の教育レベルの引き上げを推進すること，などである。与党人民行動党は，社会権あるいは社会的ニーズに見あう集団的責任といった考え方にいつも強く反対してきた。ロダンは「おそらく人民行動党の辞書の中で（自由主義という語についで）第2のもっとも唾棄すべき言葉は＜福祉政策＞であろう」と論評している［Rodan, 1996a：80］。そうしたことは，いまも政治戦略の基礎的な前提であり続けている。しかし，こうしたイデオロギーは，政府が実質的な公共住宅建設プログラムに着手するのを妨げるものではない。1960年にはほんの9％の住宅が公的に所有されていただけであったが，90年代後半までに現存する住宅の約86％が公的に建設され，その大部分が個人に所有されている。いま，シンガポール人の90％以上が自分のアパートを所有しているか購入を続けている。それにもかかわらず，彼らは1997年1月の選挙キャンペーンでゴー首相が行った脅しのような発言に影響を受け続けている。つまり，

人民行動党に投票しなかった選挙区の住宅団地は将来，住宅の質を向上させるときに政府から補助を受けられないかもしれない，というのであった [Huff, 1999：234]。政治的には，国家住宅プログラムは人民行動党の開発戦略の正当性と党全体の権威を支えるための決定的要素であり続けてきた。

シンガポールの社会政策の基礎的エンジンであるCPFは，本質的には労働者と雇用主とが拠出する，一種の強制貯蓄制度である。拠出金は高く，規則のうえでは双方が賃金の約20％ずつを出すことになっている。この制度の当初の目的は退職したときの所得を提供することであったが，いまではその範囲が拡大されて家を購入したり，医療や教育を受けるための貯蓄を受け入れている。この制度はまた，国家が活用する巨大な投資ファンドを提供している。1980年代半ばには，シンガポールは世界でもっとも高い貯蓄率をもつことになった。住宅所有が増加するとともに，CPFは人々に現存の経済的・政治的秩序のなかにいることが決定的で安定的であるという利害関係を生じさせている [Low and Aw, 1997]。最後に，まさしくそのスタートから人民行動党は多国籍企業がシンガポールに立地するのを促進するための戦略にとって，労働力の質が決定的に重要であることを理解していた。労働の質を改善するための教育は，政府の経済・社会政策の基礎的土台となった。

シンガポールでは個人的責任への強調が強力に広く行き渡っている。政府はその責任を経済発展と完全雇用のための基本条件を提供するものとして考えている。だから，個人と家族は現在と将来にわたって自らの福祉に責任がある。CPF加入の適格性がない人々や拠出記録が不十分な人々に対しては，まったく残余的な公的扶助制度とまさしく基礎的な医療給付があるだけである。

4　韓　国

韓国の経済発展パターンは，ある面では他のタイガー地域と同じであり，他の面では違っている。韓国は1910年から45年まで日本の植民地であった。1950年代半ばに新しく分割された社会の南半分は朝鮮戦争，すなわち「破壊で引き裂かれた戦争」から生まれてきた。ほぼ40年経過して，韓国は世界で第11番目の経済となった [Lee, H.K., 1999：23]。他の成果としては「世界最大の家電製品

の生産国であり，半導体チップでは第2位，造船も第2位，自動車生産では第5位」である［Harvie, 2000：58］。1人当たりGDPはいまや北朝鮮の約20倍と計算されている。1960年代から，国家の計画した方向へ経済が急速に成長した。他の社会と同様に，基本戦略は輸出指向工業化であった。1960年代初め，韓国はアメリカへの製造業製品輸出では第40位であった。1986年までには第5位となった。こうした戦略の中心をなすのが技術の強調であった。カステルは1960年代半ば以降のすべての韓国政権の強迫観念として，科学技術と製品の品質向上とを挙げている。彼の評価によると，「韓国はたぶん新しい国際分業のなかでもっとも急速に技術の階段を駆け上がってきた新興工業国である」［Castells, 1992：40］。クォンは，1961年から87年までの政府の経済戦略の根本理由が「経済パフォーマンスを通じた正当化」であると考えている［Kwon, H.J., 1999a：20］。それはまた，北朝鮮からの絶え間ない軍事的脅威に対する反応——経済発展による強さ——であり，防衛に必要とされる資金を生み出すための方法でもあった。アメリカは成長を優先させる戦略を支持したし，以前の植民地宗主国の日本はどのような経済発展が可能であるかを示していた。

　1980年代後半まで，韓国は本質的には権威主義的独裁政治であった。意見の相違に対して野蛮とはいわないまでも，はっきりとした弾圧が行われた。1961年の朴将軍のクーデター後，韓国社会は1960年代にはいくらか民主主義への動きがあった。しかし，1970年代に権威主義的傾向が展開し，80年代までに社会はたいへん軍国化された。1980年に全面的な戒厳令が宣言された［Han and Chung, 1999：197-202］。1980年代後半には，これとは対照的に，台湾そしてまたある程度は香港と同じように，政治的雪解けが始まった［Chu, 1998］。一連の社会運動が起こり，福祉の問題を政治的課題として真正面に据えた。市民という意識や政治的権利もまた発展し始めた。1987年の選挙の際に，活発な社会政策論争があった。大統領候補者たちは国民医療保険と年金の前途の発展を促進させることを熱心に論じ合った。

　韓国の国家開発戦略には多くの重要な要素があった。つまり，駆り立てられた工業化，国内市場の保護，輸出指向の製造会社に特権を与えたこと，巨大な産業コングロマリット（財閥 chaebol）の形成，国民の自給自足と国際競争力に役立つ投資を命じたこと，労働をしっかりと，時には暴力的に管理すること，

一般に銀行貸付によって必要な投資を確保したこと，国内産業の技術開発を駆り立てたこと，そして高い質をもつが低コストの労働力を生み出したこと，などであろう。2組の要因が韓国に優位に働いた。経済的には，輸送コストの低下，貿易障壁の低減，アメリカに比べて低い労働コストなどが重要であった [Wade, 1992：291]。政治的には，韓国は台湾とともにウェードが描いた第2次世界大戦後の世界の政治的対立の境界線上に立っていた。こうしたことは，韓国の安定と繁栄についてのアメリカの関心を高めた。そして，アメリカの援助，アメリカ市場へのアクセス，韓国の保護主義的政策への寛容さ，韓国への投資に関心をもつアメリカ企業への国家的支援などが行われた [Wade, 1992：312]。

韓国の1960年代と70年代は，公的福祉の拡大には基本的に反対されていた時期として特徴づけられるだろう。もっとも韓国開発研究院 (Korean Development Institute) は，福祉が経済成長にプラスの寄与をなしうるという主張にかなり努力していたのではあった [Kwon, H.J., 1999a：51-2]。社会政策の発展は，1980年代後半になるまで非常に制限されたものであった。比較的早い段階で導入された重要な措置は，1963年の産業災害補償保険 (Industrial Accident Insurance)，1969年の公的扶助プログラム，1977年の国民医療保険 (National Health Insurance) などである。しかし，これらの創設は保険が基礎となっており，国家は主として調整的な役割を果たすことになっていた。最近では，1993年に雇用保険プログラムが導入された。非常に厳密に立案されていた公的扶助プログラムは，アジア金融危機の間に給付の適格性をかなり拡大するように修正された。拡大された教育機会への推進力は，1990年代に40％以上の若者が高等教育機関に入学するという結果となった。クォンの見解によると，社会政策の発展は正当性を獲得する必要によって形づくられてきた。なぜならば，「民主主義の不足が社会政策の必要を生み出した」からである [Kwon, H.J., 1999a：2-3]。韓国の社会政策もまた，常に強力な生産主義的指向をもっていた。

5 台 湾

台湾は1895年から1945年まで日本の植民地であり，帝国主義強国の経済的必要に役立つように変質させられた。1949年，大陸中国での共産主義者の勝利に

よって国民党は追い立てられるようにして逃れてきた。この島で国民党はすぐに支配を確立した。経済発展は国民党権力を正当化する道として考えられた。こうした点で，国民党は勝ち誇ったような成功を手にし，台湾は1970年代半ば以降，継続的な経済成長を享受してきたのである。こうしたことを達成するには，国民党は国際競争力を確保し維持することと，政治的・社会的安定を維持することとの間のむずかしいバランスをとることが求められた。国際競争力の維持，確保には賃金と福祉支出との抑制が必要だし，政治的・社会的安定は市民がどの程度満足しているかにかかっていたからである［Ku, 1997：224］。1949年以降の台湾経済は，さまざまの大きな変化を経過した国家主導の発展の物語である。1950年代，国は輸入代替戦略を追求していた。1960年代，70年代には労働集約的製造業製品の輸出という戦略へ転換した。1970年代には，重工業のために手段を講じるように戦略が洗練されることになった。1980年代には，多様化と高度技術生産が生じた［Lam and Clark, 1998：129］。2000年までに，台湾は世界第3位のIT製品生産国となった。同年，輸出はGDPの約40％に達した。このことは「政府は輸出＜文化＞を生み出した」というウェードの見解が正しいことを証明している［Wade, 1995：123］。そのような輸出優位の経済においては，競争力を維持することは生きていくうえで欠くことができない。1958年になって初めて，台湾の民間部門の生産が公的部門の生産を上回った。民間部門は中小企業で，主として熱烈な企業家エネルギーにかき立てられた家族経営の企業から構成されていた。しばしば，そうした企業が事実上，現地の台湾人に対して唯一開かれたものであった。というのも，大陸から渡ってきた国民党の人たちは国家の官僚制と国営企業とを支配していたからである。1980年代，中小企業は台湾の輸出品の60％以上を生産し［Clark and Chan, 1998：31］，製造業部門の半分，商業部門の4分の3を生産した［Lam and Clark, 1998：120］。1980年代後半，台湾トップ1000企業の約半数は家族経営であった［Chen, 2001：65］。そうした状況は，大企業や国営企業によって支配された経済が求めるような戦略とはたいへん異なる開発戦略を必要としている。

　台湾の経済的成功には本質的に5つの要因があった。世界経済の成長と世界貿易の拡大はその背景として重要であった。注意深く精巧につくられた政府の政策，たとえば教育における投資，国家主導の開発，外国直接投資の選択的な

促進などは政治的にも重要であった[Wade, 1990]。台湾社会の内部だけで，1970年代に貯蓄率が高かったこと（部分的には社会的な不測の事態に対して，政府の対策が最小限のものでしかないことに対応したもの）が，投資にとって貴重な資金を提供した。職場においては，少なくとも一部にはこれまでの田舎の出身地から出てきて簡単に訓練された労働力が重要であり，労働力として女性の数が増加したのと同時に，小企業，家族企業で多くの雇用があり，こうしたことが重要であった。きちんと訓練された労働力の特徴を示す指標は，以下の事実のなかにある。1952年から86年までの間に，GDPは実質で18倍にまで増加したが，労働者の平均賃金はたった6倍にしか増加していない[Ku, 1997：221]。最後に，アメリカという外部からの支援は，韓国にとってと同じように，台湾にとっても重要であった。この支援は多くの構成要素をもっている。大量援助プログラムは，1953年から63年の期間に，この島に1年で2億ドルを注ぎ込んだ。投資全体の3分の1はアメリカからのものであった[Howe, 2001：50]。土地改革への影響，国家企業の民営化，経済政策策定においてテクノクラートにより大きい自主性を与えることなどを含んだ政策ガイダンスが与えられていた[Haggard, 1988：274]。最後になったが重要なのは，台湾製品にとって最大の単一市場としてのアメリカの出現は決定的であった。アメリカは1984年には台湾の輸出先の50％弱を占めているし，そのシェアは1970年から90年の間に30％を下回ることは決してなかった[Ku, 1997：108]。

　1980年代後半まで，台湾は明確な経済発展の指向をもつレーニン主義の政党によって導かれた権威主義的国家であった。チェンは，「20世紀を通じて，台湾は経済近代化のために共同行動を主導することができる国家であった」と書いている[Cheng, 2001a：19]。何が必要であるかという国家のビジョンは，勝者を選びだすこと，財政的インセンティブを与え，技術的支援を提供することなどからなっていた。その戦略には，中小企業を助成すること，目標を実施するためのダイナミズムを活用することが含まれていた[Wade, 1990]。ゴールドによると，経済発展における国家の役割は「全体としてたいへん重要である」[Gold, 2000：92]。1980年代後半に，台湾で民主主義が発生し，それ以降ずっと盛んになってきた。こうしたことは，ボランティア団体の増加も加わって，福祉についての新しい政策を生み出した。

台湾は，1950年代に軍隊関係者，政府被雇用者，そしていくつかの基幹労働者のための社会保険制度を樹立することにより，最初の重要な福祉手段を導入した。その最大の目的は，明らかに基幹となる集団の国家への忠誠心をつなぎとめることにあった。1960年代から教育の発展に強調がおかれ，1968年には9年間の無料の義務教育が実施された。技術教育を拡大させる推進力もあった。こうした教育は韓国と同じように，高い熟練をもつ労働者のプールの拡大を促進することであった。これは労働の相対コストを引き下げるからであった。こうしたことが，より高い技術集約的生産への切り替えを可能にした［Wade, 1995：121］。1980年，全国的な公的扶助制度が導入されたが，給付は非常に低い水準であった。1990年代初頭，国民年金プログラムが議論の重要な焦点となった。時の経過とともに，種々の健康保険制度が発展してきたが，受給資格が雇用によって決まることになるので，その適用範囲は部分的なものであった。1995年，医療の適用範囲は，事実上，普遍的なものとなった。クーは当時，導入されたその施策を「戦後期の台湾国家におけるもっとも重要な福祉の試み」として描いている［Ku, 1998a：119］。

6 社会政策のプロセス

東アジアのタイガー地域においてやや詳しく分類し注目に値する社会政策の1つの側面は，社会政策がこの数十年間に典型的に実施されてきたそのプロセスにある。部門別の各章はこの問題に取り組んでいるが，4つの国・地域において各部門の共通点があるので，私たちはここでその概略を分析しておこう。タイガー地域の社会政策の4つの特徴は，少なくとも西欧において対応するプロセスと比較しても重要でかつ独特のものである。

まず第1の特徴は，1980年代末まで，政治において競争がなかったことである。20世紀中葉からの数十年間，この時期に4つの国・地域は戦争と植民地主義の遺産の処理とを行い，ダイナミックな経済成長を開始した。これらの社会はたいへん強力な政治リーダーによって主導されてきた。シンガポールのリー・クァン・ユーや韓国の朴正煕や台湾の蔣介石のような人物である。韓国と台湾は，1980年代後半まで権威主義的であったが，その後両国では民主主義へ

の転換を経験しつつあった。シンガポールは形式的には民主主義であったが，その民主主義はいつも一連の手続き上だけのことであり，それによって競合する勢力が与党人民行動党に挑戦することをむずかしくしていた。例外は香港である。1990年代末にいたるまでイギリス植民地にとどまっていたので，異なったルートではあるが政治における競争がないままであった。1980年代にいくらか政治的な競争が展開したが，ほとんど1つの問題に，すなわち，ぼんやりと現れてきた1997年の主権返還という問題にもっぱら絞られていた。一度限りの権限移譲が行われ，そしてアジア金融危機は厳しい予算上の圧力を生み出した。ほどよい組織的な基礎の上で追加的な政治的領域が論争され始めた。韓国，台湾ではそうした転換はもっと重要であり，10年にも満たない民主化の過程で与党が力を失い，野党に平和的な権力移譲が行われた。しかし，各社会においてあくまで競争を避けようとする限り，社会政策はかなりの程度まで政治色が取り除かれた。政治問題化することを避けるほど社会政策への圧力が強化されたこと，過去15年間に政治領域で次第に競争が高まると，韓国や台湾では改良主義的手法がとられたことなどがさまざまな形で示されてきた [Cheng, 2001b]。

　第2の著しい特徴は，大部分が第1の特徴の結果である。すなわち，官僚が政策策定において優位を占めていること（dominance of bureaucratic policy making）であり，そして強力なテクノクラートが政策プロセス全体の広範な支配を行うことにおいて優位を占めている [Vogel, 1991]。最初に，私たちはこうした優位や支配はどこでもみられるものだということも指摘しておかなくてはならない。世界でもっとも多元的社会と考えられているアメリカにおいてさえ [Dahl, 1989]，著名な研究で「パワー・エリート」[Mills, 1956；Domhoff, 1990] の存在が指摘されてきた。政策領域を設計している「鉄のトライアングル」[*2] (iron triangle) [John, 1998：79-80]，そして政策領域を競い合う「政策支援連合」（policy advocacy coalitions）[Sabatier and Jenkins-Smith, 1993] の存在が指摘されてきた。伝統的に官僚制がいまもって強力な西欧社会，たとえばフランスなどにおいて，この種の分析はいまなお豊富である [Suleiman, 1974]。しかし，私たちの目的の重要点は，まず第1に，そうした分析にはいつも論争があったことであり，第2に，国家の官僚制に純粋に焦点が当てられてはいなかったことである。アメリカでは，「鉄のトライアングル」という概念は破滅的な不完全さと同じくらい悪い

ものではないとヘクロは述べているし，より緩やかなネットワーク概念に置き換えられた [Heclo, 1978：88]。サバティエとは対照的に，キングドンはアメリカの政策プロセスは本質的には流動的でオープンであると論じている [Kingdon, 1995]。エリート支配という観念はこうしてアメリカのような国では完全な影響力をもちえない。それ以上に，当該エリートとは，純粋に官僚制に位置づけられることはほとんどなかったが，かわりに立法府の重要人物，利益団体，職能団体，より広く市民運動団体さえ含むものと考えられてきた。さらに，官僚権力の理論は，西欧という背景のなかで展開されてきたが [Beetham, 1996：ch.2]，それは官僚の圧倒的優位を樹立してきたわけではない。

　対照的に4つの国・地域では，官僚的な権力はしばしばかなりのものであり，時には事実上，議論の余地がないといえるほど圧倒的なものであった。1980年代初頭にラウは，「隔離された」官僚制が広範な中国人社会と相互の自動調整を図りながら植民地期の香港を統治した，と書いている [Lau, 1982]。シンガポールは，家父長的温情主義の権威主義システムであり，高給をとるが非常に能力の高い官僚たちが政治から隔離された社会を支配してきた [Rodan, 1996b]。ジョンソン [Johnson, 1982] のあとを継いだ研究者たちが行った日本についての一連の指摘は，少なくとも1980年代後半までの韓国，台湾にも当てはまっていた。2つの社会の民主化のプロセスは，官僚の権力を侵食し，市民社会が重要な政策的役割を果たし始めた。それにもかかわらず，社会政策の形成において官僚制は依然として重要であり続けた [Joo, 1999b]。そこで，タイガー地域すべてにおいて他の分野の政策プロセスと同様に，社会政策のプロセスはエリート官僚によって支配されてきた。

　第3に，タイガー地域は，歴史的に強力な経済政策や産業政策の策定機関をもっていたのに対し，社会政策の策定機関は比較的弱体であった。また，西欧との比較は過大視されるべきではない。1960年代に，当時のイギリスの経済成長は他の先進国で記録された水準より常に低いものであったが，イギリスの社会民主主義者が，フランスのような国はその強力な経済および産業関係の省庁やその他の関係機関があるので，その結果として経済的に成功したとしばしば指摘していた [Shonfield, 1965]。その後数年間に西欧の政治経済に関する主要な文献で，そうした機関について詳細に分析された [Zysman, 1977；Hall, 1986]。そ

れにもかかわらず，西欧の経済政策策定機関は東アジアにおけるほど優位ではなかった。4つのうち3つのタイガー経済は，時には明示的に日本モデル [Johnson, 1982] を利用して，非常に強力な経済・貿易機関を発展させた。例外は香港であった。そこでは，植民地期に採用された「積極的不介入主義」の哲学が，そうした方策をとるのを阻んでいた。しかし，他の3つの社会では，政府機関が設立され，最初から有能で優秀な職員が配置された。その主要なものは，シンガポールの経済開発局（Economic Development Board），韓国の経済企画院（Economic Planning Board）（1961年に朴大統領が政権についてちょうど2カ月後に設立），台湾の経済建設委員会（Council for Economic Planning and Development）などであるが，その他の機関もあった [Vogel, 1991]。社会政策の領域では，これに匹敵する機関は設立されなかったが，韓国開発研究院や台湾の労働委員会（Council for Labour Affairs）もまったく意味がなかったわけではなかった。結果として，それぞれの社会は経済と産業の領域で第1級の専門家を生み出したが，社会的領域ではそのような最小限必要な専門家を生み出しはしなかった。

　最後に，すべての4つの国・地域における社会政策のプロセスは，いつも反福祉主義者の主張によって歪められてきた。こうした主張はこの地域に特有というものではないが，それでもエスピン－アンデルセンの福祉資本主義の3つの世界のどれよりもさらに際立ったものであった [Esping-Andersen, 1990 ; Holliday, 2000]。そうした主張は，一部にはアメリカで展開されてきたネオ・リベラリズムの考え方に直接，間接の影響を受けてなされたか，あるいはタイガー地域が福祉国家発展をなしうる余裕ができ始めた，その重要な時期に西欧福祉国家の財政危機や危機と思われる状況によってつき動かされたものである [O'Connor, 1973]。その結果，日本においてと同じように，多くの西欧社会の特質をもつ福祉主義的な強い主張が控えられた。

7　類似点と相違点の評価

　こうした分析を考えあわせると，私たちはこの4つの国・地域の発展の軌跡には明らかな類似点と相違点があることに気づくのである。この地域すべてが，1960年代から90年代後半までの間に，急激でほぼ継続的な経済成長を記録して

きたし，このことが主要で顕著な特徴となっている。この地域すべてが，広い意味で類似した（わずかな違いがあるが）発展パターンに沿っており，輸出指向の成長に集中し，労働力と生産の技術的向上への推進力をともなうものであった。チェネリーが述べたように，この地域は1970年代には年平均で約25％の輸出成長率を達成する「超輸出経済」［Chenery, 1988：39］であった［Chenery, 1988：68］。この地域は価格，付加価値，製品の斬新さなどで競争力を維持することにその成否がかかっていた。4つの国・地域すべてにおいて，競争力を維持するにはデヨが「極端な政治的服従と労働者の排除」と名づけたこと［Deyo, 1989：1］が必要であるとみなされた。4つの経済すべては大いに貿易に依存しているので，世界経済のわずかな停滞さえもたいへん大きな意味をもつという点で，もろいものであった。

　政治に関して，1980年代後半までに，4つのすべての政府は「行政による政治の吸収」(administrative absorption of politics) という形のたいへん非民主的な実例であったし，その正統性は経済成長に依存していた。ハガードとチェンが述べたように，経済発展は「権威主義の強化を正当化する支柱」となった［Haggard and Chen, 1987：104］。4つの国・地域すべてが非常に有能な政府をもっていた。ロゥエンは，議論の余地があるが，「有効な統治」が発展にとってもっとも重要な要素であったと考えている［Rowen, 1998：342］。同様にルートは，経済・社会政策を成功裏に実施させうる能力を，工業化するアジアの繁栄にとって「基礎的なもの」と考えている［Root, 1998：62-3］。こうした能力は，ハガードが政権の「隔絶した」特質と表現したものによってさらなる動因が与えられたのである。この特質とは，政権に対して直接的な政治的圧力やレント・シーキングなビジネス圧力から解放したのであった［Haggrd, 1988：261］。4つの政府はまた，政治的左翼を敗北させることによって自由を得ていた［Haggard and Cheng, 1987：110］。政府はビジネス・グループとの間に建設的で機能的な関係を樹立し，ビジネスを政策過程のなかに統合していた［Root, 1996：148］。しかし，同時に彼らはビジネスに携わる人々とはやや距離をおいたままにしていたので，ルートが香港の分析のなかで述べたように，「政府は意思決定システムを捉えていたわけではなかった」［Root, 1996：59］。4つの政府すべては，経済計画にとって必要な情報システムや自ら設定した目標を達成するた

めの能力，そしてディリジスム（国家主導経済政策[*3]）と競争を適切に混合させた自由市場システムによって建設的に機能する能力とをもっている［Wade, 1995：119］。すべては「計画合理的」である［Henderson, 1993］。すべての政府が教育を受けた労働力を有効利用するスキルがあることを示しており，「発展の1つのレベルからもう1つのレベルへの移動する能力」を示した［Castells, 1992：55］。その実例として，シンガポールと韓国で重工業創設への転換や経済をより付加価値の高い生産へと転換させたことが挙げられる。すべての政府は，「勝つ方法を学ぶ」と同じほどには経済的勝利者を選ぶことにそれほどのスキルを示してはいない［Castells, 1992：51］。

　最初に述べたように，明らかに相違点がある。ペンペルは4つの国・地域の経済的成功には共通の要素があったことを認めているが，それぞれの成功は「これらの要素が特定の国民的な成功物語へ融合していくときに，特殊で個別的な融合の結果であった」と論じている［Pempel, 1992：94］。シンガポール，韓国，台湾は，当然ながら「開発主義国家」と名づけられるだろう［Leftwich, 1995：405］。それは，強力な経済計画機関によって，経済発展において主要な指導的役割を果たす国家として示される。こうしたものには，すでに述べたような機関が含まれている。シンガポールの経済開発局，韓国の経済企画院，台湾の経済建設委員会などである。香港では，政府は明らかにはるかに小さな役割しか果たさなかった。これは開発主義国家というよりもむしろ開発促進国家であり，比較できるような経済計画集団をもっていなかった。しかし，非国家アクターは，他の国でみられるような開発国家の役割を反映するような方法でしばしば結びついていた［Henderson, 1993］。同様に，シンガポール，韓国，台湾では，国有企業は重要な経済的役割を，とくに発展の初期段階ではその役割を果たした。香港には，そのような産業はなかった。シンガポールは，経済的発展において重要な役割を果たす多国籍企業を誘致した。韓国と台湾は，もっと多くの管理されたアプローチを採用した。韓国は国営企業の発展を認めたし，台湾は外国所有会社の役割を特定の輸出セクターに限定した。香港では，外国投資に対して完全な移動の自由があった。韓国，台湾では，製造業はいまなお経済の中心的役割を果たしている。シンガポールと香港は，金融サービス・センターとしてますます重要となってきた。4つの国・地域はまた，外国の援助

から異なる形の恩恵を受けてきた。カミングス（Cumings）は，第2次世界大戦と朝鮮戦争の後に韓国と台湾は「半主権国家となり，アメリカの軍事構造に深く組み込まれる」ようになった，と論じている［Arrigi, 1998：71から引用］。香港とシンガポールは，なおイギリスに管理されるか，ちょうど独立を達成したばかりであり，アメリカから直接的軍事援助をまったく受け取らず，それと関連した経済的便益を何も受けなかった。それにもかかわらず，4つの国・地域すべてがさまざまなタイプの各々の国内向け投資によって巨大な利益を得た。香港，シンガポール，台湾の場合には，中国系移民からの相当量の投資が大きな意味をもっていた。

　類似点と相違点をみると，確固とした評価に達するのは不可能である。これはグラスの中身が半分満たされているとみるか，半分空っぽとみるかというような，そうした状況のひとつである。ペンペルは，「地理的な近さはこれらの多様な国が共通してもっている，もっとも容易に確認できる特徴であるかもしれない」と論じている［Pempel, 1992：81］。そして，私たちがすでに述べてきたように，私たちの社会は，そうした考慮をすれば，互いに非常に密接であるとさえいえない。さらに，共通点についての懐疑的な見解や半分は空っぽという見解をとるというのは容易なことである。それにもかかわらず，4つの国・地域において，主要な社会政策セクターについての詳細な比較分析を正当化するような背景となる要因レベルでは十分な類似点があると，私たちは信じている。以下の4つの各章は，そうした分析に充てられている。

第3章

教 育

Ka-ho Mok
（カーホ・モク）

　タイガー地域の経済的成功を説明する試みには，政府が教育において果たした役割に注目するものがある［Morris, 1996；Kwon, H.J., 1997；White and Goodman, 1998］。競争力を強め，自己の正統性を確立し強固にするのに必要な経済的発展を手に入れるために，これらの国・地域の政府は教育を非常に戦略的に位置づけた。したがって，こうした「意図をもった政府」の教育システムは教育機会を創出し，市民の教育程度を引き上げる，中央集権的で，平準化指向の，トップダウン的アプローチによって特徴づけられた［Morris and Sweeting, 1995；Bray and Lee, 2001］。タイガー地域の政府はこぞって，高い教育レベルによってのみ急激な社会経済的変化についていくことができると考えている。
　知識基盤経済が発展しグローバリゼーションの影響が増大するにともなって，これらの国・地域の人々は，教育セクターで採用されてきたそうした中央集権的ガバナンス・モデルが本当に社会経済的発展を持続させることができるのかどうか疑問を抱き始めたのである［Stomquist, 2002］。グローバリゼーションの過程から生み出される課題や競争の増大は，知識基盤経済の出現のみならず，急速な技術革新や知識刷新とも相まって，これら東アジア諸国・地域を教育システムの改革と刷新へと駆り立てた［Jarvis, 2000；Mok, 2001a；Cheng and Townsend, 2000］。こうして，より自律的でフレキシブルで革新的な教育システムと国際市場で競争する労働力を創出するためにラディカルな教育再編が必要であるとの考えから，教育システムの包括的な見直しと抜本的な教育改革が過去10年間に導入された。
　この章では，とくに教育の規制，供給，財政に注目しつつ，4つの国・地域での教育の発展とガバナンスにみられる類似点と相違点を調べて比較すること

にする。本章は5つの大きな節に分かれる。第1節は教育政策の基本的方向性と歴史の概観である。第2節から第4節までは教育の規制，供給，財政に関する問題を検討し，その後4つのシステムの評価とそれらの類似点と相違点を総合するための比較を行う。本章はタイガー経済地域の教育セクターが直面している共通の動向と課題について検討することにより結論を示す。

1 歴史と基本的方向性

いくつかの主導的要因が4つの国・地域における教育政策の基本的方向性を定めてきた。これら4つの国・地域はいずれもかつて日本やイギリスの植民地であり，明らかに教育システムはそもそも植民地の歴史の影響を受けていた。植民地支配からの独立を勝ち取った後（香港の場合はその前に），これらタイガー地域の政府は社会経済的発展において非常に大きな役割を教育に与えた [Tilak, 2000 ; Bray, 1997]。第2に，これらの政府は公的言説や公的方針では基本的に反福祉的であるという事実があるにもかかわらず，いずれも教育を例外と考えている [Asher and Newman, 2001]。教育を単なる必要な公的支出項目として扱うのではなく，これらの政府は自国・地域の経済に質の高い労働力と十分に教育を受けたプロフェッショナルを供給するための投資として，教育の発展に非常に力を入れた。東アジア諸国・地域の政府が教育に力を入れたことは，経済的ダイナミズムを生じさせた主な理由の1つであるとしばしばいわれる [World Bank, 1993 ; Appelbaum and Henderson, 1992 ; Morris, 1996]。これらの国・地域における教育の発展を生み出した第3の要因は，社会心理的なものであり，これらの国・地域の発展のための必須の前提であるとみなされる価値や態度によりいっそう注目したものである。儒教とネオ儒教の遺産の中心にあるのは，教育と文化的向上とを重視することである [Rozman, 1992 ; So and Chiu, 1995 ; Morris and Sweeting, 1995]。第4の要因は，直接，間接を問わず，シンガポール，韓国，台湾の国家建設や香港の社会建設の道具としての教育の重要性である。教育は帰属感と国家意識を創出するのに役立ってきたし，これらの国・地域での政治的正統性において重要なものであった。教育はまた，それが提供する経済的機会と経済的成長に果たした貢献によっても，そうした正統化に役立ってきた

[Bray and Lee, 2001；Gopinathan, 2001]。第5に，これらの国・地域の教育政策はますます外部の社会経済的，社会政治的変化によって形成されるようになっている。グローバリゼーションや知識基盤経済の発展によってもたらされた最近の課題に応じて，こうしたタイガー経済地域は改革を始め，運営実務の権限を国から高等教育レベルへと分散させ，カリキュラムや試験制度を見直し，大学入学許可の仕組みを改造するといった措置をとり始めたのである。こうした改革措置はすべて，これらの国・地域の政府が，地域市場およびグローバル市場での競争力を高めるために，教育改革に着手することに熱心であることを示唆している [Goh, 1997；Green, 1997, 1999；Mok, 2001]。最後に，教育の発展と改革もまた公的セクター改革のインパクトによってつくられてきたものである。近年，質の高い教育，アカウンタビリティ，選択，競争，質の保証，効率性，有効性，費用対価 (value for money)，反応力 (responsiveness) といった概念が，教育政策立案者のなかでますます人気のあるものとなってきたし，そうした概念が信念や理解の変化に対応して既存のシステムを改革する手だてへと移されてきた [Weng, 2002；Mok and Welch, 2002；Kwak, 2002；Lim, 1998]。

　東アジア・タイガー地域での教育発展の諸相を歴史的な視座から分析，比較，対照してみると，3つの共通するパターンがみてとれる。第1は，香港を例外として，かつての植民地行政府は教育を発展させるための真面目な努力をまったく行わなかった。シンガポール，台湾，韓国で独立が達成されると，教育が重要な政策的論題の1つとして認識され始めたのである [Tilak, 2000；Bray and Lee, 2001；Cheng and Townsend, 2000]。第2に，教育セクターの実際の変化は，概して教育が経済発展において果たすものと考えられている役割のゆえに生じた。これに力づけられて，学校教育の機会を拡充するためにタイガー諸国・地域の政府は追加の資源を充当することになったのである。1970年代と80年代，とりわけ無償教育かつ（もしくは）義務教育が導入された時期は，教育の急速な拡大の黄金期とみなすことができる [Morris and Sweeting, 1995]。急速な成長期の後，1990年代には津波のような教育の改革と教育システムの包括的な見直しが，これら4つの国・地域のいずれでも進められたのである。抜本的な改革は，21世紀の東アジア・タイガー地域における教育発展のもっとも中心的な特徴とみることができる [Mok, 2002a；Cheng, 2002]。

香　港

　植民地政府は，1860年まではほとんど教育に関わらなかった。1854年，政府は8800の児童人口のうちの150人を受け入れるわずか5つの学校に補助金を交付するようになった [Tse, 1998]。1949年に中華人民共和国が建国され，そこからの難民が洪水のように押し寄せてくると，教育に対する政府の態度も変化し始めた。1963年に出版された「教育統籌委員会報告書」に対応して，教育署 (Education Department) が設けられ，政庁立の学校が開設され，私立学校には補助的な位置が与えられた。1960年代末と70年代初頭に急速な経済成長が起こると，政府はより高い教育を受けたマンパワーが必要であることに気づき，1971年に6年の無償義務教育が制度化された [Tse, 1998]。

　1970年代と80年代には，香港政庁は教育の供給と財政支出にますます積極的な役割を受けもち，無償義務教育の年限も6年から9年へと延長された。1984年から97年の間に，政庁は幼児教育，初等・中等・高等教育，特別支援教育，生徒評価方法，教師教育，私立学校システム，そして資金交付システムで一連の広範囲の改革に着手した [Tsang, 1998：11]。

　1997年には香港特別行政区が設けられ，長官の董建華が教育への公的支出を増やすことを約束した。1999年の初頭には包括的な見直しに手がつけられた。「生活のための学習，生活による学習」と銘打った改革提言が2000年9月に発表され，それが教育改革の青写真をつくった。そこには4つの大きな領域が含まれる。すなわち，学科目の構成，カリキュラム，評価の仕組み，異なる教育段階間のインタフェースである。21世紀に入ると，特別行政区は教育を政治的論題のトップにもってきた。抜本的な改革が学校セクターだけでなく，大学セクターでも始まった[*1] [Cheng, 2002 ; Mok and Chan, 2002 ; Chan, 2002]。

シンガポール

　香港と同様に，シンガポールもかつてイギリスの植民地であって，植民地政府は第2次世界大戦が終わるまで教育にほとんど注意を払わなかった。1946年になって初めて，政府が無償の初等教育のための10カ年計画を発表し，大きな変化が生み出された [Tan, 1997]。シンガポール共和国の建国以来，与党の人民行動党は，教育は社会変革のエージェントであるとの確固たる信念をもってい

る。政府は教育が国家建設の目的に役立つものと固く信じている。国民的一体感，人種民族間の調和，能力主義が，多民族社会における教育の中核的テーマである [Quah, 2001]。1966年にはすべての子どもの初等教育という目標が達成された。その後は質的強化の段階に入り，その段階になるとより大きな関心は質に向けられるようになった。児童生徒に母語だけでなく英語の運用能力をもたせるため，バイリンガル教育政策が導入された [Yip et al., 1997]。

1970年代末には，シンガポール政府は質的向上を図るという観点から教育システムを改良し始めた。資源の浪費，低い識字率，効果的でないバイリンガル政策，学校間の成績のバラつき，といった問題の存在に気づいて，政府は教育システムの再編成を進め，初等・中等教育の両レベルで能力別に学級編成するというシステムへと変えることで対応した。政府は市民により強い競争力を与え，経済成長を刺激する実効性ある方法を模索した。1つの主要な戦略は教育機関の拡充，とりわけシンガポール経済に先鋭な競争力を与えるために大学での学習機会を増やすことによって，国民の教育程度を引き上げることであった。学校レベルでは，政府は教職員配置や給与，財政，経営，カリキュラムでフレキシブルな独立学校や自律学校を設立することで学校システムを多様化し始めた [Yip et al., 1997；Gopinathan and Ho, 2000；Tan, 2002]。

1990年代の半ば，シンガポール政府は国民がもつ学び，より革新的で起業家的になる能力を高めるために「考える学校，学習する国家」という理念を提唱した [Goh, 1997]。教育省（Ministry of Education）は教育の目的および究極目標として役立てるために，一連の望ましい結果を明確にした [MOES, 1998]。同時に，政府は教育のIT化を促進するマスタープランのために10億ドル以上を支出した。学校カリキュラムは創造的，自立的思考を発達させる余地をよりいっそう確保するために30％削減された。学校の管理・運営の分権化を進める傾向にしたがって，1997年には教育省を財政と人事に巻き込まずに，意思決定でより高い効率性を達成するためにクラスターシステムが導入された。1999年には，政府は「学校卓越性モデル」（School Excellence Model）を導入したが，これは学校が自分の効果を測定するための新しい自己評価システムをつくり出すものである [Gopinathan and Ho, 2000]。2001年の「教師の日」ラリーにおいて，ゴー・チョク・トン首相は，一部の私立学校がより多様で革新的な学校システムを奨

励するために，私立学校を設立することにも言及した［Goh, 2001］。大学もまた入学者選抜方法とカリキュラムを変えなくてはならない。大学には，より高度の財政アカウンタビリティと市場への関与や反応力と引き換えに，人事・給与，資金配分，戦略的開発に関する決定を下す際により大きな自律性が与えられる。

韓　国

　韓国の現代教育システムの特徴の多くは，教育の主な目的の1つが支配階級を支える政治・社会エリートの選抜であった李朝（1312～1910年）にまでさかのぼる［Chung, 1999］。1950年代末，無償の義務教育という方針が韓国で実施された。それから10年経つと，中等教育のユニバーサル化と高等教育の急速な拡張に象徴される量的拡大の段階を迎えた。

　体系的改革は，目的が自律的で未来志向の国民を育てることと表現された1970年代にさかのぼる。初等・中等教育の機会をできる限り広げる施策が行われた。高等教育を提供するために大学と短期大学を含む高等教育機関の多様化が進められた。1980年代には，質的向上と生涯学習により大きな重点がおかれたが，韓国政府は変化の基本方針を確定するために教育改革委員会を設立した［Moon, 1998］。

　改革提言を示すために，1994年2月に韓国政府が大統領直属の教育改革委員会を設立すると，改革に弾みがついた［MOEROK, 2000］。1995年5月，この大統領直属の委員会は，すべての国民に生涯にわたる教育機会を保障するために「エデュトピア」，すなわち教育ユートピアをめざす新教育システムをつくる提言を出した。新教育システムの5つの指導原理には均等，卓越性，多様化，学習者中心主義，自律的な学校運営，がある。1998年には，教育部（Ministry of Education）は，伝統的な学校文化をよりフレキシブルでリベラルなものへと変えることをねらいとして，新学校文化のためのキャンペーンを開始した［Kwak, 2001；MOEROK, 2000；Moon, 1998］。

　一般的にいって，韓国の小学校セクターにみられる最新の展開は，供給者主導の教育から学習者・消費者中心の教育へのパラダイムシフトである。多様化，専門化，自律性，オープンな競争が高等教育の中心テーマとなった。地域的および国際的競争に開かれて，大学は質の向上のために絶ゆまず努力してきた。

高等教育では，1999年に教育部が，創造的なアイデアや革新的なテクノロジーを提供する世界クラスの研究を育て，地域の大学間の競争を促進し，大学の国際競争力を強めるために，「韓国の頭脳21」改革を開始した［MOEROK, 2000］。

台　湾

　台湾の今日の教育システムは，アメリカのシステムに強い影響を受けた1920年代の中国で確立したシステムによく似ている。台湾の教育発展は大きく2つの時期に分けることができる。1945年から87年までと87年以降である。1987年までの台湾の教育システムは独裁体制のもとでの中央集権によって特徴づけられる。教育は国民党政権下での国家意識を堅固にする手段として，また経済発展のマンパワー・ニーズを満たす手段として扱われた。

　1980年代末以来，独裁主義から多元主義への急激な転換が起こったが，その転換によって1990年代の教育改革の展開が進んでいった。学校マネジメントのトップダウン式で独占的なコントロールとは対照的に，学校の意思決定に一定の権限を分けもつPTAが設けられてきた。1993年の大学法制定により，高等教育機関が機関としての自律性と学問の自由を享受するための法的根拠が用意された。学長は教授団によって選挙されることとなった。政府立高等教育機関にいっそう大きな財政的自律性をもたせるべく，教育部（Ministry of Education）は授業料，産学連携，研究費補助金から生み出される収入を用いる自由裁量の度合いを高めるために，大学開発基金制度を設立した。政府以外からの資金獲得方式をつくり出すために，政府立大学は資金調達活動を実行し，研究費補助金の獲得のための競争をしなければならなくなった。

　東アジア・タイガー地域の他の3つの国・地域と同様に，台湾政府はこの2，3年に教育改革に関するいくつかの文書を刊行した。もっとも重要なのは「21世紀の教育ビジョンに向けて」である。これは生涯学習社会を確立する必要性を論じたものである。1998年に出された「学習社会に向けて―生涯教育の振興―」と題するもう1つの文書では，政府はすべての利害関係者に生涯学習の責任を分かち合うように求めた。2001年，高等教育白書が刊行され，高等教育セクターの新しい原理を打ち立てた。

過去数十年の学生数の急激な拡大の時期を経て，東アジア・タイガー地域の教育発展は安定局面に入った。高い学力水準を維持するために，これらの国・地域の政府は教育システムの包括的な見直しを行い，さまざまな種類の教育改革を始めた。

2 規　制

　1950年代以降，タイガー地域の4つの政府は社会の教育的事項の規制にかなり大きな中央統制を加えてきた。しかしながら，近年は消費者により大きな選択を用意し，教育の質の向上を図るべく教育機関相互の競争を導入するために，市場化を追求するだけでなく，教育のガバナンスでの地方分権化と多様化の世界的動向に従い始めている。ここでは，規制は広く，教育サービスがそのなかで供給される法的，政治的，政策的枠組みとして理解されている。4つの国・地域はすべて，教育サービス供給を規制する中央集権的システムを採用してきたので，いずれも政策立案や政策実施を管轄する教育署，教育部，教育省，特別諮問委員会などを有している。専門職団体やその他の教育団体は正規の規制的枠組みの一部となるよりもむしろ，単に助言的機能を果たすに過ぎないのである。

香　港

　長い間中央集権的ガバナンス・モデルを採用してきた香港政府は，教育の規制のために執行機関と諮問機関とを設立してきた。一方では教育統籌局 (Bureau of Education and Manpower) と教育署が設けられた。また一方，教育審議会 (Education Commission)，学校教育のための教育委員会，技術教育と職業訓練のための職業訓練審議会，高等教育のための大学補助金委員会（原語では大学教育資助委員会，UGC）が設けられた。ガバナンスの全体プロセスにおいて，公的コンサルテーションが，政府が正統性を得て住民とのコミュニケーションを改善する根本手段となっている［Cheng, 1992］。

　教育の意思決定権限はいまなお，教育統籌局と教育審議会が支配的役割を演じるというかたちで政府の手中に置かれている。かつて政策立案の根底にあっ

たのは，個々の教育機関の独自性にあまり配慮しないトップダウン式の政策立案こそが，ものごとの進め方としてもっともすぐれた方法だという考えであった［Chen, 2000］。学校マネジメント計画や戦略目標をもつカリキュラム，教授手段といった方針が学校管理職，教員，親の関心に十分に配慮していないとして批判された。

　教育の規制に関わる2つの大きな領域は，学校カリキュラムがどのようにつくられるのかということと，学校の成果（performance）を評価する最良の方法は何かということである。カリキュラム・デザインのために，カリキュラム開発研究所（Curriculum Development Institute）が1992年に設立された。この研究所の主な役割は，教育署の長官を通して学校カリキュラム開発に関係するあらゆる問題について香港特別行政区政府に助言すること，および，カリキュラム改革の実施において学校を支援することである。カリキュラム開発研究所と教育署の間の関係を分析すると，香港政府が主導的舵取り・規制メカニズムとしてのカリキュラム開発研究所を遠隔操縦して，カリキュラム・デザインを規制していることがわかる。

　香港政府が学校を規制するのに用いるもう1つの手段は，質保証のための評価である。2000－01学年度に，50の小学校，中等学校を対象に質保証のための評価が行われ，幼稚園についても20園が選ばれて評価を受けた。学校が評価を受ける際には，4つの主要な領域が詳しく調べられる。それは，マネジメントと組織，学習と教授，児童生徒に対する支援と学校エートス，到達と達成，の4つである。各領域ごとに入念につくられた成果指標がある。質保証のための評価期間中に，評価委員は授業その他の学校諸活動の観察，学校コミュニティ構成員とのディスカッション，児童生徒の学業成績の抽出検査，学校教職員，児童生徒，保護者の調査実施から実証データを新たに加えることができる。質保証のための評価を学校セクターの全体にわたって実施していることからわかるのは，香港政府は学校教育をこと細かく監督・規制しているものの，各学校は分権化と学校に基礎をおくマネジメントが進んで，より大きな自律性が認められるようになったということである［Leung, 2001］。

　さらに，教育の規制は教員養成と教職の監督においてはっきりと表れている。香港では，教員養成課程は現在，初等・中等教育教員の準学士，学士レベルと

も公財政により運営される香港教育学院によって提供されているが，政府と他の地方高等教育機関もまた教員養成のための現職研修プログラムを提供している。他の高等教育機関と同様に，教員養成は内部の質保証メカニズムと外部の評価の両方によって細かく点検されている。高い言語水準を維持するために，政府は英語と中国語の教員を対象に言語習熟の要件をも設定しており，言語の教員は言語ベンチマーク・テストを受けなければならない［HKSAR Government, 2002：156-7］。教育条例の定めにより，学校教員は教育庁の教員登録に申請することも必要である。

　規制のもう1つの側面は，教育署が学校建築において果たしている役割である。香港特別行政区の教育署はすべての段階の異なる学校種別に対する校地の割り当てを統括している。学校建築の設計もまた政府がコントロールしている。学校建築設計の新しいあり方を検討するために，教育署のもとに実務建築家と学校セクターの代表により構成される学校建築設計委員会が設立された。1994年以来学校改善プログラムが開始され，367校の改善工事が進められてきた。2004－05年度までに900校に広げることが目標となっている［HKSAR Government, 2002：149-50］。

　さらに，児童生徒，学生の入学許可方針もまた政府により中央集権的に定められている。補助金学校および政府立学校の小学校1年次への入学は，一元的なシステムによる。これは，人気の高い学校への入学のための子どもたちの激しい競争を避けるというねらいをもっている。小学校6年次の終わりには，中等学校入学者枠割り当てシステムに参加する学校の児童にはすべて中等学校1年次の入学枠が与えられる。割り当ては親の選択と学校の内部評価によって行われる。2002－03年度から始まったのだが，公立学校（政府立学校と補助金学校）中等学校3年次の生徒にはすべて，政府の補助金を受けた中等学校4年次の教育または職業訓練を受ける機会が保障される［HKSAR Government, 2002：148-9］。

　大学セクターは伝統的に政府の影響を受けないものとされてきたが，政府が大学の事項に介入を試み始めたことを示す例が出てきている。もっとも注目すべきケースは香港中文大学であり，1988年の教育審議会勧告を受けて，もとの4年制から3年制へと学位プログラムの変更を強いられた。政府と高等教育機関の間には緩衝装置として働く大学補助金委員会があるが，このケースは政府

が大学補助金委員会を飛び越えて大学の経営層，教員，学生の同意を得ずに大学の事項に干渉することができることを示す実例となった [Chen, 2000 ; Tse, 2002]。大学補助金委員会によって始められた質保証の取り組みは，大学の教育活動の質，教育水準，研究成果，ガバナンスを評価することになっている。大学教員は，大学セクターがいまや人々の監視と厳しい規制のもとにおかれていると感じている [Mok and Lee, 2002]。

最近まで，政府は学校に基礎をおくマネジメントという方針にもとづいて，財政的事項と人事では各学校に意思決定権限を与えることを進めてきた。政府はコントロール権限を譲り渡すのではなく，一連の成果測定メカニズムを設立すると同時に各機関のリーダーをエンパワーし，経営層により高いレベルの自律性と責任を与えることによって遠隔操縦することで変えてきたのである。公的セクター改革が進むグローバルな動向のなかで，戦略的な発展計画づくりと成果の評価が教育セクターの規範となったのである [Mok, 2001a ; Mok and Lee, 2000]。

シンガポール

1960年代半ばに独立を達成してから，シンガポール政府は教育の発展をトップダウンの政策形成によって支配し，決定的な役割を果たしてきた。教育政策の形成に責任を負う中核の組織は教育省だが，議会での審議により，首相官邸を経る。トップダウン方式の一例として，児童生徒の能力によって分ける習熟度別編成の実施が，いわゆる教育資源の「浪費」を低減させるという理由で中央集権的な決定で採用された。中央政府の行動によって金銭的価値を最大化したいという関心は，こうした経済先行で発展する国家の特徴である [Low, 1998]。

香港と同様に，教育省が学習指導要領の作成，見直し，改訂およびその実施の点検に第1の責任を負っており，カリキュラム・デザインは中央集権的に規制されている。コア教科の教授に補助を提供すること，教材の効果的な利用のための研修を提供すること，教授ストラテジーに関する情報を普及すること，変化の担い手および効果的で革新的な考え方のファシリテーターとしての役割を演じること，などもまた教育省の機能である。それに加えて教育省は，国際理科のような，特別なカリキュラムプログラムをも管轄して，IT，思考スキ

ル，国民教育のカリキュラムへの統合を進めている。それにとどまらず，教育省は教科書や補助教材の点検を行い，メディアリソース・ライブラリーや読解プログラムの開発と監督をも行っている。カリキュラム・デザイン，教科書やメディアリソースの監督が教育省の責任とされていることから考えると，シンガポール政府は学校教育を厳格に規制しているということができる。

香港と同様に，シンガポール政府もビジネス組織が用いるさまざまな質モデルから転用した学校のための自己評価モデルを採用してきた。学校の成果を評価するための基準を設定するために，ヨーロッパ・クオリティマネジメント財団を手本に学校卓越性モデル（School Excellence Model, SEM）がつくられ修正された。SEMには，リーダーシップ，教職員管理，戦略的計画，資源利用といった領域を点検する非常に包括的な評価の枠組みがある［MOES, 2002a］。学校が業務をより深く振り返ることを奨励するために，SEMは各学校に5年ごとに独自の自己評価を行うことを認めている。学校がひとたび評価を受ける準備が整うと，評価チームが学校を訪問し証拠を集める。SEMは学校が自己評価する取り組みとなることを意図したものであるが，シンガポール政府はさらにシンガポール質委員会によって設定された基準に即して成果を上げるように学校に求めることができる。こうした点からみると，シンガポールの学校制度に導入された質保証システムは，規制の枠組みのなかで根幹的な要素となるものである［Mok, 2002a］。

しかしながら，最近は各学校に財政，人事，教育の各事項を扱うためにより大きな自律性を与える傾向が生じてきた。しっかりと確立し，しっかりと実績を上げている学校により大きな自律性を認めることは，自治を拡大する手段である。さらに，SEMの導入の基礎にあるのは事業実績と資源活用の2つの点から社会への説明責任をより透明にすることの見返りとして，より大きな自律性が与えられるという考え方である。結果として新しい内部評価，外部評価のメカニズムが取り入れられた［Tan, 2002］。

シンガポール政府が教育の質を規制するもう1つの手段は教員養成の監督である。シンガポールでは，南洋工科大学の1部局である国立教育研修所（NIE）が教員養成課程と大学院プログラムを提供している。学生は卒業すると教育省によって集められ，政府の任命を受けた教員は政府のための一般教育職員とし

て働かなければならない［MOES, 2002b］。学校建築と開発計画に関しては，教育省が1999年に既存学校再建向上プログラム（PRIME）を始めた。これによると，2005年までに260校が改修または再建されることになる。さらに，1997年より前に建てられた学校は改修または再建される。既存学校再建向上プログラムは3つの措置により実施されることになる。すなわち，もとの校地での再建または改修，学校移転，合併の3つである［MOES, 2002c］。

シンガポールのもう1つの質保証メカニズムは入学者決定の方針と関係している。小学校4年次の終わりに5年次，6年次の能力別学級に振り分けるために，母語である英語と数学の学力が評価される。小学校6年次の終わりには，小学校修了試験を受けなければならない。その結果によって生徒は自分の学習進度や適性に応じた中等学校課程へと振り分けられる。中等教育には，特別，速成，普通の3つの課程がある。大学入学は，生徒の試験成績，学力評価テスト（Scholastic Assessment Test）の成績と，カリキュラムに並行して行われる活動の実績にもとづいて許可される［Ministry of Information, Communications and the Arts, Singapore, 2002：223-34］。

大学セクターについていえば，大学に関する事項に対する政府の介入の歴史がある。シンガポールでは1960年代と80年代の2度にわたって，政府閣僚メンバーが大学のトップに任命された。大学の教職員が団体をつくることは禁止されていた。教育と研究をよりいっそう経済的ニーズに合致させようとする圧力がかけられた。成果主義にもとづく給与体系と研究費補助金を獲得するための競争が導入され，より厳格な質保証と業績評価メカニズムが取り入れられた。こうして，政府は大学を異なる手段によって遠隔操作できるのである。地元および海外から来た世界クラスの教育機関の間の競争を奨励することで教育の質向上を図るため，政府はますます市場の力とメカニズムに頼ろうとしている［Lee and Gopinathan, 2001；Mok and Tan, 2003］。

韓　国

シンガポールや香港と同様に，韓国政府は教育ガバナンスの中央集権モデルを採用した。教育人的資源部（Ministry of Education and Human Resource Development, 前の教育部）は基礎教育と高等教育，教科書認可，教育機関や大学

や地方教育行政当局への行財政的支援，教員養成，生涯学習を含む教育政策の形成と実施に責任を負うと考えられている［Adams and Gottlieb, 1993］。キムは「中央集権的行政が，サービス的役割を果たすことからはほど遠く，教育の主要セクターを支配している。……学校はずっと行政当局という主人に仕える補助的な立場にいた」と論じている［Kim, 2000：89］。同様に，OECDは韓国の教育を「強く規制され中央集権化したコントロールシステム」であると強調している［OECD, 2000a：57］。

韓国の強い規制と中央集権モデルを明確に示す1つの指標となるのは，カリキュラム・デザインと教科書編成の方法である。教育人的資源部は，国家カリキュラムの作成に責任を有する。「教育法155」は各学校段階のカリキュラムについて規定し，教科書と教材を開発するための基準を定めた。各学校にフレキシビリティが認められているとはいえ，教育人的資源部はカリキュラム・デザインを統制する非常に明確な基準を定めた。すなわち，教科書と教師用マニュアルは国家カリキュラムの枠組みの中でつくられるのである。韓国ではわずか3種類の教科書が出版の認可を受け，いずれもが細かくコントロールされている。

中央集権的ガバナンスは韓国の教員養成にみられる。教員養成は，小学校教員は教育大学，中等学校教員は大学の教育学部・学科，幼稚園教員は専門大学，短期大学によって提供されている[*2]。教員養成機関の確立は教育人的資源部の地方事務所の教育長だけでなく，教育人的資源部の認可をも受ける［MOEROK, 2000：104-11］。教育人的資源部は韓国の教員養成のアカデミックな基準を細かく監督している。

教育を規制するもう1つの手段は，児童生徒の受け入れに関係している。韓国では，初等教育は無償で義務制である。児童生徒は毎年自動的に次の学年へと進級する。1969年以来，中学校への入学には制限はなくなっており，生徒は居住地原理にもとづいて学校に割り振られるようになった。中学校を卒業すると，選抜試験の成績に応じて高等学校に入学することができる。1995年5月31日の教育改革にともない，1996年以降は各学区で人文系高等学校は複数志願抽選制により生徒を選抜してきた。大学教育に関しては，1994年4月に新しい入学試験制度が実施された。この制度は高等学校の成績を40%含めることを義務

づけ，大学に一般学力テスト（scholastic achievement test）と大学独自のテストの配点比率や選択を決定する権限を認めた［MOEROK, 2000：70］。

　権限が中央政府の手に集中されるにともない，地方の自発性や自律性は弱められ，個々の教育機関は創造的なアプローチで教育を展開することへの情熱を欠くこととなった。厳しい命令や通達のもとで，教員にも大学教員にもほとんど自律性がなくなり，親の学校への参加も非常に限られたものになった。同様に，児童生徒や学生は自分自身の関心，才能，創造性を伸ばす機会がほとんどない［Kim, 2000；Mok, 2001b］。目を見張るべき教育の達成があるにもかかわらず，韓国政府はグローバリゼーションによって従来の伝統的な中央集権的ガバナンス・モデルを不適切なものとなったと認識している。したがって過去10年を調べてみると，予算編成と管理運営に関連して分権化の傾向がみられる［Kwak, 2002］。

　学校をより創造的，革新的にするために，韓国政府は「2002年以後の教育ビジョン：新たな学校文化の創造」という改革プロジェクトを始めた。このプロジェクトの中心となるのは，改革を始めるために中央集権モデルから脱し，各学校・地方コミュニティの活性化へと移行することである。「新たな学校文化」を推進するために5つの大きな改革領域が提案された。すなわち，自律的な学校コミュニティの創造，学習者中心主義カリキュラムの実施，学習者の生活経験の価値の尊重，学習者評価方法の多様化と教師の専門職化の強調，である［MOEROK, 2000］。この改革提案は韓国政府が中央集権から分権化アプローチへの移行を試みたことを示している。

　高等教育に関していえば，大学と専門大学はマネジメントと政府による財政支援の多様化と専門分化のための独自の計画を作成するように奨励された。政府もまた，私立の高等教育機関設置のための基準をゆるめた。改革の前に，教育部は正式に，学生数だけでなく高等教育マネジメントのあらゆる側面を統括することになった。政府が学生割り当て人数に関する意思決定権限を各教育機関に与えた1994年以降，状況が変化した。各教育機関は年度ごとの自己評価と3,4年ごとのより包括的な研究・教育評価を実施するように求められている。政府の財政支援は研究実績と緊密に結びついている。したがって，高等教育機関は政府の財政支援を確保するために，より研究活動重視の指向性を強めてい

る［Kwak, 2000］。

台　湾

　台湾の教育発展は社会政治的変化と密接に結びついている。1980年代半ばより前には，人々は権威主義的政治制度のもとで暮らしており，教育も政府の強固な統制下におかれていた［Tsai, 1996］。大陸中国に根ざす文化的国民的アイデンティティを保持するために，国民党政権は中央集権的ガバナンス・モデルを採用した［Knowles, 1978 ; Husen and Postlethwaite, 1985］。教育は非常に重要な社会的・イデオロギー的支配の手段であるため，厳格に編成された［Law, 1998］。こうしたガバナンス・モデルのもとで，学校の校長と大学の学長の任命，予算の割り当て，カリキュラムのデザイン，教科書の採択，児童生徒の入学と卒業のための手続き，授業料，試験と資格の基準までも教育部が責任を負うことになっていた。学術教育用出版物は教育部によって事前審査と検定を受けたため，教員や大学教員には知的自由の余地がほとんどなかった［Morris, 1996 ; Law, 1996］。1980年代末に台湾が政治的，社会的に解放された後でさえ，教育部はなおも小学校と中学校の教科書や教材を編纂，出版，供給した。今日，教員や大学教員がより大きな自律性を享受しているという事実があるにもかかわらず，教材を変えるという提案はかならず教育部と国立編纂翻訳研究所の検定プロセスを経なければならない［MOEROC, 2002］。

　東アジア・タイガー地域の他の3つの政府と同様に，台湾政府は学力水準や学校，大学の管理運営効率を監督するうえで重大な役割を果たしている。学校制度にとって，教育の管理は2つの大きな側面に分かれる。すなわち，行政点検と教育点検である。学校は異なる学区に分けられ，学区ごとに実績を点検するために視学官が任命される［MOEROC, 2002］。近年，教育部は大学セクターの学力水準，教育の質，研究成果を監督するために質保証事業を始めた。学校レベルで行われる教育の査察制度と大学の質保証運動とを統合して，政府は体系的な規制の枠組みを教育機関に課したのである。

　1987年の戒厳令の廃止以降に起きた社会政治的，社会経済的変化は教育セクターでの重大な変化となって表れた。民主化への動きとともに，政府は教育に関する事項に対するコントロールを弱め始めた。改革前の時期にみられた過度

の集権化に起因する問題を解決するために1980年代末には規制緩和という考え方が導入された［Chu and Tai, 1996］。それ以来，台湾の学校と高等教育機関はガバナンスにおいて中央集権的モデルから市場志向モデルへの変化を経験した［Mok, 2002b］。

教育セクターにおける改革の導入が，それよりはるかにリベラルな社会政治的環境とも相まって図られるとともに，台湾の教育システムは供給と財政方式において多様化のプロセスを経験した。そして非政府セクター，とりわけ私的セクターが重大な役割を担うようになった［Law, 2002；Weng, 2002；Mok, 2002b］。戒厳令の引き上げの前は，教育の供給が公的セクターにほぼ独占されていたために私立の学校，専門学校，大学は沈滞した。今日では政府と教育実務家の間に私立学校は政府の供給を補完するという合意が成立している。

教育部が教育の主要な規制者であり続けているという事実があるにもかかわらず，政府のコントロールのレベルや程度は大きく低下した。台湾の世論は，公費助成を提供したり，教育学習施設の改善を進めたり，私立学校が徴収する授業料を調整したり，私立学校への社会からの寄付を奨励することで，利害グループや組織が私立学校を経営することができるような好意的な環境をつくり出すことが必要だと考えている［Weng, 2000］。他方，学校に基礎をおくマネジメントとキャンパスの自律性という考え方が，すべての学校の間で，校長，教員，保護者を含むさまざまな利害関係者が学校の管理と運営に関わることができるように促進されてきた。学校に基礎をおくマネジメントに向けての移行が進むにつれて学校の運営効率が強調されてきたのは，「教育の規制緩和」および権限の分権化という文脈のなかでのことである［National Institute of Educational Resources and Research, 1999, 2000］。

それに加えて，1994年に制定された教員養成法が教員養成の重要性について規定している。教員養成課程は師範大学（教員養成大学），教員養成学科や学部（中等学校教員）をもつ大学および9つの師範学院（幼稚園・小学校教員）によって提供されている。アカデミックな質を保証するため，政府は近年，教員養成のための単一の全国的認証評価団体による外部評価と相互評価により，教員養成機関の質保証と評価を強化することにこれまで以上に大きな関心を払っている。卒業後，教員は有資格教員となるために教育部への登録を申請しなければなら

ない［National Institute of Educational Resources and Research, 2000］。私立学校と私立大学の急速な成長にともなって政府は発展をコントロールするために一連の規則と規程を定めた。

さらに最近になって，政府は高級中学校のためのマルチルートの進級プログラムをつくった。2001年，「公立高級中学校統一入学試験」が廃止され，下級中学校生徒用の基礎学力テストに合格すれば下級中学校卒業生は，振り分け，応募，推薦選抜によって高級中学校に入学できるようになった。また，48年間用いられてきた大学統一入学試験に代わって，大学進学コース3年生対象の一般学力到達テストに合格することを学生に求め，学生は入学を希望する教育機関に個別に出願するという新しい制度が導入された［Government Information Office, Republic of China, 2002：302-3］。

学校と同様に，高等教育セクターも規制緩和のプロセスを経験している。1994年の大学法改正により，高等教育機関に対する中央政府のコントロールは弱められた。この法律は台湾の大学セクターの再編成に法的なガイドラインを用意するものであるが，教育機関の構造，財政，カリキュラムに関連した意思決定権限は各教育機関へと譲り渡された。台湾の大学は政府コントロール型モデルから政府監督型モデルへと移行しつつある，とタイは論じている［Tai, 2000：112］。組織マネジメントのさまざまな局面で大学はより大きな自律性を享受しており，教授団の大学自治という考え方が台湾の大学教員の世界での一時的な流行となっている。

政府による規制には教育の質を高めることを意図した市場競争がとって代わった。成果にもとづく職員給与・報酬のシステムが採用された。国立と私立の大学が研究助成金の獲得のために競い合わなければならないのである。高等教育への市場の力とメカニズムの導入は意思決定権限の委譲ばかりでなく，大学が在籍学生数にもとづいて交付される資金や研究助成金を集めるために競争する能力を高める責任の委譲でもあると理解することができる［Mok, 2002b；Law, 1998, 2002］。

4つの国・地域の教育の規制の枠組みを視野に入れると，これら4つの国・地域は教育規制で中央集権のプロセスを経験してきたということができる。中

央集権モデルが採用されていて，教育システムは中央政府によって形成され，専門職能団体や教育団体は規制の働きをするというよりもむしろ助言的な役割を果たすのである。近年ますます増大する分権化と市場化の動向にもかかわらず，これらの国・地域の政府はいまなお教育においては決定的な規制力を保持しており，非政府団体は助言的な機能を果たすに過ぎない。こうした点からみると，直接的にサービスを規制したり，コントロールするという役割はこの20, 30年で低下したかもしれないが，政府はいまなお教育政策の形成を指揮しているのである［Mok, 2002a］。

3 供 給

東アジア・タイガー地域の国・地域が，いずれも社会経済的発展のために教育が重要であることをずっとよく知っているという事実があるにもかかわらず，教育供給のパターンはこれらの国・地域の間でまちまちである。教育の供給を比較対照してみると，大きな違いは公的セクターと私的セクターが果たす役割に関係している。香港やシンガポールの学校の大半は政府の運営によるか政府の財政援助を受けているが，韓国や台湾では公立・私立の明らかな混在状況がみられる。この節では，タイガー地域の教育供給のパターンについてみることにする。

香 港

香港には大きく分けて4つのタイプの学校がある。政府立学校，補助金交付を受けた学校，直接補助制度による学校，私立学校の4つである。教育に対する政府の巨額の支出にもかかわらず，政府立学校は香港の学校のごくわずかな比率にとどまる。2001年には，政府立の小学校が41校，中等学校が37校であり，公的セクターの小学校，中等学校全体のそれぞれ5.63％, 9.14％を占めるに過ぎない［Census and Statistics Department, Hong Kong, 2001a：244］。しかし，2000年には小学校の89％は政府の運営によるか，政府からの補助金を受けており，完全な私立学校はわずか11％を占めるだけである。中等学校段階では，77％が実質的に公立学校（政府立学校もしくは補助金学校）であり，23％が私立であった。

にもかかわらず，ひとつ注目すべきことがある。補助金学校と直接補助制度の学校は政府からの補助金交付を受けるか，主として政府財政からの支出によるが，学校の諸事項を運営するうえではより大きな自律性が与えられている。こうした点からみると，政府がほとんどすべて資金提供し，誰に入学許可を与えるのか，何を教えるのか，卒業のために何をしなければならないのかなどをコントロールしているので，補助金学校は実際の所有関係を除くすべての面で実質的に政府立学校である [Post, 1996]。

初等・中等教育段階では，正真正銘の私立学校セクターというのは比較的小さい。その唯一の例外は幼稚園である。というのは，幼稚園はすべて私立だからである。政府は最近一部の補助金学校が擬似私立学校制度に加わるように奨励した。これは直接補助金制度として知られているが，その制度により学校は在籍する一人ひとりの生徒に対する公的補助に加えて生徒の入学許可やカリキュラム・デザイン，授業料に関してより大きな自律性を認められる。実際，そうした学校は少数にとどまり，2001－03年度にはたかだか40校に抑制されている [Education Department, Hong Kong, 2002]。

香港の政府立学校と補助金学校によって供給されている実際のサービスについていえば，すべての学校は教育署が発布した類似のカリキュラムを共有し，シラバスが同じになるように生徒は公的試験もしくはアセスメントを受けなければならない。学校間で実際に異なるのは校長と教師が教材を提示する方法であろう。学校に基礎をおくマネジメントモデルが教育署によって採用されたので，個々の学校は学級を経営する独自の方法を選ぶことができる。教え方でより創造的かつアクティブな方法を採用する学校もあるが，いまなお伝統的な教育の形態を続ける学校もある [Adamson and Li, 1999；Leung, 2001]。政府立学校や補助金学校と私立学校を比較してみると，両者を実際に分けるのは私立学校がカリキュラム・デザインにおいてはるかに大きなフレキシビリティと自律性をもっており，試験やさまざまなガバナンスの方法から受ける圧力が小さいということである。香港の私立学校セクターは，主として増加の一途をたどる国際学校である。この増加が示しているのは，国際学校がもはやさまざまな国から来た外国人だけではなく，とくに親が地元の公立学校システムで満足できない場合などますます地元の人々の教育をも受けもつようになっているというこ

とである。そうした親は国際学校ではわが子がより積極的に学ぶようになると信じている［Yamato and Bray, 2002］。

　大学教育に関していえば，私立大学はまだ1校も存在せず，8つの高等教育機関はすべて大学補助金委員会を経由して政府からの資金交付を受けている［Mok, 2001］。教育署が生徒により大きな選択を与えようとして，高等教育のより多様なシステムをつくり出すために私立大学の設置を奨励すべきだという教育改革提案において示唆したように，こうした状況は変わるかもしれない。コミュニティ・カレッジによる準学士プログラムの急速な発展がみられるが，これは政府から資金援助を受けていない。準学士・学士のプログラムとも，高等教育進学率60％を達成するという長期目標があるので，向こう10年に私立高等教育の成長が期待されるであろう［Tung, 2001；Mok and Lo, 2002］。

シンガポール
　香港と同様に，政府が久しく教育の供給を支配してきた。シンガポールには大きく分けて4つのタイプの学校がある。すなわち，国立学校，国家補助学校，独立学校，自律学校である。ところが，どのタイプの学校も基本的には国庫からの資金提供を受けているので，それらをとくに教育財政の点から区別するのはむずかしい。政府の圧倒的な支配は，教育機関が社会経済的発展と国家建設のための国家政策に従属することを保証するために教育を政府の掌中に収めておくことが必要だという考えによって説明することができる。4つの人種民族によって構成される島嶼国家では，このことはとりわけ重要である。独立学校はいまでは意思決定において前よりも大きな自律性を手にしているが，いまなお政治的，経済的，社会的必要に応えるように考えられた国家教育政策に従属するように求められている［Quah, 2001；Gopinathan, 2001］。

　シンガポールのさまざまなタイプの学校を実際に分けるのは，学校レベルで校長が行使する自律性の度合いである。独立学校や自律学校では，教育省の指導のもとで学校を運営していくうえでより大きなフレキシビリティと自律性が認められている。教育省がカリキュラムの明確な要件を設定したという事実があるにもかかわらず，独立学校と自律学校は追加の財源があるために生徒の入学者数や雇う教員の数を決める自律性をもっている。潤沢な資源に恵まれてい

るために，こうした独立学校や自律学校の生徒は質量ともに恵まれた施設にあずかるだけでなく，こうした学校がさまざまな教室外活動に生徒を引き入れるための資源が豊富であればとくにそうなのだが，より全人的な教育を受けることができる。結果として，地域の普通の学校の生徒は独立学校や自律学校と比べると，学業成績や学校の施設や活動の面で競争が乏しいために不遇な立場におかれていると思うかもしれない〔Tan, 1998, 2002〕。

　大学セクターもまた，シンガポール国立大学と南洋工科大学という2つの国立大学がもとからあったが，政府の支配下におかれている。新しい「私立」大学，シンガポール経営大学が2000年8月に設立された。この大学は大学経営陣が財政，人事，カリキュラムの事項においてより大きな自律性を手にしているという意味では「私立」である。土地と校舎の面での相当の物的資本の支援を得て，この大学はアメリカのペンシルヴェニア大学ファートン経営大学院との共同経営による合同事業である。要は，これは公財政の支援を受けて私的運営される大学である。ごく最近，世界的に知名度の高い海外の大学が，シンガポールで分校を経営してほしいというシンガポール経済開発庁の要請により，国立，私立，海外という3種の大学の競争市場が形成されている〔Mok and Lee, 2001；Lee and Gopinathan, 2002〕。

韓　国

　香港やシンガポールと違って，韓国では教育供給の私的セクターが大きな役割を演じてきた。国民の大半が公立の小・中・高等学校に通うという事実があるにもかかわらず，高等教育セクターでは私立が公立や国立の数を上回るため，このパターンは後に逆転する〔Chung, 1999；Park, 2000〕。

　統計によると，国公立セクターが主として小学校，中学校教育の供給を担っていることがわかる。たとえば，1999年には初等教育レベルでは99％，中学校レベルでは75％，高等学校レベルでは84％の児童生徒が公立学校に通っている〔KEDI, 2000〕。小学校教育で公的セクターが極端に大きいのは，韓国で無償義務教育政策が推進された結果である。小学校の在籍率は99.9％にまで達している。国家が提供を担うことによって，すべての児童が小学校教育を受けているのである〔MOEROK, 2001〕。

中心となる目標は全人的な発達を促すことである。初等中等教育はほとんど国家により提供されているので，教育人的資源部がカリキュラムの実際をデザインすることができる。教育を国家建設プロジェクトの一環と考えているため，教育人的資源部は学校カリキュラムの中に伝統文化の中核となる価値と西洋の科学技術を保持している。問題解決と意思決定での合理性，新しい発見にいたる科学的方法，マネジメントの効率性が学習する価値として好まれている。実際の教育実施では，科学的知識とテクノロジーが初等教育の中心的位置を占めている。他方，中等教育では授業時数の30%以上がそれらに割り当てられている。より最近ではスキル効率性や労働知識，グローバル化する世界で変化に適応するように生徒を訓練すること，生徒の起業能力を育てること，外的変化によりよく対応できるように生徒を準備させることが重視されている［Kwak, 2002］。

　対照的に，公立教育機関に通うのは短期大学ではわずか10%，4年制大学では17%に過ぎず，生徒の大半は私立の高等学校に通っている［KEDI, 2000］。こうした数字からは，教育の段階が高くなればなるほど，私立の教育機関の数が増えることがわかる。たとえば高等教育では，教員養成や専門職資質向上に専念する公立と私立の教育機関はわずかである。より多くの高等教育機会をつくり出すために，政府は公立教育機関を拡充するよりもむしろ私的セクターが教育供給に関わることを許してきた。私立の専門大学や大学の急速な成長により，財政負担は政府から私的セクターへと移ったのである［Park, 2000］。

台　湾

　台湾では韓国と同様，政府が初等教育と中学校教育を支配している。タイガー地域の他の諸国・地域と同様に，教育部は非常に明確な教育ガバナンスの枠組みを設けた。実際の供給についていえば，各学校が一定程度の自律性とフレキシビリティを発揮することができる。台湾のすべての児童生徒が教育部の定めた同じカリキュラムを学び，卒業までに公的試験を受けなければならない。9年一貫カリキュラムのもとで，学校は児童生徒の基礎的能力を育てなければならず，いまでは学校に基礎をおく総合的なカリキュラムを採用している。学校に基礎をおくマネジメント・モデルのもとで自律性が増大したので，各学校は

カリキュラム開発の裁量権を行使することができる［Weng, 2002］。しかし，大半の学校は政府から資金交付を受けているので，学校が使命を達成したり児童生徒のニーズを満たしたりするためにさまざまな教授方略や異なる重点課題を選ぶことができるということ以外では，学校間のカリキュラムにも大きな違いはみられない［Doong, 2002］。

　高級中学校や大学教育では私的セクターがより大きな役割を果たしている。職業学校についていえば，私立学校の数は公立学校の数を上回っている。政府は私立学校教育の振興を目的として，1998年に私立学校法を制定したが，私立の小学校や中学校の数はさほど変わっていない。私的セクターが際立って支配的なのは，短期大学（専科学校），科技大学（独立学院），一般大学からなる高等教育である。[*3] 早くも1960年代にすでに私的セクターは短期大学，科技大学では教育供給で非常に大きな役割を受けもっていた。1965年から70年の間に私立短期大学の数が20から50へと急速に増加した。その後は増加の速度も鈍化したが，1990年代になるとふたたび増加した。私立科技大学の数は1998年から99年の間に23から36へと跳ね上がったことは注目に値する。

　この急速な拡充は一部の短期大学が科技大学に昇格したという事実によって説明できるが，そのために私立短期大学の数が1999年ににわかに落ち込んだ。さらに，近年では公立，私立の大学がともに増加した。一般大学の総数は1996年から99年までの間に24から44へと急速に増加したが，私立一般大学の増加は8から23であった。1999年に私立一般大学の数が初めて公立一般大学の数を上回った。私立の高等教育機関の急速な拡充は，高等教育がもはや政府によって独占されなくなったという意味で重要なできごとであった。私的セクターの関与がなければ，もはや政府だけでは高等教育への必要な支出がまかなえないことがよくわかったために，政府は私立の高等教育を奨励してきた。1999年には短期大学，科技大学，一般大学を含めて64％の教育機関が私立であった［MOEROC, 2002；Weng, 2002；Tai, 2001；Mok and Lo, 2002］。

　タイガー地域の4つの国・地域の教育供給を比較対照してみると，香港とシンガポールという2つの都市国家は私的セクターが非常に小さく，政府による強力な支配により特徴づけられる1つのカテゴリーに入れることができる。対照的に，韓国と台湾では公的，私的セクターの混合がより明確で，とりわけ高

第3章 教育　69

表3-1　東アジアのタイガー諸国・地域の教育供給（2000年）
（単位：％）

	初等教育		中等教育		高等教育	
	公立	私立	公立	私立	公立	私立
香　港	89.2	9.56	77.1	22.9	90.9[a]	9.1[b]
シンガポール	100	0	100	0	85.7[c]	14.29[d]
韓　国	98.6	1.4	65.7[e]	34.3[e]	16.1[f]	83.9[g]
台　湾	99.0	1.0	86.6[h]	13.4[h]	35.3[i]	64.7[i]

注：a　学位発給高等教育機関11校のうち8校が香港の大学補助金委員会による資金交付を受けている。香港舞台芸術アカデミーは政府から資金交付を受け，香港公開大学は独立採算で運営されている。
　　b　香港樹仁大学は香港で唯一の私立の学位発給高等教育機関である。
　　c　ポリテクニックと大学を含む。
　　d　この比率はシンガポール経営大学が2000年に私立大学として設立されたことを示す。
　　e　中学校，人文系高等学校，職業高等学校を含む。
　　f　短期大学，教育大学，専門大学，普通大学を含む。
　　g　短期大学，専門大学，普通大学を含む。
　　h　下級中学校と高級中学校を含む。
　　i　短期大学，専科大学，大学を含む。
出所：〔Census and Statistics Department, Hong Kong, 2001a：244 ; MOES, 2001：5 ; MOEROK, 2001：12 ; MOEROC, 2001b：6-7〕

等学校（高級中学校）および高等教育において私的セクターがより大きな役割を演じている（**表3-1**）。学習機会の要望が増大するとともに，政府だけでは急速な教育拡充のコストを維持することができず，政府以外のアクターと私的市場が教育供給においてより活発になっている。台湾と韓国もまた私的セクターが主軸のプレーヤーになっているアメリカの影響が大きい。

4　財　政

　タイガー地域の4つの国・地域は教育に対して相当大きな公的支出を投入してきた。教育への公的支出の総計は今日GDPの3.5～4.5％の範囲に収まる（**表3-2**）。タイガー地域にある4つの国・地域のGDP比率欧米諸国と比べると相対的に低いが，教育は最重要でもっとも金のかかる政策領域の1つである。これら4つの国・地域の教育への公的支出は総予算のおよそ20％である。これらの国・地域では政府がいまなお支配的な教育資金提供者である。

表3-2 東アジア・タイガー諸国・地域のGDPに占める教育への公的支出 (1998～2001年)
(単位：%)

	1998～99	1999～2000	2000～01
香　港	3.8	4.2	4.1
シンガポール	N/A	N/A	3.6
韓　国	N/A	4.3	N/A
台　湾	4.9	4.9	4.1

出所：[HKSAR Government, 2001：506 ; Goh, 2001 ; MOEROK, 2000：48-9 ; MOEROC, 2001c：48]

香　港

　香港政府は長い間，教育の主要な資金提供者であった。公的支出の点からいえば，教育は最大の公共政策領域である。2000～01年に，認可された公的な教育経常・総支出は政府の経常支出の23%，公的総支出の22%であった [HKSAR Government, 2002：150 ; Census and Statistics Department, Hong Kong, 2002a：18]。初等中等教育には教育予算の半分以上が充てられているが，高等教育が占める比率も1998年から2001年の3年間高等教育予算が10%削減され，1998-99年度以降減少したものの，それでも30%を超えている [UGC, 2001]。

　1996年から2001年まで，教育に対する公的支出は名目で53%増加した [Census and Statistics Department, Hong Kong, 2002a：18]。近年は，董建華長官が教育セクターに公的資金を注ぎ込み続けることを約束した。しかし，教育への投資の増大は政府がより長期的に唯一の役割を受けもつようになることをかならずしも意味しない。教育機関は授業料や社会的寄付，ビジネス界との連携など，政府以外からの収入源を探すことが求められている。大学セクターには，在籍する学生数にもとづく古い資金交付方式に代わって成果にもとづく資金交付メカニズムが採り入れられた。成果に直結した補助金を獲得するための教育機関内および教育機関間の競争を奨励するために市場メカニズムが導入され，それにより学生の選択幅が広げられた。経済不況と財政赤字にもかかわらず，小学校・中学校への公的支出が継続して増やされてきたにもかかわらず，公財政で運営される8つの高等教育機関は過去3年間経常費補助金の減少の憂き目に遭っている [Mok and Chan, 2002]。

　1997年以降の経済下降局面のまっただ中にあっても，政府は教育支出の堅実

な伸びを維持してきた。市場や雇用主，NGO，家族，個人といった他のセクターがますます大きな役割を担い始めたものの，政府は相変わらずもっとも大事な財源である［Education Department, Hong Kong, 2001］。

シンガポール

　香港と同様に，学校や高等教育機関の大半は政府からの資金交付を受けている。シンガポールには異なるタイプの学校があるという事実があるにもかかわらず，そうした学校・教育機関のすべてが政府の資金援助に頼っている。国家補助学校とジュニア・カレッジ（高等学校）は開発プロジェクトの費用の90％までの財政補助を受ける。技術訓練や高等教育にも相当の補助金が交付されている。ポリテクニック教育の費用の83％とともに，大学教育の費用の75～84％は政府の補助金による［Ministry of Information and the Arts, Singapore, 2001：231］。

　シンガポールのすべての段階の教育に対する公的支出は，政府が教育システムを確立し改革することに着手するにともなってかなり大幅に増大した。2000－01年度には香港で，政府の経常的教育予算の半分以上が小学校，中等学校，ジュニア・カレッジに使われている。ポリテクニックと大学の両方を勘定に入れた高等教育セクターには，政府の経常的教育予算のおよそ3分の1が支出されている［MOES, 2001：49］。シンガポールの教育には財源問題はほとんど存在しないものの［Gopinathan, 2001］，政府は高等教育機関が唯一の資金提供者としての政府への依存度を低められるように努力している。政府は大学が長期的な戦略的発展のために社会的寄付を集められるように，見合い基金を設立した。この基金は3つの大学に対して募金キャンペーンで集められた1ドルにつき3ドルを支払うと約束するものであった。政府が試みているのは，大学セクターに対する社会的寄付の文化を育てることである［Lee and Gopinathan, 2002］。

　要約すると，シンガポールでは政府が主要な教育資金提供者であった。私的セクターは規模も小さく，その成長の兆しがみえ始めたとはいえ，今後も政府が最大で最重要の教育資金提供者であり続けるものと思われる。

韓　　国

　韓国の教育財源は中央政府と地方政府と私的セクターによって提供される。

OECDは包括的な調査の後で,「韓国は他の工業化国家と比較して私的セクターがはるかに大きいという特徴をもつユニークな教育システムをもっている」と結論づけた［OECD, 2000a：57］。政府がもっとも重要な教育財源であり,学校財政の約85％が中央政府によって提供されている。しかしながら,政府以外の財源も教育総支出において大きなシェアを占めている。このことは,就学前教育と高等教育を考慮に入れると,とりわけ当てはまる［MOEROK, 2001］。

　韓国の教育財政を詳しく調べてみると,3つの主要な財源があることがわかる。中央政府,地方政府,私的セクターがその3つである。中央政府は教育税を課することによって財源を確保しているが,小学校と中学校を管轄する地方教育事務所に,私立大学への若干の補助とともに国立大学に,そして公的研究組織に資金を交付する。小学校と中学校は地方政府の財政によって運営されているが,そのうちの85％は中央政府が負担し,残り15％は保護者と地方政府の負担となる。私立学校の教育については,約80％の短期大学と4年制大学が私立であり,保護者が払う授業料,全国および地域の諸団体,学校の財団から提供される資金に頼っている［MOEROK, 2000：48］。

　中央政府は初等・中等教育のための予算を増額したが,高等教育への資金投入は減少している。そうした減少から示唆されるのは,高等教育段階では私的セクターが教育の供給においてより積極的になったということである。私立学校教育はこれまでにすでに繁栄を遂げてきてはいるが,私的セクターは政府からの補助金を受け始めている。データをみると,私立学校教育のなかでも政府からの地方教育庁に対する補助金とともに授業料収入もあって,高等学校がもっとも順調にうまくいっているセクターであることがわかる［MOEROK, 2000：51］。

　韓国の教育財政では,私的セクターが明確な役割を果たしている。教育に対する私的な支出の増大は主として学校外の,使いすぎの支出として説明される。政府が教育に対してより多くの資金を提供しているという事実にもかかわらず,私的セクターとその他の政府以外の財源が教育財政の非常に重要な一角を構成しているのである。

表3-3 東アジア・タイガー諸国・地域の教育セクター別にみた公的支出（2000～01年）
(単位：%)

	教育への公的支出	初等教育への経常公的支出	中等教育への経常公的支出	高等教育への経常公的支出
香　港	18.9	22.4	33.7	31.9
シンガポール	20.8	24.2	24.3	33.1
韓　国	19.5	83.4*	4.8*	
台　湾	18.0	44.4	33.5	10.9

注：＊初等・中等・高等教育に対する公的総支出の比率
出所：[HKSAR Government, 2002：523；Department of Statistics, Singapore, 2002a：49；MOEROK, 2000：47-9；MOEROC, 2001b：46；MOEROC, 2001c：48]

台　湾

香港やシンガポールと同様に，台湾の教育財政では政府が非常に重要である。過去50年の間に，かなりの額の公的資金が投入されて教育は大きく成長した。たとえば，1988年から99年の間に，教育に対する政府の支出はほぼ2倍に達し，現在では政府総支出の約19％を占めている。しかしながら，私的セクターによる供給が増えて，政府はもはや教育への唯一の資金提供者ではなくなっている。政府支出に占める比率でみると，教育支出はおよそ18～19％と安定しているが，ＧＤＰに占める比率でみると公的教育支出は過去数年間減少してきた［MOEROC, 2001c：48］。

もはや無償の公共サービスとはみなされなくなっている高等教育において，とりわけ財政面での政府の役割が相対的に弱められたこととともに，教育財政に対する私的セクターの占める位置が大きくなり続けていることは注目に値する。大学は政府以外の新しい資金提供者を探している。政府以外の収入源としてもっともよくみられるものには，授業料，産学連携による収入，社会的寄付がある。その他，NGOや地元のコミュニティ，家族，個人も期待される財源である［MOEROC, 2000］。

この節では，東アジア・タイガー地域の教育財政を比較対照した。そこで浮かび上がってきた1つの主要な特徴は，政府が教育財政において重要な役割を果たしていることである。これらの国・地域の政府は非政府セクターを活性化することにより教育財政の多様化を図り始めているが，政府がいまなお主導的な資金提供者の役割を演じており，教育は政府支出のなかで最大の領域となっ

ている(表3-3)。

5 評価

　これまでの議論から，東アジア・タイガー地域は教育のすべての段階で大きな達成を手にしたことは明らかである。識字率は高く(表2-1, 24頁)，就学率も高い。香港では学校教育の平均的な期間が1972年の7.2年から1991年には9.3年に延びた。1980年代および90年代には，高等教育機関に在学する当該年齢集団の比率は3％から約17〜18％へと劇的に上昇した。同様の達成はシンガポールでもみられる。そこでは，2001年に就学率が小学校レベルで97％，中学校レベルで99％になった。同じ年にポスト中等教育および高等教育レベルの進学率はそれぞれ48％と45％に達した［MOES, 2001：Table 34］。韓国も同じように印象的な記録を達成した［MOEROK, 2001］。台湾では，小学校レベルの就学率はおよそ99％で，95％以上の生徒が無償の中等教育を受けている。同様に，高等教育進学率も1987年の戒厳令の撤廃以降，とりわけ私立高等教育機関が拡充されて大きく上昇した。高等教育進学率はいまやおよそ50％に達している。

　これらの国・地域での教育の達成をさらに詳しく評価する方法は，教育への政府の関与を調べることである。この分析からはっきりといえることは，政府の関与が非常に大きいということである。4つの国・地域の政府はいずれも教育を経済的成長と社会政治的安定のための装置とみなしてきた。そしてよく知られているように，いずれも拡充計画に首尾よく着手し資金交付を行った。東アジア・タイガー地域の教育達成は国際比較において明確に示される。今世紀初頭に行われた38カ国・地域の第8学年(中学校2年)生の数学学力テスト成績を比べてみると，シンガポールが第1位，韓国が第2位，台湾が第3位，香港が第4位であった。理科では，台湾が第1位，シンガポールが第2位，韓国が第5位，香港が第15位であった［Department of Education, US, 2001］。

　これら東アジア諸国・地域に住む人々はおしなべて教育の機会均等を手にしている。より有利な社会経済的出身の生徒は私立，公的セクターのいずれでもより広い学校選択が可能だという事実があるものの，経済的な理由から教育機会を奪われる者はいない。韓国と台湾では，人々は学校でも高等教育機関でも

第3章 教育　75

良質なレベルのアクセスと学習内容を手に入れている。それと比べると，香港，シンガポールでは高等教育への機会はやや劣るものの，国際的な比較によれば，この2つの国・地域の大学は台湾，韓国の大学よりも高位にランクされてきた。学校や大学のシステムの効率性を評価することはむずかしいが，高度に中央集権化したガバナンス・モデルは概して効率的であることが知られる。香港とシンガポールでは学校と大学の数もわずかに限られているので，それらよりも大きくて多様性のある韓国や台湾よりも効率的な管理運営が行いやすい。香港とシンガポールでの管理運営の高い効率性は近隣諸国によっても受け入れられてきたし，公的セクターのマネジメントにおけるこの2つの国・地域の改革は東アジア，東南アジアのモデルとして広く採用されてきた [Gheung and Scott, 2002]。

　教育の高い達成にもかかわらず，はっきりとした課題が浮上してきている。人々の期待も高まった。高等教育を希望する若者も増えている。政府からの資金交付を求める圧力は強く，こうした切実な教育需要を満たす政府の能力自体に対する疑問も生じている。より重要なことだが，グローバリゼーションから生じた急激な社会経済的，社会政治的変化が教育ガバナンスでの伝統的な中央集権的モデルを不適切なものにしかねない状況がある。これらの国・地域は変わりゆく外部・内部環境に適応しようと考えるのであれば，その教育システムを持続させるために，既存の慣行を点検し，教育マネジメントの方法を改革しなければならないであろう。

　情報テクノロジーの普及と重要性が知識のもつ性質を変え，いまでは教育，研究，学習を再編成するにいたっている。同じく，グローバリゼーションから生じる変化は競争力を維持し，生成しつつある知識基盤経済に適応するために教育システムを包括的に見直すべきだとする強い要望を生み出した。タイガー地域の政府が教育機会のいっそうの創出と，かつて教育にアクセスする機会がほとんどなかった人々を受け入れるという新しいミッションをもった教育機関の設立に取り組んできたのは，こうした文脈においてである。これらの国・地域の政府は市民のグローバルなコンピテンスを高めるために高等教育を拡張することにも取り組んできた [Mok and Chan, 2002；Cheng and Townsend, 2000；Mok et al., 2000]。

　私たちはコミュニケーションと情報が拡張しつつある時代に向かっているの

で，知識のもつ性質や教育の編成と供給の方法を考え直す必要性が強まっている。タウンゼントによれば，過去数十年をかけて，私たちは首尾よく「少数の人々のための質の高い教育から，大多数の人々のための質の高い教育システムを整備することへと移行するという難題を克服した」のである［Townsend, 1998：248］。現在私たちが直面しているのは，大多数の人々のための質の高い教育システムを達成したことから，すべての人のための質の高い教育システムを作り出すことへと，いかにして移行するのかという問題である。生涯学習を振興し，社会を学習社会にするために，教育マネジメントの方法を抜本的に変えなければならない。生徒や学生をもっと受け入れることは別として，教育機関は政府，ビジネス，産業界，労働団体，生徒や学生，保護者といった異なる利害関係者の要望を満たすために，管理運営の効率性とアカウンタビリティを向上させることが求められる。

　政府の財源のみに依存していたのでは増大する教育ニーズを満たせられないことを悟って，タイガー地域の政府は別の財政資源を模索し始めた［Yang, 2000；Mok et al., 2000］。政府以外からの資源，市場でのイニシアティブの発揮，個人納付金，家族分担金，社会的寄付がますます普及した。たとえば，香港政府はこうした資源を活用することによって10年後に高等教育卒業者数を2倍に増やすことを計画している［Tung, 2001］。同様に，4つの国・地域の政府はいずれも私的セクターが高等教育でより大きな役割を演じるように奨励してきた。たとえば韓国，台湾では，高等教育機関の学生の大半は私立大学に在籍しているが，他方シンガポールと香港では，政府が学生の授業料や個々の大学が生み出した追加収入によって経常的な経費の不足を補おうと試みてきた［Bray, 2000；Tai, 2000；Law, 2002；Mok, 2001a］。タイガー地域における近年の教育発展を捉える場合，これらの国・地域がガバナンスのアプローチにおいて「相互主義」モデル（社会のパートナーシップとしての政府），市民社会グループのためのより強い「共同生産」的役割，サービス供給の官僚制的モードに対する市場型メカニズムの優位へと移行して，抜本的な変化を経験していると主張することもできるだろう。

　要するに，政府が教育の主要なプレーヤーになっているので，これらの国・地域での教育セクターを実際に変えるものは国家と政府が演じてきた，そして

いま演じているさまざまな役割である。本章で論じた発展のすべてから示唆されることは，国家の性質の変化が教育の改革に影響を及ぼしただけでなく，教育の改革自体が国家の役割をめぐる考え方や国家に期待することを変え始めてもいるということだ[Whitty, 1997:302]。前述の分析からは，国家・政府の性質が非常に広い意味で変化するが，実際の変化は，教育の仕事のほとんどを実行することから，教育の仕事がどこで，誰によって，どんな条件で行われるのかを決めることへと政府の役割が移行していることが示唆される。

とりわけ経済とテクノロジーでははっきりとしたグローバルな動向がみられるが，比較研究からわかることは，これらの東アジア諸国・地域の政府がいまなお国家の発展を進める強力なアクターだということである。この研究は，国の歴史や政治，文化，経済の独自性があるため，すべての国家がグローバリゼーションに一様に対応したわけではないことを指摘する。したがって，いわゆる市場競争，非政府機関による公共サービスの供給，コーポレート・ガバナンス，システム全体にわたる組織の実績マネジメントといったグローバルな波は一律のユニバーサルな動向であるとみなすべきではない。こうした異なる要素はどこでも等価値で交換可能というわけではないが，明らかに相互に補強し合っている。それよりも，そうした要素はグローバルであるばかりか，国家特有の面をそのままにした，異なる形態をとることもある。ゴピネーサンが論じているように，「教育のパラダイムやアイデアがグローバルな性格を帯びる場合でさえ，教育政策を決定づける因子はその本来の性格からしてナショナルである」[Gopinathan, 1997:18]。国家政策の形成はグローバリゼーションのプロセスに対する単なる反応というのではなく，グローバリゼーションの複雑でダイナミックなプロセスの結果である[Mok and Lee, 2001]。したがって，教育の変化を「国家」（非市場的で官僚制的と理解される）から「市場」（非国家的で企業的と理解される）への一次元的な運動という点から分析してはならない。むしろ私たちは，一連の重要でローカルな形成因子とグローバルな動向によって進められる変化の推進力との間の相互作用を，文脈に即して分析しなければならない。

こうした相互作用は，アジア金融危機の反響のなかで，さらにいっそう先鋭に表面化している。それはまた，これら4つの国・地域にさまざまな経済的インパクトを与えてきた。教育では，グローバリゼーションと市場化によって生

み出された既存の緊張が，危機によってつくられた互いに矛盾し合う圧力によって先鋭化している。それは一方において，教育の拡充と発展による競争の激化を模索することに表れている。しかし同時に，それは教育支出をコントロールし（さらには／あるいは）削減したいという願望に力を与える。それゆえ4つの国・地域のいずれでも，既存の資源をより有効に利用する試みや国家財政支出に代替する財源を模索せよという教育機関への圧力とともに，教育の発展と支出の削減という2つの圧力がみられる。

最後に，タイガー地域における教育政策を分析することは，タイガー地域社会政策の根本的に生産主義的で政治的な性格をめぐってこの本の他の章で進められた議論をどの程度支持するものなのだろうか。4つの国・地域のいずれでも，教育が最大の公的支出の領域であるというのは偶然ではない。教育は2つの主要な理由からこの大きなシェアを要求する。一方では，経済成長の増進や競争の促進と教育との結びつきに関係している。他方では，国家建設と政治社会的安定の増大における教育の重要な役割に関係している。4つの国・地域のいずれにおいても，教育セクターで現在行われている精力的な改革のもとをたどれば，教育の経済的，政治的，社会的重要性に気づいたことが挙げられる。同時に，政府が嫌々ながらこうした集団主義アプローチを進めていることも明白である。教育に対する非常に強い関与と結びついているのは，政府が実際に供給するよりもむしろ財政投入し規制することを好む傾向である。これら4つの国・地域ではいずれも教育は，強力ではあるが，限られた政府の関わりからなる混合作用なのである。

【国・地域別の要約】

香　港

私立が中心の幼稚園の供給を除いて政府／公的セクターの教育支配。一般政府財源からの予算交付を受けた政府立の学校や補助金学校による供給。私立の大学は相当大きな自律性をもち，主に政府の助成を受けている。教育は市民の権利と考えられており，政府が直接に規制の枠組みづくりに関係している。

シンガポール

政府が教育を支配。政府立学校，補助金学校，独立学校，自律学校により供給さ

れているが，教育の資金交付は主として一般政府財源から行われる。大学は政府による助成を受けており，一定レベルの学問的自律性を与えられている。ところが，私的セクターは小さい。教育は，政府が国家の建設と経済の近代化という目標を達成するための公共政策の装置であると考えられてきた。近年は，学校にも大学にもより大きなフレキシビリティが与えられてきたものの，政府はすべての段階の教育を規制している。

韓　国
　公的・私的セクター混合の教育供給。政府が学校教育を支配しているが，就学前教育と高等教育は私的セクターが支配している。一般政府財源，授業料，個人の献金，ビジネスや産業界からの資金など教育への財政援助には多様な経路がみられる。政府の規制が教育政策を形成している。

台　湾
　一般政府財源からの資金交付を受けた公的セクターによる初等・中等教育支配。高等教育の供給における私的セクターの役割の増大。産業界やビジネスだけでなく，政府，社会的寄付，個人の献金，授業料などさまざまな財源による教育への予算交付。政党や専門職団体への影響の増大はみられるが，政府による規制の枠組みの支配。

第4章

保健医療

Ian Holliday
（イアン・ホリデイ）

　東アジア・タイガー地域の保健医療制度は，それぞれに異なる規制の体系，供給に関する制度，財政制度を組み合わせて機能し，おおむね優れた成果をあげている。また，これらタイガー諸国・地域では，保健医療サービスにおいて，国・地域によって異なるものの公的部門と民間部門の双方が重要な役割を担っている。全体として近代医療[*1]が主流となっている点は同じである。伝統医療[*2]も，依然として多くの人々に愛好され利用され続けており，さまざまな形でこれら2つが共存している。このように4つの国・地域の保健医療は複雑な情況を呈しており，詳しい社会的分析とそれぞれの国・地域における近代医療と伝統医療の現況の検討が必要である。

1　歴史と基本的方向性

　近代医療は植民地体制，または帝国主義体制の保護のもとに被統治社会に対する少しばかりの関心によって徐々に発達した。4つの国・地域のうち3つで，当該地域のエリートたちが保健医療サービスを管理し，制度の何らかの点を発展させようとしたのは，帝国主義体制終焉後の時代になってからである。残る1つの地域，香港では，それぞれの制度全般の間の調整は，これまで常に場当たり的に行われてきた［Gauld, 1998b］。加えて，近代医療と伝統医療の二元性はこれら4つの国・地域の特徴である。エリートたちはこれまで近代医療を優先させてきたが，1990年代の終わりになってから，やっと伝統医療に真剣な関心をよせ，保健医療全体のなかでの位置づけを検討し始めた［Holliday, 2003］。

　この二元性は，近代医療と伝統医療が，各々特徴のある方法と哲学的な基盤

をもっていることに起因している。明確な根拠にもとづくことが科学的な医学であることの証明とされたため，近代医療は飛躍的に発展したが，伝統療法は多くの場合において明確な根拠や有効性を証拠だてることができなかった［WHO, 2002］。近代医療と伝統医療の優れたところを取り入れた統合的な保健医療システムを試みる中国においてさえ政治家たちは，最近になってようやく東洋と西洋の2つの伝統の違いを優劣ではなく，違いとして捉えるようになったのである。中国には現在，近代医療と伝統医療そして両者の特徴を統合した第3の部門からなる3つのシステムが確立している［WHO, 2001：148-52；Fan, 2003］。

　4つの国・地域すべてにおいて近代医療が優位な立場をもっていることの背景にはさまざまな要素がある。その1つとして帝国主義が挙げられる。たとえば，日本は台湾と韓国において，伝統医療を強く抑圧しようとし，イギリスは香港とシンガポールにおいて，伝統医療を放置することで衰退させようとした。中国の伝統や習慣から香港におけるイギリスの植民地体制を守ることを目的として1842-43年に結ばれた南京条約は，伝統医療を無視するというそれまでの傾向をさらに強めるものであった。香港という一部例外的な部分もあるが，他の国・地域ではポスト植民地時代の初期に，伝統的なものを復活させようとする政治的な動きはなかった。しかし，近代医療が優位にたった理由は，そのことだけでなく，明らかに他にもいくつかの要因がある。要因の1つは，近代科学の偏重という世界的な傾向の一貫として，近代医療に権威が与えられたことである。他の分野においては非常にはっきりと現れたポストモダンの潮流による価値観の変化にも，近代医療の特権的な地位はあまり影響されなかった。もう1つの要因は，社会学的なものである。現地のエリートたちは子どもたちに欧米で教育を受けさせる傾向があり，このことが保健医療を発展させるにあたっての植民地での支配層の政策傾向を強化した。今日の保健医療従事者の上層部の多くは，アメリカまたはイギリスで教育を受けている。留学をしなかった者たちも，アメリカやイギリスをモデルとした国内の大学で学んでいる。保健医療行政はこのような教育を受けた人々の活動によって基本的な部分が形成されているため，4つの国・地域の保健医療体制は近代医療中心となっているのである。しかし，一般の人々はとくに慢性疾患に関して伝統医療の専門家にか

表4-1　東アジア・タイガー諸国・地域における標準健康指標

	香 港	シンガポール	韓 国	台 湾
乳児死亡（出生千人対）	5.7	3.6	7.6	6.8
5歳未満死亡（5歳未満人口千人対）	5	4	9	N/A
平均寿命（0歳児平均余命）男（歳）	77.0	75.4	70.5	72.7
平均寿命（0歳児平均余命）女（歳）	82.2	80.2	78.3	78.4
65歳までの生存者割合　男（％）	84	81	70	N/A
65歳までの生存者割合　女（％）	91	88	85	N/A

注：乳児死亡率数値2002年，5歳未満死亡率数値1999年，平均寿命数値2000－01年，生存率数値1999年
出所：[CIA, 2002；Census and Statistics Department, Hong Kong, 2002a；DOH, 2002；World Bank Group, 2002；WHO, 2002]

かることが多く，これらの医療は社会のなかで現在もなおしっかりと定着している。

　近代医療の占める位置がますます大きくなっていく過程で，保健医療政策の課題は大戦後に大きく変化した。50年前，これら4つの国・地域における保健医療分野の最大の課題は感染症の撲滅であったが，現在は，進行性疾患の症状の改善である。課題が感染症から慢性疾患対策へと転換したことは，4つの国・地域が大戦後の早い時期に多くの分野で成功したことの証である。それぞれの地域では，健康状態を示す標準的な指標が向上し，また，保健医療サービスは，世界のなかでも高い位置にランクされる成果を生み出し，高い評価を受けている(表4-1)。しかし，急速な経済成長や生活水準の向上など他の要因も重要である。1997年のアジア金融危機によって中断されたとはいえ，経済成長がまったく停止したわけではない [Haggard, 2000]。

　常に成長を続けていることがこの地域の中心的な特徴であり [Morley, 1999]，保健医療，福祉全体の基本部分を理解するために重要な鍵となる [Holliday, 2000]。それぞれの国・地域において，福祉政策の基本的方向性は生産主義であり，社会的目標は常に経済的目標より下位におかれていた。台湾では，1971年まで保健医療を担当する部局がなかった。とはいえ，この時期までの長い期間，保健医療行政が行われていなかったわけではない。むしろ，最大の関心事は経済成長であり，そこから導かれる動機によって，保健医療に関する事業にのり出したことを意味している。4つの国・地域すべてにおいて，政治体制を

維持するためには成長することが必要条件とされてきた。このことは中国革命以後の香港と台湾，朝鮮戦争後の韓国，植民地からの独立後の不安定な社会状況にある東南アジアのなかのシンガポールにもみることができる。当時，これらの国・地域は国際情勢のなかで脆弱な立場にあり，自立や存続という問題にさえ直面していた。しかしながら，政策的術策（policy manoeuvre）について完全に制約を受けていたわけではなく，それぞれに独自の決定も行われた。

　香港においては，植民地時代とむしろ移行期というべき1997～2002年の董建華政権第1期には，非常に反動的かつ対症療法的な政策をとってきた。しかしながら一部の分野，たとえば住宅問題などには介入主義的であった（第5章参照）。保健医療分野は，戦後期に公的財源や公的サービスを整えていったが，1990年代初頭にかけて，厳密な意味で段階を追って準備されていった［Gould, 1997］。戦後期には状況分析が行われ，いくつかの報告書が出されたが，方法論的な意味で進歩的といえる試みはほとんど行われていない。1957年に出された保健医療15カ年計画は，概要を述べたものに過ぎない。続いて1959年に出された5カ年計画，1964年，74年に出された10カ年計画が詳しい内容を述べたものとなっている。しかし，1990～91年にかけて，初めて香港病院局（HKHA）が創設され，多数の2次医療機関[*3]と少数の1次医療機関[*4]が公的財政部門のなかに統合された［Yuen, 1994］。この時期には多くの1次医療機関と中国伝統医療部門はすべて公的財政部門の外におかれた。しかし，現在では香港政府はこれら2つの領域においても，いくつかの政策を開始している。したがって，香港の政策の基本的な特徴は一貫性がないことである。香港病院局は全土にわたって，計画調整と財源を管理している。この制度の外側には，政府がサービス供給についての規制だけを行っている民間部門が広がっている［Gould, 1997, 1998a］。保健医療供給体制を全体としてみると，香港には総合的システムという概念はなく，また，政府には保健医療サービスを総合的なものとして発展させようとする意図はないといえる。

　シンガポールはいろいろな意味で特徴があり，リー・クァン・ユーの思想に影響を受けた形で家父長制と個人責任主義が重なり合っている。シンガポールは，香港と同様，1次医療の大部分を民間に任せ，費用のかかる2次保健医療サービス供給における公的役割を徐々に拡大していった［Aw and Low, 1997］。

過去20年間にわたり，2次医療機関を「企業化（corporatize）」する試みが行われているが，依然として公的機関によるところが大きい［Aw and Low, 1997：55］。また，シンガポールの特徴は財政面にみられる。保健医療部門は中央積立基金制度（Central Provident Fund, CPF）内で発展した。被雇用者と雇用主の双方が拠出するこの再分配機能をもたない強制職域年金制度は，1953〜55年，イギリス植民地体制のもとで創設されたが，シンガポールが都市国家として独立した後，大きな発展を遂げた［CPF, 1995］。保健医療を対象とするメディセイブ（Medisave）[*5]は1984年まで存在せず，その後に発展拡大した。1990年，長期にわたる重症疾患の医療費負担を軽減するためのメディシールド（MediShield）[*6]が設立された。1994年，さらに内容を充実させたメディシールドプラス（MediShield Plus）[*7]と呼ばれる制度が作られた。加えて1993年，低所得者救済の最後の拠り所としてのセーフティネットであるメディファンド（Medifund）[*8]が創設された。この制度は，ミーンズ・テストにもとづき公的な1次，2次医療機関で実施されている。香港においてと同じように，政府が直接的なサービス供給を行うのは2次医療機関が中心であり，1次医療においてはその大部分を民間機関が行っている。また香港と同様，伝統医療は切り離された部門として運営されている。伝統中国医療が圧倒的多数を占めているが，伝統マレー医療やインド医療を行う専門家も少数存在する。

　シンガポールと香港のもっとも大きな相違点は，シンガポール政府が明言している包括的な保健医療政策のビジョンにみることができる。このビジョンは「シンガポール国民の健康を守るため，世界でもっとも費用効果の高い保健医療システムを発展させる」と表現されている［MOH, 2002］。その政策の骨子は1993年に発行された白書『入手可能な保健医療』（White Paper *Affordable Heath Care*）の中で明らかにされている。白書には「体調を整え，健康を維持することは個人の責任である。保健医療システムは，健康に対する個人の責任という意識を強化するために構築されなければならない。それは健康を維持し医療費と医療サービスの利用を節約し，本当に必要なときだけに使うように動機づけるものでなければならない」と書かれている。これは　シンガポール政府の方針の原理であり，政策決定においても実施においても，常に一貫性をもって追求されてきた［Aw and Low, 1997］。

韓国においては，朝鮮戦争による荒廃と貧困状態が，政治家たちが長年にわたり保健医療を市場に任せ，経済成長のみを追求してきたことを示した。今日にいたるまで，保健医療システムは市場中心であり，民間部門による運営が大半を占めている。また，香港やシンガポールとは対照的に2次医療も主として民間機関によってサービスが供給され，公的機関によるものはほんのわずかに過ぎない [Yang, 1997]。政府は，主に財政面での介入を行っている。1976年の医療保険法（Medical Insurance Act）の規定にもとづいて，1977年，強制健康保険制度が導入された。当初，この制度の対象者は，従業員500人以上の事業所の従業員に限られていたが，1977年，公務員および私学校教職員医療保険法 (Medical Insurance Act for Government and Private School Employees) が導入され，すべての公務員とすべての教職員を対象とする強制健康保険に拡大された。続いて，産業部門でも1979年，従業員数300人以上の事業所に，1981年100人以上に，1984年16人以上，1988年には農村地域の自営業者と私企業で働く全被雇用者が対象となった。最後に1989年，医療保険制度は，都市の小規模自営業者を対象とするまでに拡大し，その結果，実質的には韓国のすべての国民が健康保険制度に加入することとなった [Yang, 1997]。中小企業主，政府公務員，農林水産業者，企業勤労者間の保険料の格差は常に論議の的となっており，いまだに解決していない。とはいえ，1999年初頭までに韓国国民の94％が健康保険に加入している。一方，残り6％の国民は低所得者対象の公費による無料医療サービスを受けている。もともとは統一的な医療保険制度がなく，政府は雇用主の取り組みと民間の保険会社の事業を結びつける役割を果たしていたのである。しかし，長い間野党の立場にあった金大中が1997年12月大統領に選ばれ，社会的連帯と社会的公平を実現するという公約のもとに政権を発足させたが，その中に統合的な保険制度を創設する計画も含まれていた。そして1998年，自営業者対象の保険制度が統一された制度に併合され，2000年には被雇用者に対する制度も併合された。韓国では，従来の何百にも分かれた保険者団体に代わって，国民健康保険公団（NHIC）に統一されている [Kwon, S., 2003b]。主な財源は被保険者からの保険料で運営されており，保険料は雇用主と被雇用者が均等に負担している。しかし，地方や都市の自営業者の保険料を軽減するため，保険財政の3分の1を政府が負担している。東洋医療は，韓国では保険医療のなかで

も重要な位置を占めており，その費用の幾分かは償還払い制度を通して保険で支弁されている。

　台湾での保健医療は，韓国と似たような過程で発展してきた。つまり，民間機関がサービス供給の主要な部分を占め，政府は社会保険を発展させるための新しい役割を担うという経過である。韓国と同様，公務員の保険制度をはじめとして，戦後，各種さまざまな社会保険制度が発達した。1988年，民主化の過程の一環として，統一された全民健康保険制度（NHI）を創設するための行政院経済計画発展委員会が設置された。全民健康保険法は，1994年，立法院（Legislative Yuan）によって予定どおり可決され，1995年3月1日，プログラムが施行された［Hwang and Hill, 1997 ; Liu, 1998］。1998年現在，保険医療に関する莫大な支出の57％は全民健康保険制度によってまかなわれており，民間保険が35％，政府の直接支出は8％で，その割合は低下しつつある。全民健康保険制度は強制社会保険である。台湾と福建省地域に4カ月以上住民登録をしている中華民国の国民は加入が義務づけられている。加えて，外国人登録をして就業している外国人とその扶養者も加入しなければならない，1998年7月1日以降は，香港，マカオ，中国本土その他の外国の出身で居住許可，あるいは永住権をもっている市民の配偶者も加入できるようになった。被保険者はその資格や職業によって，保険料支払額の異なる6つのグループに分けられている。2000年12月末までに2140万人が加入し，加入率は96％となった［DOH, 2002 : 15］。なお，台湾では韓国と同様，伝統医療部門が盛んである。

　4つの国・地域では，保健医療に関する基本的な方針がかなり異なっている。香港ではイギリスの国民保健サービス（National Health Service）の縮小版のような形でサービス供給が行われており，税を財源とするサービスが2次医療を中心として提供されている。また，1次医療機関においても，ほんのわずかではあるが政府によるサービス供給がある。2次医療サービスについても，いくらかの患者負担制度があるが，負担額はわずかである。全体的にみて，香港は部分的に政府の財政で直接サービス供給するシステムとなっている。シンガポールでは，サービス供給における国の役割が香港とよく似ており，2次医療においては80％，1次医療においては20％のサービス供給を政府が管理している。しかし，財政への介入に関しては大きく異なっており，ごく限られた再分配機

能しかもたない個人の強制貯蓄の制度を設けている。韓国と台湾では，サービス供給に果たす政府の役割は小さいが，財政面では社会保険制度を通じて大きな役割を果たしている。また，政策の対象と政策目標においても大きな差異がみられる。つまり，香港での政策の対象は2次医療に限定されており，行政はこの部門に関してのみ，財政，サービス供給の両面において包括的な取り組みを進めてきた。韓国と台湾の政策の対象は主に医療財政であり，サービス供給に関しては市場にかなりの自由を与えている。シンガポールでは，保健医療に関する政策目標は非常に野心的である。2次医療，そしてやや程度が少ないとはいえ1次医療においても，財政，サービス供給両面で，行政が大きな役割を果たしている。またシンガポールでは，1992年に始められた国民健康生活計画 (National Healthy Lifestyle Program) によって，国民の健康活動を強力に推し進めている。また，2000年に施行された55歳以上を対象とする健康診断プログラム (Check Your Health) やその他の新規事業がある［MOH, 2001a : 36-49］。香港ではテレビや出版物，広告の掲示などによる単発の政府キャンペーンが展開されているが，シンガポールのような一貫性のあるものではない。韓国や台湾では，このようなキャンペーンはほとんどみられない。

　これら4つの国・地域の保健医療政策は大きな成果をあげてきたが，問題がないというわけではなく，それぞれ大きな課題と構造上の問題に直面している。しかし，WHOが191の加盟国の保険医療のシステムについて8つの基準を用いて行った評価によると，シンガポールは第6位，韓国は第58位となっている（フランスは第1位，米国は第37位である）［WHO, 2000］。香港と台湾はWHOの加盟国ではないのでこの調査の結果は出ていないが，その他の調査結果からみても，両地域はシンガポールと韓国の中間に位置づけられると推測される（**表4-1**）。2002年5月，台湾の厚生大臣李明亮はWHOに対し台湾を「健康的な国」として認めるように要請した。その根拠として，台湾の保健医療サービスは世界第23位であるスウェーデンにつぐ位置にあるという2000年のエコノミック・インテリジェンス・ユニット報告を引用している［Lee, 2003 : 3］。4つの国・地域の保健医療制度は世界の上位30%に入っていると考えられるが，なかでも韓国は上位10%にランキングされると予想される。いろいろな点からみて，このような優れた成果は予測されたものである。1997年のアジア金融危機の後も，こ

表4-2　1990年代後半における東アジア・タイガー諸国・地域の保健医療の状況

	香港	シンガポール	韓国	台湾
対ＧＤＰ保健医療支出（％）	3.7	3.2	5.4	5.5
医師数（対千人）	1.5	1.6	1.4	1.3
病床数（対千人）	5.2	3.5	4.4	5.3

出所：[DOH, 2001；Gross, 1998；Census and Statistics Department, Hong Kong, 2002a；UNDP, 2002]

れらの保健医療システムが組み込まれている4つの国・地域の経済体制は，世界的にみても繁栄しているグループに入っている。これらの国・地域が急速に経済成長を遂げ，保健医療政策がごく近年になってから確立し急速に発展したことを考えると，この成果は驚異的である。どの地域も保健医療に多額の財源を投入してはいない (表4-2)。さらに，アメリカの例が示すように，経済実績とWHOによる保健医療の評価ランキングに，明らかな相関はみられないのである。

2　規　制

保健医療サービス供給に関して，政府の介入は通常，基本的な規制制度の導入から始められる。時の経過とともに規制のシステムが発展し政策となり，さらにビジョンを形成していく。この節では，規制制度そのものと保健医療サービスを供給する全体的な政策の枠組みの両方について分析する。4つの国・地域の政治機構には，保健医療政策の展開を監督する保健医療局 (bureau)，課 (department)，もしくは省 (ministry) がある。香港の衛生福利及食物局 (Health, Welfare and Food Bureau)，シンガポールの保健省 (Ministry of Health)，韓国の保健福祉部 (Ministry of Health and Welfare)，台湾の衛生局 (Department of Health) などである。これらの最高機関は主として近代医療を政策立案の対象としているが，それぞれ伝統医療を取り扱う課や局も備えており，省庁の他にも規制の役割を果たす付属の公的機関がある。伝統医療について述べる前に，現在主流を占めている近代医療に関する行政と規制のシステムについてみていこう。

近代医療

　4つの国・地域の省庁には，保健医療の個々の政策と規制を扱う専門機関がある。

　香港では，規制を担当する主な機関は衛生福利及食物局であり，同局は医療従事者の登録と香港病院局の業務を監督している。衛生福利及食物局のもとで衛生署（Department of Health）は保健医療サービス提供機関の認可と監視，医薬品の認可を担当している。法定機関である医療審議会（the Medical Council of Hong Kong）は，医者の監督，登録および診察料金の設定を行う。歯科審議会，看護師審議会，助産師審議会も同様の業務を行っている。加えて，医療関係専門職審議会（Supplementary Medical Professions Council）は検査技師，作業療法士，検眼師，X線技師，理学療法士に関する付属の部会をもっている。その他，法定機関として，香港薬物・毒物委員会（the Pharmacy and Poisons Board of Hong Kong）があり，薬剤師を監督し，薬品取り扱い業者と医薬品の規制を行っている。香港病院局は公立病院の管理と監督を行う役割を果たしている。審計署（Audit Commission）は，医療だけでなく分野を超えてすべての政府助成組織の会計監査を行っている。また，民間部門では専門職の業務上過失に対する不服申し立て制度があるが，その他の不服に関しては消費者審議会（Consumer Council）が対応する。したがって香港は，政府によって監督指導される法定機関を通じて専門職が自己規制を行う制度を発展させている［HWFB, 2002］。

　シンガポールでは，主要な規制業務は保健省医療規制部（Health Regulation Division of the MOH）が行い，近代医療に関して，認可と評価，臨床でのサービスの質を規制する2つの部署を備えている。2000年末には「2000年私立病院および診療所法」（Private Hospitals and Medical Clinics Act 2000）にもとづき，これら2つの部署において2549の民間病院と診療所が認可されている。このうち，2404は一般診療所と歯科診療所であり，68は独立医療検査機関，50は老人ホーム，そして27は病院である［MOH 2001b：58］。主な臨床評価のプログラムは，1998年に創設され患者へのケアの質を評価し判定することを目的とした国民医療監査プログラムの一環として実施されている。そのうちの主な取り組みは2000年4月に始まった評価基準プロジェクトであり，これによってすべての急性期病院は7つの病院評価基準，あるいはそのうちのいくつかの項目について

調査し報告することが義務づけられた。保健省の外部機関として保健医療科学局（Health Science Authority）があり，保健医療サービスと血液製剤の監視と規制を行うと同時に，薬品，新しい麻酔薬や医療機器および放射線に関する認可登録，監視を行う。法定機関であるシンガポール医療審議会（Singapore Medical Council）は医者の認定登録を行っており，歯科審議会，看護師審議会，薬剤委員会，コンタクトレンズ専門技師委員会も同様の業務を行っている。また，これに付け加えて，35の領域における専門職者の登録も行う［MOH, 2001a］。香港と同様，シンガポールにも会計監査と利用者保護の機関がある。香港とシンガポールの管理，規制体制は，どちらも英国の植民地であったという共通基盤を反映して，非常に似通った特徴をもっている。

　韓国においては，保健福祉部が主要な保健医療行政機関である。保健福祉部内の保健医療政策局（Bureau of Health and Medical Policy）は全国的な保健医療政策を定め，医療サービスの質の規制を行い，保健医療資源局（Brureau of Health Resources）は医師や関連専門職の登録を監督する。そして，薬事食料政策局（Bureau of Health and Food Policy）は薬価や医療設備の価格を規制している。また，保険福祉部は国民健康保険公団の業務を監督するとともに，すべての有力政党間の交渉を開催することによって料金体系を取り決める。料金のレベルは民間主導の医療制度であるコストプラス利益加算方式を基本としている。また診療料金表は消費者物価指数，サンプルとして選ばれた事業者の利潤，医療従事者の賃金を勘案して毎年見直されている［Yang, 1997：69］。保健福祉部のほか，食品医薬品安全庁（Korea Food and Drug Administration）は国産や輸入の医薬品の医薬品，医療器械の安全性や効果を審議し調査，監督する［MOHW, 2002a］。地方自治体レベルでも，国と同様な制度体系が存在する。一例を挙げると，ソウル首都政府には医療薬品サービス局と医療保健衛生局の2つの機関が存在している。韓国では全般的な規制，監督はほとんどが国の責任で行われており，専門職団体による自己規制に依拠する度合いはシンガポールや香港に比べ非常に低い。

　台湾における規制関連機関は　行政院のもとにある衛生局である。衛生局内では，薬事局（Bureau of Pharmaceutical Affairs）が医薬品と医療機器の監視と登録を行い，医事局（Bureau of Medical Affairs）は医師とその他の医療従事者の登

録を担当し，台湾中央局（Central Taiwan Office）は国立病院の管理監督を行う。法定機関である薬品審査センター（Center of Drug Evaluation）は医薬品を審査，評価し，実際的な使用規制草案を作成する。台湾病院評価連合委員会（The Taiwan Joint Commission on Hospital Accreditation）はもうひとつの法定機関であり，医療法（Health Care Law）にしたがって病院の評価を行う。医師とその他の医療従事者の資格認定に関しては，行政院のもとの試験部（Ministry of Examination）が主体である。地方自治体レベルでは衛生局の地方支局として24の保健医療局が医療従事者の登録業務を行っている。国家監察院監査局（National Audit Office of the Control Yuan）はすべての政府機関と政府助成組織の会計収支を審査する [DOH, 2002]。台湾は，専門職による自主規制より政府の規制を重んじる点で韓国に類似している。

　4つの国・地域すべてにおいて，政府の官僚と主導的な立場にある専門職集団によって政策が決定されている。他の省庁の官僚が政策の決定に関して，直接，間接的に重要な役割を演じることもしばしばあり，財務担当省の官僚が政策決定の役割を果たすことは世界共通の現象である。4つの国・地域において，生産主義が基本方針であることは，経済や政策策定担当省庁の官僚が要職についていることからも理解できる。また，官僚と深いつながりをもち，大きな権力をもつ医療職能団体が存在する。このこともさほど珍しいことではない。しかし，近年いくつかの国・地域で，これまでに確立していた状況が変化し始め，このことは韓国と台湾にその先例をみることができる [Chu, 1998；Joo, 1999a]。台湾では，1980年代後半の民主化の経過により，保健医療制度，とりわけ農民を対象とする医療保険制度に対する社会的な圧力が生み出された。全民健康保険計画は当初2000年実施が計画されていたが，それより早く1995年に実施されたのである。韓国においては，1997年，改革を主張する金大中が大統領に選ばれたことにより，保健医療政策における改革主義者と保守主義者の対立，そして政府と韓国医師会の分裂が露呈し，保健医療制度システムに対し内部からの圧力を高めることになった。1999年から2000年にかけて医師による空前のストライキが起こり，医療分野における亀裂が広がっていることが明らかになった [Kwon, S., 2003a]。同時に2つの先進的なNGOが新しい勢力として政策領域の中心に介入してきた。参与連帯は30ほどの小規模のNGOをネットワーク化し，

主として反体制的な立場で社会問題に重点をおいている。一方，経済正義実践市民連合（経実連）は基本的に学術的な傾向をもっており経済問題に活動の焦点を当てている。

　香港とシンガポールでは，政府と医療関係団体との関係があまり対立的ではない。香港とシンガポールは面積も狭く，部分的な民主主義体制をとっていることからも予想できるように，長期間にわたって同じ政策動向が続いている。たとえばシンガポールでは最近，保健省が公立総合診療所の診療時間を延長させるという提案を行い，シンガポール医師会との関係が多少混乱することがあったが，目立った変化はなかった。医療サービス部門内でのつながりも緊密で，全体として1つにまとまっている。有力な公的保健医療サービス供給機関の代表は，保健省の監督下にある重要な委員会の役職についており政策立案に大きく関与している。閣僚や長官は，議決権をもつ主要メンバーが出席する定期的な諮問委員会を開く。さらに閣僚は月に1回程度，公的医療機関の管理職と昼食会を開く。また，サービス提供機関の要職にある者はEメール，電話，その他の方法で直接，閣僚と連絡を取れるようになっている。シンガポールでは，このような方法で医療サービス提供機関と政治家の間の意思疎通が確立している。保健省によって管理されているシステムが比較的安定した状態で続いている理由として，シンガポールが小国であり市民社会が未成熟であること，また経済的に発展していることなどが挙げられる。都市国家においては，重要な地位にある人々は互いに顔見知りの関係であり，インフォーマルな関係が非常に重要な意味をもっている。さらにシンガポールでは，メディアが大衆の問題を取り上げ，介入することは他の地域に比べてはるかに少なく，保健省は比較的容易に政治的状況を管理統制することが可能である。国民の不満が社会的問題になると，地域開発省（Ministry of Community Development）にある評価部（Feedback Unit）に送られ，保健省内のサービス向上部長（Quality Service Manager）に伝えられる。最後に，経済的に豊かになったため，金銭面の問題については緊急性が少なくなってきたことも挙げられる。

　政府の事業の内容を振り返ると，4つの国・地域では，政策の範囲が公共部門に限定されており，一方で相当数の民間部門が計画の枠をはるかに超えて運営されていることが特徴である。台湾において病院評価システムが実施された

のは1978年以降である。医療行為に関する規制の適用は，公的部門と民間部門の大部分の範囲に拡大している。韓国と台湾においては，資格認定や設立手続き，保険者の監督管理に関する規制施策を発展させる必要があった。規制の主たる目的は，医療機関が巨大な複合企業化することを防止し，保健医療サービスにおいて質より効率が優先されるのを防ぐことであった。台湾では，個々の病院は医療センター，地域病院，地区病院などそれぞれの機能にしたがい，基準評価システムによって管理されている。研修病院を評価する目的のひとつは，医学生と研修医の臨床訓練機関を認定することである。評価は3年または1年間有効であるが，有効期限が切れると病院は再評価を受けなければならない。2000年末には，527の病院が認定条件を満たした［DOH, 2002 : 21］。

　香港とシンガポールにおいては，近代医療の専門職に対する国家の規制が制限的であることが問題となりうる。香港では，1999年のハーバード報告 (Harvard Report) によってこの問題に焦点が当てられた。同報告は，保健医療サービスの質に大きな格差があるのは外部組織による監視が不十分であり，医者が自分たちで規制を行う特権をもっているためであると指摘している。一般的にいって，他から規制を受けることの少ない医師のような独占的な職業は公共の利益を守らないことが多い。専門職が特権的，閉鎖的な体質をもつことが香港の抱える問題の原因であると述べている［Harvard Team, 1999］。医療におけるエリートたちはほとんど香港大学医学部の出身で，そろって同じような教育課程と職業基盤をもっている。その結果，ひとつのグループとしてまとまり，互いに密接な関係と忠誠心をもち，外部の批判に防衛的である。香港の政治と社会が医療職のエリート体質をより強めている。同レポートは，1997年の返還後でさえ保健医療サービスの質を保証するための透明性や公共の意見を取り入れる動きがほとんどみられず，他の先進国と香港の状況の経過を比べた場合に，香港も他の東南アジアの国々と比較して例外的な存在ではないと述べている［Harvard Team, 1999］。

　最後に，4つの国・地域の保健医療サービスの供給と財政の規制に関して，政府が指導監督する公立部門内では管轄する省が重要な役割を担っている。これらの側面については，次節で検証する。ここでは4地域の近代医療に関する規制のあり方が，香港とシンガポール，もう1つは台湾と韓国という2つのグ

ループに分けられることを強調しておこう。

伝統医療

　政治家たちはごく最近になって，伝統医療に関心をもち始めた［WHO, 2001, 2002］。香港とシンガポールでは，たとえば1990年末に出された有害物質の禁止施策を通じ，それまで最低限のものだった伝統医療に関する規制を拡大した。韓国，台湾においては，政府は伝統医療分野に長年関心をもっていたが，保健医療サービス制度のなかでは周辺的なものとして扱ってきた。近代医療行政と同様，伝統医療においても香港，シンガポールと台湾，韓国という2つのグループにはっきりと分かれている。

　伝統医療に関する政府の役割は韓国と台湾でもっとも発達しており，韓国では1952年に東洋医療を正式に認可した。しかし，韓国東洋医療研究所（the Korea Institute of Oriental Medicine）が認可されたのは1994年3月，実際に開設されたのは94年10月であった。続いて1996年11月に保健福祉部の主要な部門のひとつとして，東洋医療局（Oriental Medicine Bureau）が創設され，東洋医療の発展と向上のための政策を計画し，行政制度に関する監督調査を担当している［WHO, 2001：166-7］。伝統医療に対する政府の規制を拡張しようとする動向もみられ，同1987年以来，針治療に関する料金体系が国によって決められ，同時に治療に対しても保険が適用されるようになった。生薬（herbal medicine）をめぐる政府の規制拡大についての方法が最近研究されている。しかし，これについては困難な問題がある。1つには，伝統医療の場合，多くの治療についての測定基準の設定が限られており，公式の規制様式に組み込むことがむずかしいことである。もう1つには，生薬の多くが工場で生産されるものでなく，自然に生育する植物を原料とするため，規制の管理体制に当てはめられないことが挙げられる。東洋医療の専門家はかなりの程度の自己規制を保持している。台湾では，中国医療・薬局委員会（Committee on Chinese Medicine and Pharmacy）が衛生局の内部組織として1971年設立された。1995年に同委員会は衛生局の指導監督のもとに自主管理を行う組織となった。その委員会の中国医療課（Division of Chinese Medicine）は施療所と施術者を審査する役割を担い，中国医療薬局課（Division of Chinese Pharmacy）は中国医療に用いる薬の認定を担当する［CCMP,

2001]。

　香港とシンガポールでは，伝統医療についての規制はあまり発達していない。香港では1980年代の後半に，中国伝統医療の規制に関する問題が大きな政治的課題の1つとなったことがあった。いくつかのスキャンダルがメディアにより報道され，1989年の認定委員会で取り上げられたこともその原因の1つである。しかしながら，返還を前にした1995年になって初めて，植民地政府は中国伝統医療の規制に着手し，課題を検討するための準備委員会を設置した。返還後の1997年後半に，衛生福利及食物局に伝統中国医療課が設置された。1999年には中国医療条例（Chinese Medical Ordinance）が可決され，中国伝統医療を指導監督するための中国医療審議会（Chinese Medical Council）が設立された。2000年の後半，伝統医療の専門家に対し認定を受けることが要請され，02年9月，資格認定を受けた専門家たちが初めて誕生した［WHO, 2001 : 153 ; Ho, 2002］。シンガポールでも同様の経過がみられ，保健省伝統医療および補助薬品局（Traditional and Complementary Medicine Branch of the MOH's Health Regulation Division）によって指導監督されている。シンガポールでは，個人用に処方される中国医療生薬を対象とする規制の枠組みが1999年に導入され，3年あまりかけて，1999年9月からは錠剤に，2000年9月から水薬に，その他の種類の中国医療生薬には2001年9月から適用された。ほとんど同時期に2000年中国伝統医療専門家法（Traditional Chinese medicine Practitioners Act 2000）が制定され，伝統中国医療について段階的に規制を行うための枠組みがつくられた。2000年から01年にかけて，針施術者に対し資格認定制が取り入れられ，続いて他の専門家も資格認定を受けることが求められるようになった［WHO, 2001 : 169-70］。2002年現在において，マレー伝統医療やインド伝統医療はきわめて少数派であり，シンガポール政府がこれらに対して正式な規制を拡張していく計画はない。

3　供　　給

　戦後，これらの国・地域の緊急課題は感染症対策であり，またすぐに経済成長期に突入したため，どの国・地域も一貫性のある総合的な保健医療サービス供給のシステムを発展させることがなかった。どの国・地域の政府も供給サイ

ドを規制することを試みなかったが、それぞれの地域によって、そうした不作為にも多少の違いがある。多くの財政を必要とする2次医療サービス供給における政府の役割は、ある意味で不思議に思われるかもしれないが、香港がもっとも大きい。香港では、政府の役割に対する関心は1990～91年にかけて、香港病院局を創設したときにもっとも高まった。一方、1次、2次、3次医療サービスにまたがる、総合的なサービス供給をつくり出そうとする動きは、現在シンガポールでもっとも進んでいる。いずれの国・地域においても、伝統医療部門におけるサービス供給者としての政府の役割は著しく限られている。

近代医療

　4つの国・地域の1次医療サービスは民間に任されており、民間の診療所が過剰気味になっている。場合によっては政府が1次医療サービスを行うこともあるが、ごく限られた範囲である。韓国では、1981年以降、2000以上の地域密着型1次医療サービスの拠点を創設した。同様に台湾では、それぞれの区に保健所があり、過疎地では保健所分室がある。シンガポールも例外ではなく、1次医療サービスにおける国の割合は20％とわずかにすぎない。しかし、シンガポール政府は1次医療に関してはっきりとした政策展望をもっており、その展望を部分的に国の直接供給サービスによって達成しようとしている。およそ1900の民間の診療所が膨大な量の1次医療サービスを提供しているが、シンガポールには1カ所で多くの診療科目の1次医療を行う公立総合診療所（Policlinic）があり、そのなかのいくつかは歯科、高齢者のリハビリテーション、精神科外来なども備えている。民間の診療機関での診療費が15ドルなのに対し、これらの公立総合診療所は4.50ドルの一律料金となっている（子どもと高齢者は2.25ドルである）。処方箋代は1剤につき1週間当たり0.8ドルであるが、公的な補助が受けられる薬品は品目が制限されており、それ以外のものは全額自己負担となる。保健省の薬品委員会がリストをチェックし、公立総合診療所および公立病院の治療審議会が公立病院医師から出される補助対象薬品拡大の要求について検討する。近年、民間の開業医たちは1次医療連携制度（Primary Care Partnership Scheme, PCPS）により、国の指導下にある部門に移籍する医師を選出している。この1次医療連携制度は、公立総合診療所から離れた地域に住む高

齢者に対し，公的補助のあるサービスを提供することを目的としている。実際に行われている診療内容は，たとえば地域開発審議会（Community Development Council）などによって各地方で発行されるリストに公表されている。公立総合診療所での診療を受けるためには，患者はミーンズ・テストを受けなければならない。香港では国が運営する１次医療機関は20％弱であるが，それらに関する責任は，2002年に衛生署から香港病院局に移った。このことにより，１次医療と２次医療の連携が今後強化されていく可能性がある。

　２次医療におけるサービス供給者としての政府の役割は，香港でもっとも発達している。香港病院局の監督下にある44の公立病院は，病床数の85％をもち，総入院日数の約92％を供給している［Grant and Yuen, 1998：111］。香港の公立病院の病床数は一般・準個室・個室の３種類に分かれているが，準個室と個室は総病床数の２％であり，主に民間人と上級公務員によって使われている。入院費は一般用病床では１日９ドル，準個室では100ドルである。個室の場合の料金は，実費のほぼ全額が個人負担となる。公的扶助を受けている人々の費用は全額免除である。

　２次医療におけるもうひとつの重要な公的サービス制度は，シンガポールにみられる。シンガポールには2000年現在，14の公立病院と専門センターとをあわせて9556病床があり（総病床数の81％），一方，13の民間病院のもつ病床は2242（19％）である［MOH, 2001b：43, 91］。近年，民間病院の運営原理を公立病院に取り入れる変化が起こっている。もともと公立病院は保健省が直接所有し運営してきたが，1985年以降，政府の所有する会社であるシンガポール病院機構（the Hospital Corporation of Singapore）による買収を通して徐々に「企業化」されている。民間企業と同様に運営されるが，利潤追求は行わない。1999年，シンガポール東部と西部の地域医療サービスを提供する組織として，シングヘルス（SingHealth；Singapore Health Services）と国民保健医療グループ（National Health care Group, NHG）が創設され，総合的なサービス供給機関が生まれた。これら２つの組織は病院，公立総合診療所，国立センターを統合して，2000年10月に業務を開始した。シングヘルスは６つの病院，７つの公立総合診療所，４つの国立センターを統括し，国民保健医療グループは４つの病院と９つの公立総合診療所，加えて２つの国立センターを統括し，それぞれの組織には併せ

て約9500人ずつの職員がいる［MOH, 2001b：43］。1次，2次そして3次医療までを含んだ総合的な医療サービスシステムづくりへの取り組みは革新的で重要な動きであり，他の3つの国・地域においてはこれまでのところ先例がない。これら東西にある2つの組織は，協力的にかつ，競合しながら業務を行っていくことを方針としている。

　韓国と台湾では，サービス供給はほとんど民間部門によって行われている。韓国では，全医療機関の91％が民間の病院と診療所であり，全病床数の91％を占め，医師総数の89％が働いている。韓国では一般的に，2次医療を行う病院が医師によって所有されており，市場原理に従って経営されている。多くの民間の医療サービス提供機関は，都市部に集中している。1981年に農・漁村地域保健医療特別法（special law for Health Care in Rural and Fishery Areas）が成立して以来，政府は過疎地に医療機関を設立する際の低利融資などの経済的動機を与えることによって，長年の課題である都市と農山漁村の不均衡を解消しようとしている。民間病院が建設できなかった17の郡については，政府が保健所を新設したり，あるいは保健所を病院と同規模のものに拡充した。台湾でも，1985年サービス供給格差を解消するための同様な取り組みが衛生局によって行われた。これは保健医療サービス計画であり，17の地域と63の地区において医療ネットワークをつくるという目的をもつ。2000年12月の時点で，台湾全土に1万9983の医療機関と薬局がある［DOH, 2002：15］。また，総病床数の65％は民間機関によって提供されている。

　2000年7月，韓国政府は重要な医療サービス供給改革として医薬分業制を実施した。改革前には，医者と薬剤師はどちらも処方箋を書き，かつ処方もすることができたため，過剰な投薬が行われ費用が増大した。この制度改革は2つの業務を分離し，投薬についての費用コントロール措置を設けようとするものであった。投薬による利益は長い間医師の重要な所得源であったため，その利益を保持し続けようとする医師たちはストライキを起こした。その結果，政府は診療費を引き上げ，医者の減収分を補償するという妥協策を余儀なくされたのである。［Kwon, S., 2003a］

　この節で，インターネットの保健医療サービスへの貢献について述べておくことも重要であろう。e-ヘルス（e-health）はこの4つの国・地域ではまだ主要

課題となっているわけではなく，新興のテーマである。シンガポールでもっとも進んでおり，e-市民センター（e-Citizen centre）にはさまざまな分野のサービスがあるが，その中のひとつとして保健医療サービスが提供されている。いまのところ，インターネットは主に情報源として活用されている。e-市民センターには　保健医療サービス供給組織，保健医療施設，健康増進についての総合的な情報が集められており，いろいろな検索ができる。また個人が苦情を訴えたり，それに対する回答を得ることもできる［Singapore Government, 2002］。しかし，オンラインで処理業務が行われることは非常に少なく，そのなかには違法行為もみられる。たとえば，医師たちが実際に診療しないで特定の助言を患者に与えることや処方箋を出すことは禁止されている。とはいえ，シンガポールでは，インターネットによるサービスがかなり発達している。オンラインで予約やその変更ができ，またe-薬局（e-pharmacy）サービスにより，定期処方に関しての申し込みやシンガポール全域への宅配も依頼できる。2大保健医療組織のひとつ国民保健医療グループでは，患者はオンラインで登録でき，自分の診療情報の要約を見ることができる。保健医療サービス体制のなかで，公立総合診療所や一般開業の医師が病院の記録にオンラインでアクセスできるようになるにしたがって，情報の流れが変化しており，公的部門と民間部門の統合化が強化される可能性がある［Holliday and Tam, 2003］。

　近代医療の供給方法についてみると，私たちが取り上げている4つの国・地域はやはり2つのグループに分けられる。イギリスの植民地であった香港とシンガポールでは公的部門が重要な役割を果たしており，日本の元植民地であった韓国と台湾とは対照的である。しかし，この二分化ばかりを強調することは誤りである。とくにシンガポールにおいては，2次医療における民間部門の役割を拡大しようとする試みが続けられている。1985年以降，シンガポール病院機構は民間の経営原理をめざす動きを率先して行っている。近年，この動きは国民保健医療グループとシングヘルスによっても担われている。それとは対照的に，韓国と台湾にはそれとは異なる方向性がみられる。つまり，2次医療サービスを公的部門が実際に行うというわけではないが，主として民間機関によって運営されているものについても，公的機関による医療サービス調整を確実に行おうとする動向がある。

伝統医療

　4つの国・地域すべてにおいて伝統医療の体系は，保健医療サービスの分野で重要な位置を占めているが，韓国と台湾においてもっとも進んでいる。韓国では，1999年には1万1345人の東洋医療専門家が資格認定されている。2002年現在，多くの独立した1次医療機関に加え，公立を1カ所含む141の東洋医療を行う病院がある。また韓国には，11の東洋医療の私立単科大学と3つの総合大学の東洋医療薬学部と東洋医療の2つの大学院がある。大学院のうちの1つは，慶熙大学校に1999年設立された東西医療統合大学院である。1998年現在，台湾には3330の認可された伝統中国医療の病院と診療所があり，8438人の認定医師がいる。ただし，そのうち3461人しか実際に診療を行っていない。また，257カ所の認定生薬会社と9510の認定取引業者がいる。台湾には中国医療の公的な教育制度もあり，中国医療大学病院（China Medical College Hospital）と長庚大学で7年間の教育プログラムを行っている。合計127の病院のうち，中国漢方医療科が設置されている研修病院が28ある［DOH, 2002：35］。

　香港とシンガポールでは，伝統医療は1次医療の分野に集中している。1996年の調査によると，香港には7000人の伝統中国医療専門家がおり，全診療の10.5％を行っている［WHO, 2001：152］。1997年には香港バプテスト病院が，そして2001年には廣華醫院が同様の診療所を開設した。1998年以降，香港の3つの大学は伝統中国医療の資格取得のためのコースを創設した。シンガポールには2000人の伝統中国医療専門家に加えて少数の伝統マレー医療，インド医療の専門家がいる［WHO, 2001：169］。またシンガポールでは，外来患者の12％が伝統中国医療の専門家を受診していると推測される［MOH, 2001a：77］。Chung Hwa無料診療所の3カ所の分室は，伝統中国医療により，毎日約800～1000人の診察や処方を行っている。いくつかの急性期病院と一般病院は近代医療と別に針治療部門を運営している。シンガポール伝統中国医療大学は，植民地時代の1953年に創設，認可され，1990年後半までに6年の定時制プログラムにより1345人の中国漢方医を養成した。これらの動きはほとんどが民間部門でみられるものである。一方，香港では政府がいくつかの伝統中国医療の資格取得のためのコースに資金提供し，2005年までに18の公立伝統中国医療診療所の開設を計画している。

4 財政

　これら4つの国・地域の保健医療財政については，比較的，低額の財政投入であることがポイントになる（表4-2）。この点は4つの国・地域に共通であるが，財政のシステムは近代医療においても伝統医療においてもそれぞれ大きく異なっている。

近代医療

　サービス供給について，公的な財政投入は主に2次医療に対して集中的に行われてきた。その理由は明らかであり，2次医療のニーズが非常に高いこと，そして財政的需要が緊要となっていることである。しかし，1次医療に関しても補助金が出されている。香港では，いくつかの1次医療診療所が政府によって直接資金運用されている。シンガポールでは，公立総合診療所の診察と処方に対する規定料金の50％は政府の補助金でまかなわれている。しかし，公立総合診療所で行われている1次医療は全体のたった20％に過ぎないので，補助金の額としては少ない。また，いくつかの福祉の任意団体は政府の助成を受けている。その他の国・地域では，1次医療サービス提供機関における財源獲得の方法は，それぞれの機関に任され出来高制によって運営されている。このように2次医療に関しては多様な財政の仕組みが存在する。

　香港では，一般財源の中から公立病院と香港病院局下にある助成病院を運営するための資金を支出している。地域内の利用者は，1日1病床当たりたった9ドルの一律料金を，専門医の外来診療には6ドル，一般外来診療は5ドル支払うだけでよい。香港市民以外の利用者はそれぞれ400ドル，60ドル，25ドルとなっている。2002年に，それまでは無料だった香港の11の公立病院の救急部門に対し，濫用を防止するための13ドルの料金負担が導入された。一般的には，香港市民である利用者はサービスの実費のほんの一部，つまり入院費用の4％，外来費用の11〜18％を払うだけで医療サービスが受けられ，その差額は政府によって支払われる。さらに，これらの低額な自己負担も医療ソーシャルワーカーによって困窮状態が認められれば免除となる。公的制度適用以外の費用は，

多くの場合，雇用主負担（employer-based）の民間保険で支払われるか，あるいは自己負担となる。

　シンガポールの保健医療のサービスの財政制度は複雑であるが，中央積立基金制度とリンクした強制貯蓄制度の特徴は広く知られている。アジア金融危機以前には中央積立基金制度への支払いは雇用主，被雇用者どちらも月給の20％，2002年には，被雇用者は月収の20％であり，雇用主は16％となっている。いずれの場合も支払いの上限は月3400ドルである。政府は経済危機前の率である20％対20％制度に戻そうと計画している。これらの拠出金のうち，一定の額はメディセイブにあてられる。その額は35歳以下6％，35～44歳7％，45歳以上は8％である。就業しているシンガポールの国民は，このように個人個人のメディセイブの口座をもっていて，その貯蓄は本人や親族の入院時の費用として使われる。2003年までにメディセイブの口座の貯蓄上限は1万7000ドルになる見込みである。死亡時には，メディセイブを含む中央積立基金口座が現金で指定された相続人に贈られる。また，メディセイブと並んで，部分的にメディセイブに含まれているメディシールドとメディシールドプラスが主要な医療費支出の際の医療保険として機能している。両方の制度の保険料と認可された民間保険の保険料は，メディセイブの口座から引き落とすことができる。ほとんどのシンガポール国民は何らかの医療保険に加入している。2000年末には，メディシールドとメディシールドプラスの加入者は190万人であり，民間保険の加入者は40万人であった。最終的には，セーフティネットであるメディファンドの制度が，「困窮者」の医療サービスを財政的に支えている。2000年会計年度において，9万1000人のメディファンド申請者のうち99.5％が受給資格を認められた［MOH, 2001：21-7］。

　「3M制度（Medisave, Medishield, Medishield-plus）」の背景にある原理は，個人に対する健康管理責任の徹底である。とはいえ，公立病院の診療費の設定を通して政府は補助も行っている。シンガポールでは，医療サービスは補助金の額によって5段階に分けられている。最高クラスのA病室は個室で，さまざまなサービスがついている。1日の料金は135ドルで国の補助はまったくない。国からの補助金はクラスB1（20％），B2＋（50％），B2（65％），C（80％）という基準に従って段階的に決まっている。補助金の率が上がるにつれてサービスの質

は下がる。Cクラス病室では、1室に最低でも8床、エアコンなし、その他の付加サービスもない。患者は病室を選択することができ、ミーンズ・テストもない。しかし、国からの補助の多いB2＋、B2とCクラスに入院するためにはいくらかの制限がある。つまり、公立総合診療所からの紹介が必要であり、病院を選ぶことはできるが、主治医を選ぶことはできないなどの制限がある。サービス供給を規制するにあたっての政府の重要な役割は、病院内のクラス別の病室の配分を一定範囲内に調整することである。最低60％の病床はB2、B2＋とCにしなければならない。Aクラス、B1クラスの病室は最大20％までに制限されている。この他に、政府はオーストラリアDRGモデルにそって公立病院の診療料金を規制している。この方式は、1病名につき患者から徴収できる額の総計を総収入の上限として設定するものである。この額は、誤ったコード処理を防止するために設定された会計検査手続きによって厳しく守られるが、それでもなお不正が発生している。病院は、さまざまな基準の範囲内で程度の差はあるが診療代を自由に定めている。これらの複雑な制度を運用した結果として、2000年の医療費総額における政府支出の割合は26％であった。残りの支出はメディセイブ口座や自己負担を通して個人によって支払われるが、あるいはメディセイブ制度枠内外の保険会社を通して支払われている。

　韓国と台湾には、個人の拠出が義務づけられている社会保険制度がある。もともと韓国はさまざまな健康保険制度が存在していた。それらは勤労者の場合は職場を、自営業者の場合には地域を基盤としたものなどで、非営利の組織であった。1989年にはほとんどの国民が何らかの保険に加入していたが、金大中政権のもとで一元化され、単一の国民健康保険が実施された。2000年、350の健康保険組合が国民健康保険公団に統合された。患者自己負担の仕組みにより、医療費の50％を患者が負担する。サービス提供機関の支払いは出来高制を基本としており、サービスが質、量ともに増加した［Kwon, S., 2003b］。最近になって供給側からの改革が行われ、1997年DRGの試験的プログラムが導入された結果、サービスの質を低下させずに費用を抑える効果があったとされている。2001年、資源準拠相対評価尺度（resource-based relative value payment）[*10]が実施された。しかし、まったく効果がなく、サービスの量と医療支出をコントロールすることができず、医師への支払額が一方的に増加しただけであった［Kwon,

S., 2003a]。

　台湾の包括的社会保険制度は1995年に確立した［Ku, 1998a］。台湾においては，保険料を支払い，保険証をもっていれば，保険者と契約している保健医療機関の範囲で，どこでも診療を受けることができる。しかし韓国と同様，自己負担が相当部分ある。契約している保険医療機関は全医療機関の93％に上っている。各保険者はサービスへのアクセスのよさについて競合することになり，できるだけ多くの医療機関と契約しようとする方向へ動機づけられている。基本的な医療サービスに加えて，保険者は介護や美容整形などを提供することが認められている。台湾の全民健康保険制度の財源は被保険者と雇用主からの保険料と政府からの支出であり，賦課方式——医療費用をその時々の加入者から徴収した保険料でまかなう方式——の採用により，収入と支出の均衡を図り医療財政を維持しようとしている。この制度の核心となるのは保険料率の算定である［DOH, 2002：10-6］。韓国と同様，台湾でも保険財政が逼迫しており，行政は支出引き締め策を導入しようとしている。政策として挙げられているのは，滞納保険料の徴収強化，保険料基準額のすべての段階における政府補助金適用の調整，被保険者から報告される収入額調査の強化，事故や負傷に対する医療費の交通事故保険や労災保険への請求，基金運用による利潤追求などである。支出を制限し，過剰な医療サービス資源が使われないように保険による支払い制度などが見直され，また，救急医療サービスへの自己負担額の調整，薬価の見直し，適正化，重症患者への医療サービスの向上，医療サービスの浪費を改善するため医療機関への指導が行われた。

　4つの国・地域の財政制度の中の類型を見出そうとすれば次のようになる。まず，韓国と台湾がもっとも類似している。どちらも卓越した社会保険制度をもっているが，このことが他の2つの国・地域との違いを際立たせている。香港には公立の2次医療機関があるが，それ以外の財政的問題については主として市場に任せている。シンガポールには政府による直接的な財政支出制度，強制加入の個人保険，そして自己負担から成り立っている複雑な財政の仕組みがある。

伝統医療

　香港とシンガポールでは，伝統医療は国家の財政制度から除外されている。ただし香港では，まだ少数とはいえ政府が伝統中国医療診療所の設立を始めた。公的資金提供制度が欠如している原因は，一部には，伝統中国医療が公的資金が制限されている1次医療に集中していることに起因する。また他の理由は，つい最近にいたるまで，政府が伝統中国医療を無視していたためである。それとは対照的に，台湾と韓国では，何種類かの伝統中国医療の一部については保険診療が認められている。韓国では1984年12月から2年間にわたって，24の診療所で生薬に保険を適用する試験的な事業が行われた。その後1987年2月から，生薬はすべて健康保険の対象となった［WHO, 2001：168］。台湾では伝統中国医療は保険医療の基本部分となっている。入院患者は追加料金を払うことによって伝統医療のサービスを受けられる。

5　評　価

　4つの国・地域の保健医療制度を評価するためのポイントは，以下の3点である。つまり，それぞれの長所と短所，直面している課題，そして見出された類似点と相違点が東アジア福祉モデルという概念についての論議に有効な材料を与えてくれるかどうか，という3点である。

長所と短所

　4つの国・地域の保健医療サービスシステムが達成したすばらしい成果は重要な長所として捉えられるべきである。シンガポールのシステムは，国内に住む人々にばかりでなく，治療を受けようと入国してくる外国人に対しても恩恵をもたらしている。外国人は実費とその30％の管理費用を加算した額を支払う。また，シンガポールはWHOなどの外部組織と強いつながりがあり，他の国から羨望の的となるような国際的な側面をもっている［Ham, 1996；Tam and Chew, 1997］。その他の国・地域の保健医療サービスもかなりの成功を収めている。しかし，一般的にいって，これらの良好な業績にどの程度の偶然性が役割を果たしたのかは明らかになっていない。過去40年あまりの間，これらの国・地域

の保健医療システムの対象となっていたのは大部分が健康な人々であった。同程度の経済力のある他の国々に比べて，経済活動に参加している人の割合が高く，若年人口が多いため，保健医療システムの運営はそんなに困難ではなかったといえる。このような背景を考えると，これらの国・地域の制度が実際にどれほど優れているかを判断するのはむずかしい。将来起こりうる問題については次節で検討することとし，ここでは本来これらの制度に備わっている長所，短所について考察する。

　規制について全体的にみると，シンガポールの制度の長所の1つは，政府が政策の方針の基準となるビジョンをはっきりと示していることである。そのビジョンは個人の責任を明確にし，国の保障を最低限のものとすることによって中長期にわたって持続可能としている。本質的に協調組合主義的 (corporatist) な性格をもつ制度とそれがもたらす強い政策ネットワークは大きな長所であり，この点でシンガポールは他の3つの国・地域の制度と比べ群を抜いている。香港は保健医療についての展望をもっていない。韓国と台湾の政策は非常に予見性があるといえるが，長期的にみると社会保険に重点をおいた制度は持続性に欠ける可能性がある。さらにいえば，韓国と台湾の2つの制度のなかにあるさまざまな要素間の諸関係は，シンガポールに比べると不安定であろう。

　サービス供給において民間部門が大きな役割を果たしているために，4つの国・地域の保健医療制度が一貫性に欠ける点は弱点ともいえる。民間部門のシステムを計画的に運営することは，政府により所有され，それゆえに政府が直接管理するシステムを計画的に運営することよりむずかしいが，このことをあまり強調しすぎない方がよい。というのは，一方で民間部門が国の計画の枠組みから完全に除外されているわけではなく，シンガポールの1次医療連携制度がその例として挙げられる。また，他方で公的部門と民間部門の組み合わせによるサービス提供が，患者に受療段階での混乱をもたらすとも言い切れないからである [Holliday and Tam, 2000]。とはいえ，やはり4つの国・地域は，国家統制主義的な香港，シンガポールと自由市場主義的な韓国，台湾というようにはっきり二分できるだろう。そしてサービス供給において，国が重要な役割をもっていることが前者2カ国・地域の制度の強みになっている [Ramesh and Holliday, 2001]。

財政面は常に保健医療サービス制度がもつ弱みである。東アジアにおいては，1990年代後半の金融危機により各政府の予算が縮小し，これら4つの国・地域の制度がもつ財政問題を露呈することになった。長期的にみると，香港はいくつかの点で優位に立っている。というのは，政治家が直接影響力をもつ政府による直接運営方式をとっているからである。しかし2002年，香港の保健医療システムは厳しい試練に立たされ，病院局は初めて赤字になった。長期的にみれば，税による制度も低成長と厳しい財政収入のもとでは危機にさらされがちである。引き締めの時代を迎えることもある。シンガポールの財政制度はこうした国による直接管理の特徴を部分的に備えている。3M制度を通じて，個人に保健医療に関する責任を強調する点は長所のようにみえる。ただし，それは家族内に多額の医療費がかかるような遺伝的疾患患者がいない限りにおいてである。多くの問題が懸案事項になっているのは，韓国と台湾の社会保険制度である。アジア金融危機の勃発により，これらの社会保険は初めて赤字を計上し予備資金を引き出すことになり，かなりの緊縮財政になった。2000年には，台湾の予備資金は法で決められた最低基準額である1カ月の保険支払い額以下となっている。今後，保険料徴収率の上昇より医療費の方が早く増加することが予測されるため，保険料率の引き上げは避けられない。財源確保をめざし，医療サービスによる収入を増やすための新しい施策が導入されつつあるが，韓国と台湾の制度が長期的に持続可能かどうかはまだ答えが出ていない［Ku, 1998a］。

　これらの国・地域の制度は，アクセスの容易さ，対象範囲，質，費用対価，効率性と有効性などについて，いくつかの評価基準に照らしてみても全体的によい成果をあげている。香港では，2次医療サービスへのアクセスが市民権として認められている。シンガポールでは，メディファンドが基本的な社会的セーフティネットを提供している。また韓国と台湾では，社会保険制度からこぼれ落ちる層を救済する施策が組み合わされて機能している。サービスの適用範囲はさまざまである。香港とシンガポールは領土面積が非常に狭いことから，サービス供給の地域格差はほとんど問題とならない。対照的に韓国と台湾では，かつて農村地方は明らかに不利な状況にあり，集中的な対策が行われた。しかし，都市部に比べての地域格差は依然として残っている。とりわけシンガポールにおいて，サービスの質に関する格差が存在する。しかし，追加費用を支払

うことによって得られる追加サービスに対する反対はあまりみられない。かかった費用に見合う価値という考え方は，これらの地域全体にいきわたっている。発達した保健医療制度に多くみられるように，それぞれの地域の制度は官僚主義的な調整方法や業務が拡大しすぎたことなどの問題に直面しているが，効率性も高いように考えられる。これらの制度が今日までにあげた有効性はきわめて良好な健康関連の統計結果によっても証明されている。

　多くの人々が伝統医療を好んで用い続けているにもかかわらず，政治家があまり関心をもたなかったことは，これらの制度の弱点である［Holliday, 2003］。この問題については，韓国と台湾ではすでに対応がなされているが，ごく最近になって初めて香港とシンガポールでも注目されるようになった。これは4つの国・地域すべてにおいて，今後さらに重要視されていくべき問題であろう。

今後の課題

　前にも挙げたように，4つの国・地域の保険医療制度が中長期にわたって持続可能かどうかは，重要な問いのひとつである。いろいろな意味においてよき時代は終わり，社会が高齢化し成熟してきた現在，保険医療システムは今後のそうした困難な時期にどの程度まで対応できるのであろうか？　アジア金融危機の際の帰結に示されたように，韓国と台湾の社会保険制度にもっとも大きな疑問が投げかけられている。香港とシンガポールの保健医療サービス供給は，主として財政面が政府によって管理される性格が強いという点からより安定しているようにみえる。

　しかし，ひとつの重要な点は，香港とシンガポールのどちらの体制も，台湾と韓国が過去15年間にわたって経験してきた社会運動などの圧力に直面していないことである［Chu, 1998 ; Joo, 1999a］。どちらも，とくにシンガポールは民主政治体制ではあるが，民衆が完全に自由で政治に参加できていない状況がある。他の経済先進国と比べて，両地域の政治家は社会運動などの圧力から隔離され守られている。シンガポールにおいてはとくに，政治家は政策的余力を合理主義にもとづく保健医療制度のビジョンを推し進めることに費やしてきた。香港，シンガポールはいまのところ変化の兆しはないが，もし政治状況が抗争的になれば，保健医療制度についての社会的圧力は強まる可能性がある。そして，行

政によって監督されている部分が長所というよりはむしろ弱点ともなりうるだろう。

　その他の要素が及ぼすと考えられる影響について評価することはむずかしい。とくに e-ヘルスの全面的な普及については，いまの段階では明らかでなく，大きな変化は現時点では見受けられない［Holliday and Tam, 2003］。

類似点と相違点，そして東アジア福祉モデル

　最後に，3つの重要事項について検討しなくてはならない。1つめは，これら4つの国・地域の現行の保健医療制度がどのように類似しているのか，もしくは異なっているのかという点である。2つめは，そうした制度が成熟していくのにしたがって，だんだんと類似していくのか，それとも違いが大きくなっていくのかという点である。3つめは，東アジア福祉モデルとこの地域の生産主義的福祉資本主義にとってどのような意味をもっているかという3つの事項である。

　一方における香港，シンガポールと他方における韓国，台湾の間には，すべての段階において基本的な違いがあることは明らかである。規制の仕組みについては，韓国と台湾の方がより国家主義的である。サービス供給においては，香港とシンガポールの方が国家主義的な方法をとっている。財政の仕組みは，4つの国・地域すべてにおいて国家主義的要素を含んでいる。しかし台湾と韓国の社会保険制度は，香港，シンガポールの制度と明らかに異なっている。

　将来予測について，ラーミッシュはインドネシア，マレーシア，フィリピン，シンガポール，タイの東南アジア5カ国の福祉資本主義の研究のなかで，次のように論じている。これら5カ国は「それぞれに異なったレベルと異なった方法で，保健医療サービス供給と財政に政府が介入している」，そしてさらに「これらすべての国には，民間の役割を拡大しようとする政策動向があり，政策の収斂傾向がみられる」と述べている［Ramesh, 2000a：81］。しかし本書で取り上げている東アジア・タイガー地域については，ひとつの方向に収束する様子はほとんどない。サービス供給について単純に民間部門あるいは公的部門が大きくなっていると言い切ることはむずかしい。むしろ，政府が公的部門と民間部門の役割を調整する機能を果たす複合的な制度を発展させているといえる

だろう。このことはいくつかの要因からなっている。世界のトップレベルの生活水準をめざして成長してきた経済は，政府と市民社会の双方を変化させた。官僚は，他の先進国で，政府が保健医療サービスにおいて果たしている役割にますます注目するようになり，それに倣って政策を進めてきた。とくに韓国と台湾では，一般市民はかならずしも保健医療サービスのレベルに対してだけでなく，非効果的で不公平なサービスの分配についても批判的になった。同様に財政面においても，同じ方向に収束するようにはみえない。その主な理由は，香港もシンガポールも社会保険制度やそれにともなうモラルハザードを受け入れるとは考えられないからである。

　それゆえに東アジア福祉モデルという概念は，ごく限定された意味では支持される。当然，その議論は私たちがモデルを形成する事柄についていかに厳しく定義を行うかによって変化する［Wilding, 2000］。もし，あまり厳しい定義を行わないのなら，本章でみてきたことは生産主義的な基盤に立っているという点で，ある程度類似しているということができるだろう［Holliday, 2000］。4つの国・地域すべてにおいて，保健医療サービス部門に対する政府の財政負担は最小限になっている。それは，企業家の活動に過度の負担がかかりすぎないようにという，生産主義的な観点を反映した結果である。また，そのことに関連して保健医療サービスをめぐっては，個人とその家族に責任があるという確固たる価値観が存在しているが，そのことはとくにシンガポールの積立基金制度と韓国と台湾の社会保険制度にはっきりと現れている。生産主義的保健医療制度における特徴的要素は均一的なものとしては存在しない。たとえば，シンガポールにおいては強力な国民健康政策があり，政府の担当者は国民に対し繰り返し健康の自己管理や，さらに生産的であるべきことを推奨し続けている。一方，香港ではもう少しトーンダウンした形ではあるが，同じような政策がみられ，人々はテレビや広告による健康キャンペーンによって啓蒙されている。韓国や台湾ではこのような状況はあまりみられない。

　ある程度共通した生産主義的本質は4つの国・地域にみられるが，韓国と台湾の社会保険制度の相違点，また，イギリスの国民保健サービスの縮小版である香港の保健医療サービスと，中央積立基金制度によって進められるシンガポールの制度との間に実際に存在する相違点をあいまいにしておくべきではな

い。このような状況のもとで，4つの国・地域全域にまたがる同一の取り組みがあるとの主張に賛成することはむずかしい。東アジア保健医療サービスモデルは存在しない。私たちがタイガー経済地域で発見したものは，それぞれの国・地域が生産主義的保健医療制度を構築する過程におけるそれぞれに異なった方法なのである。

【国・地域別の要約】
香 港
　政府と専門職組織による規制の両方の複合型。1次医療は民間部門が大部分を占め，政府の直営は20％以下である。2次医療は政府の一般歳入からの支出による直接運営。1次医療と2次医療の統合化についてはごく一部の取り組みがあるのみ。2次医療においては，民間部門のシェアは小さい。セーフティネットによる医療サービス供給はミニマル水準にとどまる。伝統医療専門家への政府の規制はあるが，介入の度合いは少ない。

シンガポール
　国と専門職組織による規制の複合型。民間部門は1次医療サービスの大部分を占めている。ただし，一般歳入からの支出により助成を受けている公立総合診療所など，公的医療サービス機関もある。政府は1次医療サービスの20％を供給している。直接的な公的2次医療サービスは，一部は政府の一般歳入より支出され，一部は出来高払い制度にもとづいている。2次医療サービスにおける民間部門の割合は比較的少ない。政府による供給シェアは80％である。1次医療と2次医療サービスを統合化しようとするいくつかの試みが行われている。国民は，国が運営する貯蓄制度，メディセイブに加盟しなければならず，メディセイブによって，2次医療サービスの費用を支弁する。また，国民は国営のメディシールド，メディシールドプラスまたは，認可された民間保険などの追加的な保険制度の利用を選択することもできる。医療サービスの最低保障はメディファンドによって行われる。
　伝統中国医療専門家に関する政府の規制があるが，従事者の少ないマレー医療やインド医療にはない。この分野においては専門家に関する以外の規制は存在しない。

韓　国
　国による規制が行われている。医療サービス全体で民間の占める割合が圧倒的に多く90％を占めている。1次医療と2次医療を統合化する動きはない。財政方式は社会保険制度にもとづく。東洋医療専門家に対する規制があり，彼らをあらかじめ

計画された制度の枠内に含む試みも行われている。

台　湾
　政府による規制が行われている。全医療サービス供給の65%が民間部門によって行われている。1次，2次医療を統合化しようとする試みはない。財政方式は社会保険制度にもとづく。伝統中国医療専門家に対する政府による規制があり，彼らをあらかじめ計画された制度の枠内に包含する試みも行われている。また，伝統中国医療専門家に関する規制システムも準備中である。

第5章

住　宅

James Lee
（ジェームズ・リー）

　急速な都市化，経済活動の高度集中，そして深刻な住宅不足が，過去40年間の東・東南アジアの大都市における主な傾向となってきた。2001年に国連は将来見通しとして，都市化率はアジア，アフリカでもっとも高い数値を示すことになるだろうと推測している。1999年，アジアに居住する人口の36%が都市に居住していた。2030年までにはアジア人の58%が都市居住者となるであろうと推測されている。そして，アジアには北アメリカ，ラテンアメリカ，ヨーロッパの総人口の3倍以上にあたる人口，すなわち50億人近くの人口が住むだろうと推測されている（2001年国連総会）。つまり，アジア全体で都市化の進行は急速に進んでいるのである。とくに東アジア・タイガー地域においては都市化率が非常に高いため，その傾向が著しく，金融や物的資源も首都に集中している状況である。

　急速な都市化にともない，東アジアの不動産セクターと住宅システムにおける金融面の重要性が増してきている [Henderson, 1999 ; Smart and Lee, 2002]。タイガー地域の住宅システム一般，とくに住宅市場はしばしば東アジア地域の経済成長の主たる要因とされる。個人世帯が住宅購入の意思決定をする際に考慮するのは，単に住む場所を確保するという点のみならず，財産所得を生み出す投資である。公共住宅は，西洋では常に貧しい人々への残余的福祉部門として扱われてきたのに対し，東アジアのタイガー地域では，上昇をめざす中間階層の持ち家所有ニーズを満たすものとしてみられてきた。

　タイガー地域では，住宅に関する国の役割がひとつの主要課題になっている。仮に自由市場が世界のどの地域よりも東アジアで浸透していると想定するならば，なぜこれらタイガー地域の政府が住宅供給に関与しなければならないのだ

ろうか？　これについてチュアは次のような答えを出している。住宅確保能力と住宅供給における不平等が恒常的な問題になっているとき、「市場が適切な住宅をすべての人に提供することに失敗すると、政府による住宅供給、介入は積極的に推進されるのではないにしても、不可欠なものになってくるのである」[Chua, 1997]。国が補助する住宅にはさまざまな形態、構造がみられるようになってきた。たとえば、政府から直接提供される低家賃住宅、住宅購入費補助、特例的住宅ローン、家賃補助、民間ディベロッパーへの土地、建設費補助、あるいは適宜これらを組み合わせるようなものがみられる。したがって、公共住宅の形態はこれらの組み合わせの結果如何により、非常に多岐にわたることとなる。

1 歴史および基本的方向性

　タイガー地域では持ち家所有率が高いが (表5-1)、すべての国・地域で住宅に関して政府が高度に介入しているというわけではない。香港、シンガポールでは大きな公共住宅セクターがある一方、韓国、台湾はそれほどではない。香港の民間住宅はタイガー地域のうちでもっとも価格が高いのに対し、シンガポールの住宅価格は比較的負担可能なものになっている。タイガー地域の住宅供

表5-1　東アジア・タイガー諸国・地域における住宅指数 (2000～02年)

	香港	シンガポール	韓国	台湾
1人当たりGNI（US＄）	25,920	24,740	9,628	14,216
総人口（百万人）	7.3	4.5	48.3	22.5
総世帯数（百万世帯）	2.1	0.9	14.3	6.5
持ち家率（％）	52	92	75	84
公共住宅（％）	46	85	8	5
住宅供給率	1.11	1.13	0.96	1.07
住宅価格の対所得比	7.4	2.8	5.0	5.5
1人当たり床面積（㎡）	7.1	20.0	17.6	14.0

出所：[Census and Statistics Department, Hong Kong, 2001a；HDB, 2001；National Statistical Office, Republic of Korea, 2000a；United Nations, 1999；Council for Economic Planning and Development, Republic of China, 2000；World Bank, 2002；Census and Statistics Department, Hong Kong, 2000；Census and Statistics Department, Hong Kong, 2001c；Department of Statistics, Singapore, 2001a；Department of Statistics, Singapore, 2002；CIA, 2002；DGBAS, 2001]

給は，政策改革あるいは市場調整を行うことで，増加するニーズに十分対応可能である。このいずれかの方法によって，タイガー地域は十分な量の住宅を生産することができている。しかしながら，十分な住宅生産が常にその公平な分配を意味するとは限らない。低所得層向けの住宅が不足している一方で，上位中間階層向けの分譲住宅には空き家（部屋）がみられる。

　居住スペースに関しては，韓国と台湾の住宅は香港のものに比べて若干大きい。なぜ東・東南アジアの住宅部門がこれほどまでに多様であるのかを確認するために，これらの国・地域の住宅開発の軌跡を簡単にたどってみたい。

　香港には，中国からの難民が第2次世界大戦後，そして1949年の共産主義革命を契機に大量に流入してきた。これによる人口のドラスティックな変動が都心部の過密化を進め，都市周辺に不法居住者を多く抱えるようになった。人口は1945年の60万人から急速に増加し，1950年には180万人に達した［Drakakis-Smith, 1979］。人口の増加にともない，居住環境や公衆衛生の水準は急激に悪化した。水道も電気も利用できない状態であった。しかしながら，公衆衛生の欠如やきわめて劣悪な居住環境は政府の最緊急課題とは認識されず，数年の間，ほとんど何も手をつけられなかった。シンガポールは，戦後数年は荒廃した都市部の問題に悩まされていた。1946～59年のイギリス統治時代の政治的不安定と不法占拠住宅や不適格住宅の増加が，住宅投資の行われない時代を特徴づけていた。韓国では，1950年代，朝鮮戦争により住宅不足が引き起こされていた。ソウルでは，全建物の47％にあたる60万軒近くが破壊された［Kim and Choe, 1997：115-7］。さらに，朝鮮戦争は100万人以上の人々が北から南へと移住する引き金ともなった。深刻な住宅難のなか，1953年の停戦後，廃材を利用して建てた住居や不法占拠住宅がソウルのいたるところで見られるようになった。台湾では，1949年の中国における共産党の勝利ののち，中国から多くの移民が流入したことで住宅不足が引き起こされた。その頃の台湾はまだ，住宅投資は最小限しかなされない農業社会であった。台湾が工業化を進めた1960年代に，農村から都市への大規模な移住が行われた結果として出現したのが不潔な不法占拠住宅である［Li, 1998］。全世帯数の約3分の2が共同住宅に住み，また共同トイレを使わなければならない世帯も多かった。

　タイガー地域における戦後の住宅開発は大きく3つの段階に分けられる。す

なわち，①無介入，②抑圧と住民移転，③排除，である。無介入期には，政府は住宅ニーズに対してさしたる対応はしなかった。規制の欠如は人々が廃材を利用して自前で建てた住居を大量に生み出した。次の抑圧と住民移転の時代は，不法居住者の広がりを制御し，開発のためにこれらの人々を立ち退かせるという明確な意図をもった政府の試みに特徴づけられる。抑圧あるいはネグレクトの時期が交互に現れた。緊張が高まったとき，政府がとることのできる実行可能な唯一の手段は住民移転事業を実施し，不法居住者地域に対してより強い制御を働かせることであった。スマートは香港の事例に依拠して，市街地の行政府がより経済価値の高い活動によって不法居住者を立ち退かせることで産業用地を確保できたのがこの時期であったと述べている［Smart, 1989］。残りの不法居住者地域がもはや実質的に経済的価値がないとみたとき，政府は登録システムによって新たな入居者を除外し，住民移転のコストを最小限に抑えた［Smart, 2001］。戦後，住宅施策が整備されていなかった時期，主要公共住宅政策として，不法居住者立ち退き，住民移転，そして住宅事業が交互に行われたのである。社会経済的，文化的，政治的背景が異なるにもかかわらず，東アジアタイガー地域のすべての政府が同様の手法で住宅問題に対応していた。

　香港では，1953年のクリスマス・イヴに石硤尾(セッキップメイ)不法居住者キャンプで大火災が発生したことが，公共住宅施策を開始するきっかけとなった［Castells et al., 1990］。火災が政府による直接的介入の誘引となり，H型構造，7階建ての低水準再定住住宅にきわめて最小限の共同設備を供えた地区がつくられた。植民地政府は，最初は事後対処的でしぶしぶ介入したのであるが，これがアジアで2番目の規模といわれる公共住宅事業への道を開いた。

　シンガポールにおける公共住宅事業は独立直後の1960年に開始された。民族的多様性と生活環境の劣悪さに直面するなかで，新たに選挙された人民行動党（PAP）は政治的正統性を何とか確保しようと，政治的，民族的安定を維持するもっともよい手立てとして公共住宅事業の実施を決定した［Chua, 1997］。過密状態の都市内店舗付き住宅や不法居住者キャンプで貧しい暮らしをしている人々を対象に小規模賃貸住宅を提供するため，住宅開発庁（HDB）が設置された。しかし，賃貸アパートの建設を開始してわずか4年後，住宅開発庁は持ち家プログラムを開始した［Chua, 1997］。1964年以来，住宅開発庁は住宅ストッ

クの86％を建設し，そこに住む世帯の90％がその住宅を所有している。

　韓国では，深刻な住宅不足に対して政府は1953年に初めて対応を開始した。3年間に33万9706戸の住宅を建設したが，そのうちの40％は政府および国際機関の援助により建設されたものである [Ha, 1987]。しかし，政府が長期貸付システムを活用して公的分譲住宅建設を開始したのは，1957年以降のことである [Kim and Choe, 1997]。これによって1962〜66年の韓国初の国家住宅政策の基礎がつくられた。1960年代までは，「居住の安定」というひとつの目標が継続して追求され，そこでは，家族は安定的で快適な居住環境を享受する権利をもっているということが意図されていた。住宅ストックの拡大，住宅価格の安定，および住宅福祉の公平な分配という3つの基本目的が一貫して掲げられ，住宅政策の発展を導いた [Kim and Kim, 1998]。しかし，産業の拡大と国家政策が産業開発を優先させたことが1960年代，70年代の住宅投資を冷え込ませた。結果的に，深刻な住宅不足が恒常化し，とりわけソウルでは住宅供給率は常に50％前後であった（つまり，住宅ストックの総量は人口のたった半分を充足させるものにすぎなかったのである）。

　台湾では香港と同様に，1953年の災害（この場合は台風）が住宅再建事業の契機となり，被災者の再定住支援を目的とするアメリカの援助資金で実施された。これにより，行政院直轄の公共住宅委員会の基礎がつくられた [Chen, 1991]。1959年，公共住宅施策が公共住宅計画委員会および公共住宅開発基金発足にともなって開始された。しかし，資金拠出が非常に引き延ばされたため，住宅建設は遅々として進まなかった。また同時に，台北の人口が急速に増加し，都市周辺のほとんどの空き地に不法居住者が住むようになっていた。不潔な居住環境と人口過密がひどい衛生問題と火災を引き起こし，都市内住民移転が市当局の大きな関心事となった。

　広い意味では，タイガー地域における初期の公共住宅事業は全体として成功したとはいえないのであるが，住宅政策の確かな基礎を築いた。異なる社会政治的背景が公共住宅事業決定の道筋を制約することもあれば，事業形成を促すこともあった。その一方で，明らかに共通する3つの主な傾向がある。①急速な人口増加，②持ち家所有者の増加，③世帯の主たる投資対象としての住宅，である。

人口の増加については説明を要しない。タイガー地域の都市化の過程で大きな人口動態的圧力がかかり，1950年代から都市人口は急速に増大した。香港では，10年間に100万人規模という勢いで増加した。人口増加は都市における住宅需要に大きな圧力をもたらしたのである。

　タイガー地域はすべて持ち家住宅を追求してきたし [Lee et al., 2001]，持ち家率の漸増を好ましいものとみなしてきた。東洋の社会では，持ち家所有は政治的，経済的見地から有利なものと考えられている。政治的には，安定と繁栄の両方においてメリットがあるとされ，経済的には，国および個人の富増大の源として捉えられている [Lee and Yip, 2001]。過去30年の間に香港における持ち家率は4倍，実質住宅価格は6倍になった。1987年以来，持ち家所有が住宅戦略の長期的課題となってきた。1987～97年における香港のGDPのおよそ3分の1が住宅関連の土地売買および住宅関連の税収によるものであった [Lee, 1999]。

　シンガポールでは，持ち家政策が長い間，国家の住宅戦略となってきた。積み立てや個人リスクといった要素が組み込まれた利害関係者参与型の持ち家所有システム (stakeholder home ownership system) が1964年から施行された。これは住宅投資にともなうリスクとベネフィットの両方を国が個人世帯と分け合うものである [Lee and Yip, 2001]。さらに，成功をおさめている持ち家政策が人民行動党支配の政治的正統性を維持することにもなった。国家建設手段としての住宅政策はリー・クァン・ユーの次の言葉にも明確にみてとることができる。

>　私が優先的課題としてやってきたことは，国民の皆さん一人ひとりにわが国の現在そして未来について関心を抱いていただくということでした。私たちは持ち家社会を望んでいます。安い賃貸住宅の維持管理が適切になされていない住宅地区と，家が自慢の持ち家所有者の住宅地区が対照的であることは皆よくわかっています。私が自信をもっていえるのは，もしすべての家族が自身の家を持つならば，わが国はより安定するということです。

　この発言は持ち家政策を追求する背景にあるエートスを簡潔にまとめている。

　韓国では，持ち家は長い間，夢のまた夢と考えられてきた。しかし，深刻な住宅不足問題を抱え，持ち家率は都市人口が増加するにつれて大きく下がり，1970年の92%から95年には75%にまでなった [Kim and Kim, 1998]。賃貸住宅は

一時的，仮住まい的な印象があるのに対して，韓国人の大多数にとって，持ち家は住宅保有のあらゆる形態のなかでもっとも理想的なものである。このような考え方は偶然にもほとんどの東アジア社会についてもいえる。＜傳貰＞(Jonsei)システム[*1]は韓国特有の家賃支払いシステムで，借家人は初めに住宅価格の50〜70％を頭金として支払い，1〜2年後に契約が終了する際，無利子で払い戻されるシステムで，これは野心的な持ち家志向の人々の間で非常に人気のあるシステムである。持ち家志向をもった若い人は傳貰契約の期間，家賃を払わず，この期間は将来の住宅購入のための資金貯蓄の期間と捉える。傳貰システムは，銀行の土地・住宅ローンシステムが未発達であったことで引き起こされた住宅金融システムにおける格差を埋めることとなった。韓国で未発達であった住宅ローン市場を商業銀行が拡大するようになったのは，アジア金融危機後のことであった。アジア危機前の20年間をみると，ソウルに住む持ち家所有者の約70％が初めて住宅を購入した際，資本蓄積のために傳貰システムを用いたとしている［Kim and Kim, 1998］。

　台湾では，持ち家所有という職業が住宅開発における主たる推進力であった。持ち家率は1990年の80％から2000年には85％に上昇した。しかしながら，この高い持ち家率は国の直接介入の結果というわけではなく，公共住宅の割合は非常に低い。台湾で支配的な持ち家主義は中国文化的気質，すなわち「土地を持てば富をなす」ということが影響しているとの指摘がある。だが，台湾における持ち家発展の成功は，抵当システムの発展や多様な社会グループ，つまり退役軍人や教員，公務員といったグループそれぞれに対する優遇利率が利用可能であったことに大きく起因している。

　最後に，経済における不動産の役割をみてみると，1980年代，90年代のとくに首都圏で顕著であった住宅価格の高騰現象が，タイガー経済地域における住宅システムの共通の特徴といえる（図5-1）。1997年3月，香港の住宅価格インフレが頂点に達し，ほとんどの一等地で1平方フィートの土地に1200ドルの値がついた一方，700平方フィートの2ルームマンションが80万ドルであった。アジア金融危機以降，香港の住宅価格はピーク時から平均して60％減価した。このような住宅価格高騰は人口動態，住宅不足，そして持ち家に対する文化的嗜好などの組み合わせによって一般的に説明されてきたが，他方で，経済的目

図5-1 東アジア・タイガー地域における住宅価格インフレ（1980～2000年）

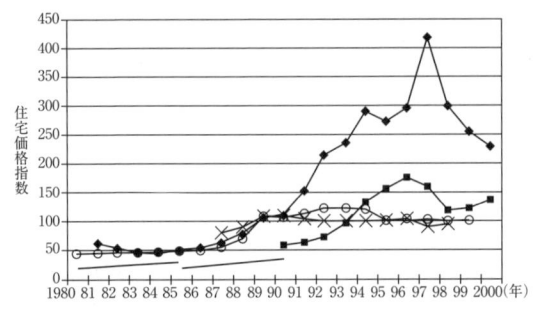

凡例：
- 香港住宅価格指数（1989年＝100）
- シンガポール住宅価格指数（1998年第4四半期＝100）
- 台北市住宅価格指数（1996年＝100）
- 韓国住宅価格指数（1995年12月＝100）

出所：[Rating and Valuation Department, Hong Kong, 1984-2000；Department of Statistics, Singapore, 2001a；Taiwan Real Estate Research Center, 2001；National Statistical Office, Republic of Korea, 2000b]

標達成を容易にするために国が住宅セクターの規制において果たしている役割については，これまであまり議論が深められてこなかった。

2 規 制

タイガー地域のすべてにおいて，住宅政策はマクロ経済政策の一環とされている。タンは，これら4つの国・地域の過去30年間における経済的成功は，開発課題達成における政府の積極的介入と市場への適切な規制が公共政策の基準となる道，つまり，経済のみならず社会開発においても「開発主義国家」の道を選択したことに大きく起因していると指摘している［Tang, 2000］。このアプローチを東アジアで採用したことで，規制は2つのレベルで意味をもつことになる。第1は，住宅セクターと経済の働き，つまり，住宅と土地供給に関する「マクロレベルの規制」である。第2は，「ミクロレベルの規制」あるいは公共住宅物件の提供を保証する機関であり，これは専門家による住宅管理や建設業界の規制のような自己規制的活動を含む。2つのレベルの規制は多様な制度システムを対象に適用することができる。

表5-2は住宅に関するマクロレベルの規制の概況を示したものである。香港とシンガポールは規制と財政的関与に関して韓国，台湾に比べてかなり積極的

表5-2 東アジア・タイガー地域における住宅に関するマクロレベルの規制

	香港	シンガポール	韓国	台湾
1．国主導の程度	高	高	低〜中	低
2．公的支出の程度	高	高	低〜中	低

出所：[Lee et al., 2001]

である一方，韓国，台湾ではより自由主義的なアプローチが想定されており，概して市場任せである。香港とシンガポールではマクロおよびミクロレベルの規制の双方に関して，韓国，台湾に比べて強い一方，韓国，台湾ではミクロレベルの規制をより重視している。

香　港

　住宅のマクロレベルの規制に関して，香港では常に自由市場に大きな役割をもたせ，レッセフェールアプローチをとっていると思われる。しかし，だからといって住宅システムに関して国が何も役割をもっていないというわけではない。深刻な住宅価格の暴騰が起こった1990年代前半，さまざまな場面で政府がマクロレベルの規制によって介入し，住宅市場を落ち着かせる手立てを講じた。その例が，1994年の銀行の土地・住宅ローンを住宅価格の70％に制限する法令と，開発業者が新築持ち家マンションの一定割合を従業員に販売して囲い込みをすることを防ぐ規制である。それまで，新築マンションを購入した従業員は，手付けと締め切りまでの販売前の期間に簡単にキャピタル・ゲインを生み出すことができたのである。このような政府介入により，住宅価格は1994年末から96年半ばにかけて30％急落した。より最近のマクロレベル規制としては，2001年に政府の持ち家政策機構（HOS）による住宅建設数を抑制することを政府が決定した例がある。これは1997年のアジア金融危機以来の長引く不動産業不振から脱却するための方策であると考えた民間開発業者からの要請に応じたものであった。

　第2のマクロ視点は土地利用に関するものである。香港では，歴史的に土地利用は厳しく規制され，民間の土地はいつでも政府により開発の目的で接収される可能性があった。しかし，1970年代の初めから，土地売却利益が政府歳入の主たる収入源となった。1962〜63年には，土地売却利益が政府歳入のたった

の17.9%を占めるに過ぎなかったのが，1980年代半ばから90年代になると歳入総額の30%以上にも達した。このような土地売却収入への依存により，開発業者が政治システムのなかで強い影響力をもつことを許すことになった。需要が冷え込むなかでの土地供給の増加は土地価格を押し下げ，結果として政府と民間業者，双方とも損失を出すことが予測された。したがって，香港における土地供給と住宅建設は1980年代からかなり抑えられてきた。1990年代末まで香港の住宅価格は上昇スパイラルのなかを進み続けた。政府がいかなる規制の手立てを講じようとも，政治的，経済的に危険をはらむものとなった。その結果，政府にとってより簡単な方策は，バブル崩壊寸前というところまで圧力が高まるまで何もせず，住宅価格の高騰に人々が喜ぶままにすることであった。

　ミクロレベルの規制についてみると，政府は香港住宅局（Housing Authority）とその執行機関である住宅課（Housing Department）を通して66万戸の公共住宅を運営し，シンガポールと同様に，住宅局は公共住宅の生産と供給の両方を担っている。供給の側面については，公共賃貸住宅と持ち家施策はミーンズ・テストを条件としている。一方，規制の関連でこのところ深刻な問題を引き起こしているのは生産面である。もっとも注目されているのが建物の質である。おそらく，そこが公的機関によるミクロ規制のなかでもっともうまくいっていない部分だからである。1997〜99年の香港の公共住宅の現場は，欠陥のある杭打ちや不正な施工法といった標準以下の質の建物が明るみに出るなどのスキャンダル続きであった。これらの出来事は香港の公共政策に広く影響し，ついに2000年6月，住宅局の局長が辞任に追い込まれることとなった [Bereuter, 2000]。質の悪い施工には2つの理由があった。熟練した建設労働者の不足と，汚職や規格外労働に結びついたやっかいな伝統的請負慣行である。ずさんな建設工事は，1997年以降に新政府が設定した過大な建設目標数を達成するために建設を急ぎすぎたことが間接的原因であるとの指摘もある [Lee and Yip, 2001]。

シンガポール

　シンガポールの住宅システムは東・東南アジアのなかでもずばぬけて発達した規制を設けている。マクロレベルの規制については，中央積立基金制度（CPF）と住宅開発庁の両機関が住宅政策財政および貯蓄，消費，投資運営ツー

ルのマクロ運営を担っている。個人の中央積立基金制度口座貯蓄が主として利息保証付きの国債の購入に使われる。その一方で，土地・住宅ローンは住宅開発庁が適当な利率で提供する。また，もう1つの規制の側面として土地がある。シンガポール土地収用法は非常に強い力をもっている。この法律を用いて政府は開発目的で，民間の土地を市場ではなく買い手が決める価格で収用することができる。「より大規模の開発を可能にするために小さな土地を収用あるいは合併するには，小地主を犠牲にして大規模開発資本に有利なようにすることだ」と常にいわれている [Chua, 1997：133]。このような住宅に関する規制全体の根本原理は，公共住宅のために収用された土地は最終的に市民にとって利益になると考えるような，温情主義的 (paternalistic) な福祉の考え方を基礎としている。

　シンガポールの公共住宅のミクロ運営は，タウン・カウンシルが設置されたときから引き継がれている。公共住宅という壮大な事業を運営する住宅開発庁を補助するために，タウン・カウンシルが1988年に設立された。タウン・カウンシルは，地域住民がそれぞれの地域の開発において積極的役割を果たせるよう，国家開発省が案じた一策である。タウン・カウンシルを通して住民らは，共同部分のメンテナンスや駐車場，市場，行商人の拠点の運営などについて住宅開発庁と交渉し，自分たちの地域を改善する力をもっている。つまり，タウン・カウンシルはコミュニティのなかに自己決定や自助といった意識を育成することをベースにしているのである。ある意味，この発想はイギリスで普及しているテナント参加型事業に似ている。ただし，シンガポールのタウン・カウンシルは国会議員によって主導されてできたものであるため，政治システムとより強く結びついている。地元のリーダーらは国会議員によりタウン・カウンシルに選任される。日常の区域の管理は，退職した住宅開発庁職員が運営する民間住宅管理業者に委託される。もしタウン・カウンシルの運営に問題が生じたときは，人民行動党は国会議員の次期選挙で議席を失うリスクを負うことになる。タウン・カウンシルは政治的吸収の一形態，あるいは，中央政府のより強い統制を得ようと試みる地方自治体の一形態ともみることができる。タウン・カウンシルはまた，ミクロレベルの規制目的を達成するための政治的イノベーションとも捉えられるし，同時に住宅開発庁は，住宅事業運営機能を縮小

できるようになるだろう。

　香港とシンガポールの両国は，宅地管理の質とコミュニティの福祉向上が住宅官僚のみならず専門機関の重要な目的となっているイギリスモデルを模範として，より発達した住宅事業運営の専門性を備えている。その点，韓国と台湾はより一般的な住宅事業運営を行っている。だが，両国とも香港，シンガポールモデルにならい，より専門性の高い住宅事業運営を確立することに関心を示している。なぜなら，よりよい運営が資産価値の維持において重要であると認識されるようになってきているからである。

韓　国

　韓国の住宅システムは部分的にしかマクロレベルの規制を備えていない。実際のところ，前述の傳貰賃貸システムはきわめて政府介入の少ない状況のなかで生み出されたものである。土地・住宅ローンシステムがないなかで，居住ニーズと経済的ニーズの両方に対応するための自助的近隣システムが構築されたことは，東・東南アジアでは非常に刷新的といえる。韓国の住宅部門におけるミクロレベルの規制は土地利用と住宅価格統制に大きく偏っている。1972年，政府は集合住宅建設計画を策定し，計画を効果的に実施し住宅産業を振興する施策を講じなければならないとする住宅建設促進法を制定した。住宅建設を推進する政策の要は，1988年に開始された住宅200万戸建設計画であった。この事業の主要戦略は宅地供給の改善，開発のための住宅ローンの拡大，そして宅地開発に制約を課しているさまざまな規制の緩和であった。さらには，国土利用管理法により，6800万坪近くの土地を宅地開発用地とした。韓国土地開発公団（KLDC）のような機関や地方自治体は政府から低価格で土地を購入する権利を与えられた。そして，その土地は宅地開発目的に限り，韓国国家住宅公団（KNHC）のような公的機関に対しては任意価格で，民間業者に対しては補助金付き価格で売却された。

　1970年代末から80年代にかけて，韓国政府は主に税システムによってマクロレベルの規制と住宅投機の統制を行った。1978年に政府が＜8月8日措置＞として知られる住宅投機への宣戦布告を行ったのが，その一例である。＜8月8日措置＞とは，キャピタル・ゲインに重税を課し，また，脱税を目的とする不

動産の違法な譲渡に対して罰金を課すというものであった。いまひとつの例は新築マンションの価格シーリングシステムで，開発業者が投機的に利益をあげるのを防ぐために設けられた制度である [Kim et al., 1998]。さらに政府は，実際に投機を行った者および潜在的投機家に対して，投機利益の大部分に課税するため，当初設定された価格よりも高い値で販売した場合に発生する差額に課税する「債券入札」(bond-bidding) システムを1983年に導入した。しかしながら，ソウルで住宅供給率が2000年に1.0に迫ったことから，政府は住宅システムの規制緩和へと動き出した [Kim and Kim, 1998]。現在，政府は銀行システムの自由化にねらいを定め，持ち家所有の見込みのある者により多くの民間住宅ローンを提供し，また，都市再開発をソウルの最優先課題としている。

台　湾

　台湾は比較的小規模の公共住宅部門をもつ，公的介入を抑えた政府の最たる例である。多くの台湾人は，商業銀行からの住宅ローンを主な資金とするにもかかわらず，持ち家を主要資産に選ぶ。西欧における住宅をめぐる議論と異なるのは，資産形態の選択が政治的，政策的課題の重要な位置を占めていないことである [Chang, 1999]。過去30年にわたり，住宅政策の「当然の」目的は持ち家に住むことであった。そのようにして，台湾の住宅に関する規制は，建物や土地利用統制におけるミクロレベルの規制に重点がおかれている。台湾の住宅の90％以上が市場から提供されたものである一方，国の住宅提供は最低限にとどまり，規制もあまり重要視されてこなかった。しかし，高い住宅価格や空き家率の高さ，住宅の質の低さなどの問題がこの20年間に徐々に明らかになってきた。住宅の価格投機や上昇傾向にある経済が，銀行システムの外側で機能する大規模な「やみ銀行」の存在をともないつつ，「ホットマネー」で不動産セクターを活気づけていた [Chang, 1999]。1980年代末から90年代初め，これがすさまじい住宅価格暴騰の起動力となった。にもかかわらず，自由市場の哲学に制約され，政府は持ち家購入力のある人に対して住宅ローンの形で1回限りの財政的支援をした以外，状況の改善に向けてほとんど何もしなかった。法律により銀行は貸付ポートフォリオの20％以上を不動産セクターにあてることができないことになっているのだが，この制約はこれまでまともに守られてこなか

った [Chang, 1999]。そのようにして，多くの銀行が利益のあがる抵当ビジネスのシェア拡大競争の機会をつかみ，政府の援助をほとんど得ずに持ち家セクターに参入することに成功したのである。香港やシンガポールの状況とは逆に，ほとんどの土地は個人や企業の所有である。開発業者は，不動産への過剰投機や高い空き家率といったさまざまな問題を抱える台北市中心街のような一等地を除き，開発事業において比較的大きな自由度をもっている。1990年の国勢調査が明らかにした台北地区の空き家率13.3%は，2000年の国勢調査ではさらに高い17.6%を記録した。空き家率が高い一方で住宅不足問題が存在するということは，不動産に関する効率的な情報システムが欠如していることを示している。

　住宅セクターにおけるミクロレベルの規制を改善するために，過去数年間，国立政治大学の土地経済学部が主導して数多くの提案を行ってきた。まず，住宅の供給と需要のミスマッチは不動産に関する法規制の欠如に大きく起因しているとされている。不動産情報センターの設立が供給と需要をスムーズにかみ合わせる手段となると考えられている。不動産専門業者や研究者はこのアイデアを支持した。しかし，一般市民からは気乗りのしない反応しかなかった。というのは，課税対象から免れるために，不動産売買は過少申告されるのが一般的だからである [Chang, 1999]。政府が重い腰を上げ，台湾の住宅システムに規制をしく方向へと転換するには，もう一度アジア金融危機が起こり，さらに深刻な不動産の低迷が起こらなければならないとさえいわれている。別の提案は不動産の有価証券化を取り上げている。アジア金融危機後，不動産への長期的投資に信用が得られなくなっていることが，不動産セクターの不振に関する議論の中心になっている。不動産市場の証券化は，消費者の住宅購入への信用を回復し，また，持ち家の長期的リスクを分担する長期的制度的戦略と考えられている。日本や韓国ではすでにこのような戦略が実施されている。

　台湾における建築の質に関する規制と統制がゆるいことは，1999年の大地震が大きな被害を出したことで明るみにでたとおりである。タイガー地域のなかでも，シンガポールと韓国ははるかに効果的な建築規制や統制システムをもっている。それがうまくいっている背景には次の2つの理由が考えられる。①より強力な開発主義指向の国家であること。②労働組合がより発達していること。

とくに韓国では，建設業界の強固な労働組合が専門職の高度な自主規制の形成に寄与している。

香港，シンガポールのようにより積極的に規制を行う政府と，韓国，台湾のように規制には消極的なアプローチをとる政府が対照的であることは歴然としている。香港政府は，市場の安定，住宅購入者への貸付制限や土地供給の統制といったマクロレベルの規制に関して積極的である。しかし，住宅の質に関する規制はあまりうまくいっていない。シンガポールも同じく，金融規制や土地供給，不動産管理に関する政策について積極的に規制を行う政府である。台湾政府は効果的ではないものの，マクロレベルよりむしろミクロレベルの規制に積極的であるが，住宅価格の高騰に関してはほとんど規制を行っていない。韓国はおそらくタイガー地域のなかでもっとも規制に消極的である。

3 供　給

住宅供給は2つのレベルで分析することができる。まず1つめは，供給される住宅のタイプ，すなわち，高層・低層の別，家族向けマンション，2世帯住宅，モダンな高級コンドミニアムといったレベルの分析である。2つめは，住宅そのものを提供する役割を担っている住宅関連組織の種類に関する分析である。タイガー地域の都市部においては大型の高層持ち家マンションが主流であるため，ここでは主に2つめのレベルに重点をおくことにする。表5-3はタイガー地域における住宅供給組織，および政府，雇用主，市場による住宅供給の割合を示したものである。香港とシンガポールは明らかに政府中心であるが，韓国，台湾はより市場中心的である。

表5-3　東アジア・タイガー諸国・地域において住宅供給を行う社会的組織（2000～02年）
(単位：%)

	香　港	シンガポール	韓　国	台　湾
政　府	51	85	8	8
市　場	46	14	87	82
雇用主	3	1	5	10

出所：[HKSAR Government, 2002a；Department of Statistics, Singapore, 2001b；National Statistical Office, Republic of Korea, 2002；National Statistics, Republic of China, 2002]

香　港

　香港における2001年の住宅ストックの総計は200万戸あまりで，そのうちの32.9％が公共賃貸住宅，17.6％が補助金付き持ち家住宅，49.5％が民間の分譲住宅であった。2000〜01年の公的歳出のうち住宅関連支出として承認されたのは，政府歳出の15％近くを占める56億ドルであった。これは1999〜2000年実績の8.3％減で，住宅に対する公的資金援助が明らかに縮小したことを浮き彫りにした［HKSAR Government, 2000］。

　1998年の長期住宅戦略白書は，民間分譲住宅の拡大を政策目的の主眼とする住宅政策の青写真を提示した。これを実現するにはたくさんの事業が実施されなければならない。まず，持ち家政策機構（HOS）の補助を受けているマンションは市場価格より低い価格で，共同出資方式[*2]（shared equity arrangement）で低・中所得世帯に販売される。次に，公共賃貸住宅の入居者はテナント購入事業を活用して大幅な値引き価格で住居を買い上げるようすすめられる。他には，購入・賃貸オプション事業というものがある。これは，公的賃貸住宅への入居ウェイティング・リストにある人に対して，HOSの補助対象持ち家マンションの購入という選択肢をすすめるものである。直接住宅供給のほかに，政府は新規住宅購入者に対して住宅購入ローン事業や住宅スターターローン事業などを用いて住宅ローンの形で補助を行う。

　政府の積極的介入はあったものの，民間セクターが1998年の住宅販売目標数の70％をカバーする重要な役割をもち続けている。持ち家マンション総数の40％が民間市場によるもので，政府のHOSは15％に過ぎない。しかしながら，HOSが民間住宅市場における競争相手として強すぎるとする不動産業界からの激しい政治的圧力に対応するため，最近になって政府は，HOSマンション建設を削減し，ゆくゆくは停止することを決定した。持ち家住宅が増えるなか，政府は持ち家に手の届かない世帯への住宅供給について責任を認識するようになった。2001年9月末，210万人が公共賃貸住宅地区に入居していた。2002年7月には，政府は公共住宅供給に関する組織構成を包括的に総括し，1970年代半ばに設立され公共住宅政策を担っていた法定機関，住宅局（Housing Authority）を，政府の住宅政策実施機関である新住宅局（Housing Bureau）に合併させる方針を示した。この変更は中央政府への権限集中を増大させ，効率性を高めるこ

とになる。

シンガポール

　タイガー地域のなかでもシンガポールは，公共住宅供給の割合がもっとも多い。2001年，85％のシンガポール人が住宅タイプ，グレードともに多種多様な住宅開発庁のマンション（以下，HDBマンション）に居住しており，92％が補助の得られる分譲住宅購入をある程度利用していた。分譲住宅をまかなえない約7％の人がベーシック賃貸住宅に住んでいた。低所得層でも持ち家事業の受益者となれるよう，政府はHDBマンションの購入を支援する政策を策定した。低所得層のHDB住宅の所有を支援する賃貸・購入および低所得家族インセンティブ（Rent and Purchase and Low Income Family Incentive）のような事業を含むすべての施策を統合するため，特別住宅援助事業（Special Housing Assistance Program）が2000年9月に導入された［HDB, 2001］。さらには，標準的住宅水準に劣らないよう，住宅開発庁がたずさわるすべての事業で賃貸住宅地区が飛躍的に改善された。

　シンガポールの住宅事業は香港よりも若干あとに始められたのだが，香港よりも進展が速く，分譲住宅により力を入れていた。これには決定的な要因が2つある。第1の要因は，1960年に公共住宅事業が開始されたわずか4年後という早い段階で，住宅開発庁が公共持ち家マンションを建設すると決定していたことである。第2の要因は，政府が供給するマンションを購入する際に中央積立基金制度を活用してよいと，1968年に政府が決定していたことである。低所得層の持ち家所有促進にあたって大きな障害のひとつとなっていた低リスク資金調達の問題を，これで克服することができたのである。シンガポールでは，新築住宅供給において住宅開発庁がシェアを独占しているに近い状態で，民間住宅業者は非常に小さな役割を担っているにすぎない。住宅開発庁が巨大開発業者のように振る舞い，計画からデザイン，価格設定，販売，管理まですべてにおいて責任を負っている。施工のみが委託されているにすぎない。

　住宅ニーズへの対応と持ち家促進がシンガポールで中心課題になっているのには2つの背景がある。第1に，より高い水準の生活環境ニーズの増加と資産価格上昇に対応して，政府が住宅事業の開発を進めていることである。1960年

代初期の1〜2部屋のアパートに始まり、住宅開発庁は現在4〜5部屋の設備がよくて、ゆったりした住居の開発に力を注いでいる。2〜3部屋のマンションに住んでいる人々にはよりよいところへの住み替えをすすめている。そうすれば貴重な土地を住宅開発庁の次なる事業のために利用できるからである。野心的な若い中間階層のニーズに応えるため、1979年、政府は住宅都市開発公社を設立し、住宅開発庁の住宅の受益資格はないが民間の住宅にはまだ手の届かない若い管理職たちの住宅ニーズに対応することにしたのである。第2の背景は、豊かさが増してきたことはすなわち、人々が住宅を資産投資の対象として期待を寄せるようになってきていることを意味すると政府が認識していることである。1990年代初頭以来、住宅開発庁のマンションの価値は3倍に上昇している。多くの世帯が初めに手に入れたHDBマンションを売り、その資金で2回目のHDBマンション購入をしてより上ランクの住居に住むことを考えるようになった。公共マンションへの投機をすすめることが政府の政策意図ではないが、資産価格上昇の活気は、各世帯が住んでいるHDBマンションを自由市場で売ることができる中古HDBマンション市場が浸透しているという現実に深く埋め込まれている。そのようにしてシンガポールにおける政府の補助による持ち家の普及は、公共住宅の社会的ステイタスを民間住宅にひけをとらないくらいに高めたのである。シンガポールはおそらく公共住宅セクターにスティグマをともなわない東アジア唯一の国であろう。

韓　国

　韓国における住宅供給は民間セクターに大きく依存している。ソウルでは、民間が提供する住宅が住宅シェアの3分の2以上を占めている。1988年以前、住宅市場は長期間にわたる住宅価格の高騰に苦しんだ。都市部における住宅不足が深刻な問題であった。欺瞞的な軍事政権が幕を引き、新たに民間人大統領による政権が誕生した1988年になって、政府は住宅不足の問題に何とか対応策を打つことを決定した。住宅200万戸建設計画を盧泰愚大統領が1988年に発表し、4年間にわたり全面的な援助を実施した。1992年までに住宅供給率は0.69から0.79に上がった。
　大ざっぱにいうと、韓国には3つの主要住宅供給体がある。すなわち、民間

セクター，低価格住宅建設を専門とする外郭団体の韓国国家住宅公団，そしてソウル市（地方自治体）である。1988年，三者の住宅供給シェアはそれぞれ63.5％，26.9％，9.6％であった [Kim and Choe, 1997]。韓国における住宅建設は1990年代初頭にピークに達し，年間建設数は平均60万戸かそれ以上であった。これは，1988年の計画を実施するために，政府が住宅投資のために投入した莫大な資金を反映したものである。韓国土地開発公団と地方自治体は非常に安い価格で土地を購入し，韓国国家住宅公団や民間開発業者に売ることが許された。そうして土地が宅地開発用地に転用されるようになったのである [Kim and Kim, 1998]。住宅建設が増加するかたわら，同じくらい重要であったのが多額の資金供給で，1987年から90年の4年間に10億ドルから45億ドルと4倍になった。これらの資金の80％以上が国営の国家住宅基金（National Housing Fund）および民間の韓国住宅銀行（Korean Housing Bank）（1996年に韓国住宅商業銀行に変わった）からの出資であった [Kim and Kim, 1998]。民間の建設業者と韓国国家住宅公団が20年にもわたり住宅建設を支配していた。

　1993年に始まった金泳三政権は大量住宅生産計画を続行した。住宅建設産業は，政府が補助する低所得世帯向けの賃貸住宅事業が資金不足のために終了した1995年の第2四半期まで活況が続いた。公共住宅の建設数は，以前公約した大量住宅建設が次第に民間事業者に委譲されたことで，大幅に減少した。

台　湾

　韓国と同じく，台湾の住宅システムは市場中心で，政府介入は部分的にしか過ぎない。民間住宅が住宅戸数全体の90％を占める。公共住宅は全体のたった5％と推定されている [National Statistics, Republic of China, 2000]。台湾の住宅支援事業は大きく2つのカテゴリーに分けられる [Chen, 1991]。1つめのカテゴリーは低所得層世帯への住宅事業で，国が提供する公共分譲，賃貸住宅のほか，さまざまな社会的扶助をよく必要とする極貧世帯を対象に社会サービス局が提供する低家賃住宅が含まれる。それに加え，土地・住宅ローン利子への補助事業が1990年に開始された。これは直接的な公共住宅供給に代わるものとして導入された。住宅補助の2つめのカテゴリーは，公務員や教員，軍人の扶養者，少数民族の人々など，特定のグループを対象とする住宅事業からなっている。

住宅に関する政府の支援形態として一般的なのが，補助金やローンの提供と住宅購入者への税控除である。2001年以降，公共住宅政策は土地・住宅ローン利子への補助が主流となった。2000年の総統選挙戦で陳水扁は，新しい住宅補助施策として若年者向け低利住宅ローン（Low Interest Mortgage Loan for Young People）を打ち出した。総統特例住宅ローン優遇金利（市場レートの3％減）が，第5五分位階級の20〜40代の世帯主を対象に設定された［Ministry of Interior, Republic of China, 2000］。この新しい政策によって初めて住宅を手に入れる人が相当数増えることが期待されている。

香港とシンガポールの政府は主要な住宅供給機関であり，香港が補助価格で賃貸，分譲双方を扱う一方，シンガポールは概して分譲志向である。韓国と台湾は住宅供給においては民間に依存しており，政府は残余的に住宅供給機関の役割を担っているにすぎない。

4 財 政

財政は東アジア・タイガー地域の住宅開発においてとても興味深い部分である。財政はまた，東アジア型統治モデルにおける住宅政策の制度的革新の程度をよく反映している。香港のような政府財政からの直接的補助から，韓国や台湾のような市場補完型まで多様である。その間にあるシンガポールは，住宅金融が社会保障システムとタイアップする特異な形態になっている。

香 港

住宅事業母体である香港住宅局は，1976年から香港政府から開発融資を受けてきた。住宅局と住宅課（住宅局の執行機関）は政府から年間予算を受けている。しかし，この20年の間に住宅局が政府の持ち家マンションを売却して自己資金を増やすようになってくるにつれ，政府からの年間予算は大きく削られるようになってきている。好景気にある不動産市場のおかげで，住宅局は1990年代に40億ドルの余剰貯蓄を得ることができた［Hong Kong Housing Authority, 2000］。言い換えると，香港における公共住宅の開発はもはや政府にとって財政負担とはなっていないのである。住宅局は，将来の投資に必要な収入を自立的に確保

する能力をもつ公的機関となったのである。これが可能になったのは，持ち家政策機構 (HOS) と共同して行っている住宅事業財政の「共同出資(share-equity)」システムに大きく因っている。これがどのように機能しているのかを知るには，HOSシステムを詳しくみてみる必要がある。

1976年に設立されたHOSは政府の分譲住宅施策の主要部分を構成している。25年間に26万2400戸のHOSマンションを建設し，2000年には持ち家住宅全体の約15％を占めるようになった。政府の施策は持ち家所有の見込みのある世帯を支援するもので，HOSマンションが売れると投資利益の平均40〜60％を政府が受け取る共同出資制をHOSは基本的に採用している。くじ引きでHOSマンションを購入する資格を得た持ち家所有者は，当初5年間は転売することが許されない（初めは10年間だった）。その制約期間中の場合は，市場価格で評価した土地値上がり利益とともに，マンションを原価で政府に返却することしかできない。この制度のもと，政府の支援による持ち家所有者は住宅購入にかかる初期費用と返済負担の両方を軽減することができるのである。1980年代から90年代初めにかけての市場が不安定だった頃，HOSは実際，持ち家所有者個人にかかる持ち家所有のリスクの一部を政府に肩代わりさせた。これで，なぜHOSマンションが市場価格の高い住宅をまかなえない中間階層の間で人気を博してきたのかがわかる。他の高リスク投資と同様に，HOS事業への投資から政府が回収した利益は1980年代と90年代にはかなりの額にのぼった。また，政府から土地代の値引きがあったことで，住宅局は民間開発業者と同じようなやり方で利益をあげてくることができたのである。1980年代から90年代を通して補助対象HOSマンションの売り上げが住宅局の歳入の大部分を占めていた。したがって，所得再分配についてみると，HOSマンションは実のところ，公共賃貸住宅を通して中間階層と労働者階層の間の垂直的所得再分配の機能をもっているといえよう。HOSマンション販売がもっとも芳しくなかった年（1998〜99年）をとってみても，住宅局は20億ドルの余剰利益をあげ，公共賃貸住宅での赤字はたった3億ドルであった［Hong Kong Housing Authority, 1999/2000］。実際のところ，その卓越したキャッシュバランスで，住宅局は事実上，香港でもっとも財政運営に優れた政府機関なのである。

シンガポール

　香港とは対照的に，シンガポールの補助対象持ち家住宅は共同所有制にはなっていない。土地値上がり益という形での政府からの補助と政府補助金が，持ち家所有のコストを削減するために導入されている。自由市場で補助対象持ち家マンションを転売することができ，売り手はキャピタル・ゲインを維持することが認められている。ただし，住宅の売却には，所得の再分配と財産価値の値上がりによる巨額の儲けを予防するため，10％の税が課される。また，住宅購入者のリスクシェアリングには国は関与しない。

　シンガポールでは住宅開発庁が住宅開発の主要機関となっているが，公共住宅財政は中央積立基金制度とリンクしている。中央積立基金制度は全国民が強制的に加入しなければならない退職者年金事業で，58歳を過ぎなければ中央積立基金制度の貯金をおろすことはできない。中央積立基金制度は積立方式であり，世代内あるいは世代間移転は含まれていない。当初から保険料は着実に上がり，被雇用者の総所得（雇用主と被雇用者で等分）の10％から1985年には50％とピークに達し，98年になって40％で落ち着いた。政府は1968年から住宅購入の際に住宅開発庁への手付金やローン返済に中央積立基金制度の貯金を使うことを許可している。住宅購入者は中央積立基金制度の普通口座を100％までHDBマンションの購入にあてることができる。1990年代からは，上位中間階層の人々が豪華な公共住宅（高級コンドミニアム）を購入する際にも中央積立基金制度の貯金が使えるようになった。

　中央積立基金制度財政の大部分（およそ80％）が長期投資として国債の購入に使われており，その一部は住宅開発庁に還元され，住宅投資にあてられている。これは，公共住宅への投資がたいていの場合，政府の一般会計であてられている西欧の福祉国家とは大きく異なる部分である。しかし，シンガポール政府が住宅にまったく出資していないというわけではない。実際には，住宅地の定期的改修事業に政府からの直接補助金が出されている。

　中央積立基金制度−住宅開発庁（CPF-HDB）モデルは２つの意味でユニークといえる。第１に，中央積立基金制度は基本的には個人消費のための個人預金システムである。しかし，公的に運用される資金，公的に管理される公共住宅が，個別の領域をうまく「集合化」してきたのである。これが西欧とは大きく

第5章 住 宅 137

異なるユニークな社会政策モデルを提供した。西洋では社会保険料の徴収以外，一般には集合的消費は個別の領域に直接関係しない。第2に，集合的消費から利益を得ることは従来，モラル的に受け入れられなかったし，経済的にも効率的ではなかったのだが，持ち家所有者の多くは1980年代にHDBマンションを売却した際に得た巨額の儲けに対してペナルティも差し止めも受けなかった。要するに，シンガポールの住宅金融モデルは，個人貯蓄と持ち家所有という2つの個人的行動形態とリンクさせながら，集合的消費形態に結びつくよう巧妙にデザインされてきたのである。持ち家所有はグローバリゼーションと変動の大きい不動産市場を背景に，とてもリスクが高いことが証明されているにもかかわらず，このシステムはシンガポール人の間で広く受け入れられている。

韓　国

　韓国における住宅財政は大きく，政府セクターとインフォーマルセクターの2つに分けられる。政府セクターの住宅財政は国家住宅基金と韓国住宅銀行基金からなる。しかし，これらの基金からは新しい住居の建設に必要な経費の20％未満しか提供されない。残りの80％の資金は，主として韓国独自の傳貰賃貸システムに代表されるインフォーマルセクターから提供される［Chung and Lee, 1996］。

　韓国では住宅購入の際の支払いは一括払いで，資金の大部分は家族システムからまかなわれる。傳貰資金は家族の住宅購入のためのインフォーマルな資金形態となってきた。傳貰システムでは，たいていの場合，住宅価格の50〜60％を借家人が家主に頭金として支払い，1〜2年後に借家契約期間が終了したときには利子なしで払い戻しを受ける。頭金は家主の資金となり，ふつうは住宅や建物の購入に再投資される。このシステムは，成熟した土地・住宅ローンシステムのないなかで住宅を購入するためのユニークな解決方法である。このシステムが発達した背景には，個人世帯が消費目的で銀行の融資を活用することに関して政府が管理を行っていたことが挙げられる。そのようにして銀行システムは1980年代から90年代初期にかけて，権威主義的政権によって強く制御されていた。しかし，それはアジア金融危機までのことであった。アジア金融危機後，商業銀行は独自の融資プログラムを開始し，住宅ローンを始めるように

なった。経済的に活気のある国でありながら，個人向け住宅ローン金融が発達途上にあるのが，現在の韓国の住宅システムのユニークな特徴のひとつとなっている。

台　湾

　台湾の住宅システムは，民間セクターが支配的役割をもっていることと持ち家率が高いところに特徴がある。民間住宅が市場シェア全体の95％を占め，そのうちの80％以上が持ち家である。住宅消費において支配的な形態となっているのが前売り方式[*3]で，これによって，政府が最低限しか介入しない環境にありながら持ち家率が高いことが説明できる。前売り方式には高いリスクがともなうにもかかわらず，それでも住宅購入者らは実際に住宅を見る前に購入する。これは支払い制度に有利な点があるためである。住宅を建てる場合も購入する場合も，商業銀行から融資を受けなければならない。良好な前売り方式はより多額の住宅ローンを得るための交渉で，開発業者に交渉の切り札を提供する。同様に銀行側は，開発業者が販売数を伸ばし，融資を返済できるようにするため，住宅購入者に対してよりよい住宅ローン返済条件を申し出る。かなりの数の前売り物件と利用可能なローンがあり，買い手に請求される手付金が小額であると，市場での住宅購入アクセシビリティがさらに高まるのである。住宅購入を考えている人々の間でなぜ前売り方式の物件が中古住宅市場よりも人気があるのか，これで説明がつく [Li, 1998]。それに加えて，1980年代初めの規制緩和政策を受け，銀行は償還期間をさらに25年まで延ばした利用しやすい住宅ローンプログラムを始めた [Ministry of Finance, Republic of China, 1998]。

　低所得層に対する住宅財政は主に次の3つからなっている。①低価格分譲住宅の直接的建設，②退役軍人とその家族，教員や公務員のような特定のグループに対する直接補助金支給，③低所得世帯が住宅購入する際の住宅ローン利子への補助金支給である。これら3つの融資または補助金アプローチのうち，もっとも批判を集めているのが直接的建設である。公共住宅建設のための土地を都市内部で確保するのはむずかしく，これでは社会集団間の公平性の問題を生じるので，多くのアナリストはこの形態の住宅補助を支持していない [Chang, 1999]。2つめのアプローチは，対象範囲がかなり限られているのであまりイ

ンパクトがない。したがって，もっとも支持されている融資，補助形態が3つめの住宅ローン利子への直接補助支給アプローチである。これは他の二者に比べてより適切かつ効率的であると広く認識されている。しかしながら，チャンは住宅補助を行う組織はとても複雑で，非常に多くの中央，地方政府の矛盾を抱え込んでいると指摘する［Chang, 1999］。

規制についてみたのと同様に，財政においても4つの国・地域の間には多様性がみられる。香港とシンガポールはここでも積極的な政府であるのに対して，韓国と台湾の政府はかなり消極的である。香港政府は，補助金付き賃貸住宅の提供やHOSを通しての補助金付き持ち家住宅の提供，補助金付き価格での宅地提供といった形で多額の資金を投入している。シンガポール政府もまた，補助金つき価格での宅地の確保を可能にしたり，持ち家所有のコストを下げるために無償融資を提供したりしている。労働者や被雇用者が強制的に出資する中央積立基金制度が住宅購入の重要な財源になっている。韓国では政府は新規住宅建設費用の約20％を出資するだけで，住宅購入のための主たる財源は＜傳貰＞システムを通して家族から提供される。台湾では住宅財政は民間が中心で，政府の補助は国家公務員やわずかな低所得世帯に提供されるのみである。

5 評　価

タイガー地域では絶対的住宅不足の問題は大幅に解消してきた。タイガー地域における住宅供給率はいまでは100％以上にも達しており，このことはすなわち，総住宅戸数は総世帯数と同数か，それよりも多いということを意味している。残された課題は，分配の問題，とくにもっとも貧しい生活をしている人々のニーズへの対応だけでなく，持ち家獲得の期待に応えることや住宅の住み替えの機会を提供することである。だが，住宅のはしごは中間階層世帯のライフサイクルにあったちょうどよい選択肢を提供することができているだろうか？　現在の住宅システムは住宅金融，住宅補助金の両側面において長期的に持続可能なものであろうか？　この節でタイガー地域における住宅システムのパフォーマンスをより詳しく比較検討するにあたり，まず公的住宅セクターについてみていくことにする。

長所と短所

（1）アクセスの容易さと対象範囲

　50年にわたる公共住宅の歴史のなかで，香港は公共住宅の安定的供給を維持してきた。しかしながら，ひとり暮らし高齢者や中国からの若い移民家族にとってアクセス可能な公共住宅はまだ非常に限られている。そのため長年の間地元NGOが特別なニーズをもつ高齢者に対する長期住宅政策のキャンペーンを行ってきた。ウェイティング・リストを短くする努力がなされてきたにもかかわらず，その成果は，次々と大量に流入してくる中国からの新移民たちによって相殺されている。この20年間，低所得家族が賃貸アパートに入居するにはふつう7年も待たなければならない状況であった。政府は毎年平均2万戸の賃貸アパートを新たに生産するにもかかわらず，住宅ストック全体に占める賃貸住宅の割合は1990年代初頭の45％から2000年には35％に低下している。一方，シンガポールでは公共住宅へのアクセスははるかに容易であり，供給率においてももっとも高くなっている。特筆すべきは，すべてのシンガポール人が中央積立基金制度を活用して公共住宅を所有することが可能になっていることである。住宅供給の85％を占める住宅開発庁は世界でもっとも大きな公共住宅機関であり，住宅供給対象についても普遍性をもつことをめざしている。シンガポールの公共住宅はデザイン，景観の点においてもタイガー地域のなかでもっとも優れている。しかしながら，シンガポールの住宅システムが長期的不安要因をもっていないわけではない。政府は公共住宅への重い責任を果たすために財政的負担がどんどん増してきていることを認識している。アジア金融危機が住宅価格に与えた負のインパクトにより，グローバル経済下においてはいかなる市場も隔離されたままではおいておかれないということが初めて明らかになった。住宅システムの安定性を維持するために，政府はそれまでにない予算を計上しなければならなくなるだろう。韓国および台湾では公共住宅へのアクセス率がもっとも低く，適用範囲も狭い。これら2つの政府は深刻な住宅不足や自然災害が起こったときに限り介入する。このような状況であるため，往々にして1回限りの住宅支援の方が長期住宅補助よりも好まれた。したがって，この2つの国・地域においては公共住宅はかなり選択的かつ残余的なものとなってきた。

（2）質と費用対効果

何年もの間に公共住宅の一般的水準が大幅に改善されてきた反面，香港の公共住宅の質は建設段階における汚職や施工の質の悪さといったスキャンダルに悩まされている。建設業界における規制が一般に弱いのである。同じような状況が台湾にもみられ，公共，民間セクター双方で低水準な施工がまかり通っている。建物の質の主たる問題は，1999年9月の大地震の際に欠陥建築物の数が示したとおりである。シンガポールと韓国における建物の質は，公共，民間セクターのどちらにおいても優れている。どちらの国も建設セクターは建築法と細かな政府規制によって厳しく管理されているため，建物の質の高さを過去20年にわたって維持してきたのである。

（3）効率性と有効性

香港とシンガポールでは，住宅に関する国の介入が長い間の伝統になってきたことが，住宅提供のための非常に効率的な制度枠組みを発達させることになった。香港住宅局もシンガポールの住宅開発庁もさしたる無駄なく公共住宅の生産と供給を組織化することに成功してきた。しかし，効果という点においては両地域で大きな違いがみられる。中央積立基金制度を通してシンガポール政府は個人貯蓄を非常に大規模に集め，さらに住宅投資に効果的に活用している。一方，香港はそのような施策をもたず，住宅への投資は公的支出から直接充てられる。このようなアプローチが抱える問題は，たとえば，2002年にみられたHOSマンションの過剰生産と急激な需要低下といったものである。台湾と韓国は住宅供給，とくに持ち家提供の効果的な手段として常に民間市場に依存してきた。韓国では，2001年のGDPの20％を占め，全国4500万人の人口のうち150万人を吸収する建設業界の健全さが経済全体にとってとくに重要なものとなっている。また，土地・住宅ローンシステムが未発達ななかで個人世帯が住宅を所有するための準備手段として，傳貰賃貸システムが非常に効率的かつ効果的であることが証明されている。

将来的課題

シンガポールを訪れたことのある人は誰でも，政府が住宅建設を第一優先にしてきたことを十分に認識するだろう。ハイラは，投資利回りが安定するレベルで住宅価格を抑制できる好結果をもたらした規制的路線をとることでシンガ

ポールはグローバル都市の地位を獲得できたのだと述べている [Haila, 1999]。しかし，議論の俎上からよくはずされる傾向にあるのが，住宅市場の実質90%を制御する閉鎖的な公共住宅セクターの安定性を維持するうえで生じるリスクである。住宅セクターにおける過剰生産および過剰投資についての議論や，住宅不足状態をつくり出すために政府は都市再開発のスピードを上げる必要があるといった指摘はすでにある。シンガポールは，香港が経験したような深刻な不動産スランプに陥ることなくアジア金融危機をのり切ったものの，住宅価格安定における政府への圧力は依然として高い。シンガポールは現在，もっとも困難な経済危機のひとつに直面しており，継続的に住宅価格を安定させることが重要な課題になっている。住宅リーグ表のトップの座を守り続けるか否かは，政府が住宅システムを維持し続けることができるかどうか，そしてシンガポール人がそのシステムに自身が参与することの価値を支持し，信頼し続けるかどうかにもかかっている。住宅システムの持続可能性は，政策担当者や社会政策を研究する学生らによって鋭く追跡されることになるであろう。なぜならシンガポールの住宅システムは，このように政府が高度に介入して成功をおさめている世界唯一の住宅システムだからである。理論的側面においては，住宅への公的介入は最小限に抑えるべきであると固く信じる新自由主義者に対して，この住宅システムは挑戦し続けることになる。

　韓国および台湾は，公共住宅にあまり重きをおかない第2のグループを形成している。しかし，これらはアクセス性，対象範囲，住宅一般の質の点ではまずまずの成績をおさめている。これは効率的な住宅市場と民間投資イニシアティブを妨げない程度の規制主義的政府に大きく依存している。韓国の傳貰賃貸システムがそのよい例である。しかし悪いことに，金融セクターの規制緩和により，韓国では2000年に土地・住宅ローンシステムを充実させるようになり，傳貰システムは壊滅に向かう兆候を示すようになった [Yoon, 2002]。チャンは，台湾における住宅補助は持ち家を対象とするものに大きく傾き，持ち家には手の届かない低所得層を無視する傾向になってきていると指摘する [Chang, 1999]。低所得層への賃貸補助はまれで，利用するのはむずかしい。とはいうものの，韓国および台湾がより規制の強いシステムを導入していくことになると断言するのは早計であろう。市場は依然として住宅提供において有効な手段であり続

けているようである。

　開発主義の衝動はタイガー地域における住宅政策の指針となり続けるであろう。このことは，多国籍企業にとって魅力的なコスモポリタンな生活環境整備や観光業の振興，また値上がり可能性のある不動産への投資機会といった要素を提供し続けることを意味する。すでに私たちは，アジア金融危機後に不動産関係資本が大量にタイガー地域からヨーロッパ，オーストラリアや北アメリカに流出したのを目の当たりにした。西欧世界における地価はこの急激な投資増により利益を上げ，1998～2001年の間，年15％の上昇を記録した。不動産セクターを救い出し景気の勢いを回復させるために，タイガー地域は，上昇傾向にある経済が不動産セクターに新たな息吹を吹き込むであろうとの推測をもちながらも，経済の活性化に全力投球しているところである。

　東アジアにおける住宅システムの働きは少なくとも，経済および社会保障給付という2つの社会領域に影響を与えることになる。住宅政策と住宅消費，経済成長（もしくは後退），不動産セクターそして社会保障の関係は非常に複雑で，魅力的な調査課題を提起する。東アジアの住宅セクターの経験を究明したことで喚起されたのは，このような複雑な関係性を説明するための2つの理論的関心である。1つは，タイガー地域はすべて土地指向の資本蓄積に積極的な政府であり，中間階層は自分の持ち家を使ってさらに所得や富を得ることができるというものである。しかし，これら4つの国・地域は住宅システムに関してそれぞれに異なるレベルのリスクと弱点をもっている。アジア金融危機によって東アジアの金融システムの伝統的構造的な欠陥が多く明るみにでたこともあり，資本と投資のグローバル化は不動産指向の資本蓄積体制が発展するのをさらにむずかしくした。第2は，シンガポールで行われているように，住宅政策が持ち家を社会保障システムとリンクさせる可能性を提供していることである。それが実現すれば，個別的消費と集団的消費がブレンドされるという興味深い例となる。中央積立基金制度と住宅開発庁という組み合わせ形態をとることにより，シンガポールは，住宅消費における個人責任を，（政府が建てたマンションを購入した際のローンの返済を通して）国が援助する持ち家に結びつけることができる可能性を実証したのである。同様に，これは経済成長全体にも貢献している。しかしながら，シンガポールシステムの持続可能性もまた危機に瀕していると

みられている。小規模な開放経済という背景をもちながら，シンガポール政府がその公共住宅システムを世界経済から隔離する力をもっているとは疑わしい。

香港とシンガポールは住宅政策に国が積極的に介入する社会で，政策は生産主義的立場や政治的思惑が混ざり合わさって導き出される。シンガポールについていうと，政府の住宅政策の明確な目的は市民に対して社会に関与する機会を与えて社会的安定を進めることである。社会の安定は明らかに，現政権の存続と社会秩序の確保をめざす人民行動党エリートが望む姿である。政策もまた生産主義的である。経済的には住宅は，シンガポールが長きにわたって依存してきた国内向けの投資をひきつけるのに不可欠である。香港における住宅政策と経済開発のリンクはさらに複雑であるが，しかし，まだ現実としてなされている。1950年代には産業開発のために住民移転等による土地収用が，初期の政府によるマンション建設事業の主たる要素になっていた。主として住宅事業にあてるための土地売却による歳入が政府の主要所得となり，したがって，インセンティブや競争力を左右すると信じられている低い税率を維持する方策と考えられている。政府が提供する賃貸住宅は賃金に対する間接的だが効果的な補助であり，それで競争力や収益性の支柱になっていた。韓国と台湾の住宅政策は政府末端組織による事業展開と控えめに市場を統制するための幅広い信頼を含むものであるが，最優先されるのはやはり経済的，政治的な事柄であった。

タイガー地域の住宅システムは，西欧でみられるものとは大きく異なる政策や制度を生み出してきたし，これらの政策や制度は注目すべき成功を収めてきた。ますます荒々しさを増すグローバル経済のなかで今後，これらの政策や制度がどこまでやっていくことができるのかが注目される。しかし，はっきりしているのは，アジア金融危機が住宅セクターや住宅政策に及ぼした影響は国や地域によってさまざまに異なるにしても，そのインパクトは相当大きく，長く尾を引きそうだということである。不動産価値や地域経済の振興において，長い間非常に重要な位置を占めてきた不動産市場の信頼性が大規模な不況に陥ったことで，香港はタイガー地域のなかでおそらくもっとも劇的なインパクトを受けたとみられている。シンガポールは完全な崩壊は免れたものの，不動産への投資価値が維持されるだろうという信頼性は揺いだ。韓国と台湾における金融危機のインパクトは同じく深刻で，韓国ではフォーマルな住宅ローンシステ

ムを開発するよう銀行を促し，台湾では市場規制を強める圧力がかかった。住宅は金融市場や制度，システムともっとも密接に関わる社会政策領域である。したがって，アジア金融危機のインパクトがこの領域でとりわけ深刻に感じられるのは避けられない。

【国・地域別の要約】
香　港
　香港の住宅のほぼ半数は政府により提供されたもので，そのうちわけは32％が公共賃貸住宅で，18％は政府が運営する持ち家施策によるものである。民間住宅は残りの約半数の住宅ストックを占める。持ち家所有が主たる保有形態で，2001年には55％にのぼった。

シンガポール
　シンガポール住宅開発庁が労働者階層，ミドルクラス向け住宅全体の85％を建設，供給している。シンガポールの公共住宅のかなり高い割合（92％）が持ち家住宅である。住宅開発庁は中央積立基金制度との連携により，持ち家所有者がローン返済に自分の貯蓄を活用できるようにしている。民間住宅市場は非常に小規模で，最富裕層向けの持ち家にかなり制限されている。

台　湾
　台湾の公共住宅セクターはとても小規模で，住宅ストックのたった5％を占めるに過ぎない。内容的には低所得層対象の低価格持ち家マンションへの補助となっている。民間の分譲住宅が85％のシェアをもち，住宅システムで優位を占めている。大多数の人々への住宅金融は主として商業銀行から提供される。

韓　国
　韓国の公共住宅は非常に小規模で，低所得層を対象とする持ち家マンションへの補助がその大部分である。民間住宅市場は傳貰と呼ばれるユニークな賃貸システムを通して大多数の人々に住宅を提供している。持ち家所有が広く好まれ，住宅ストックの75％を占める。住宅資金は主として貯蓄や民間のローンでまかなわれる。

第6章

社会保障

Yeun-wen Ku
(ユン・ウェン・クー)

　東アジアのタイガー諸国・地域は，伝統的な貧困救済から近代的な社会保険制度や積立基金制度までを含む社会保障供給の長い歴史をもっている。しかしながら，1997年のアジア金融危機を契機に，地域全体にわたって，社会保障改革が福祉改革の中心的な課題とされるようになった。金融危機以降，これらの地域は必要な経済改革を講じるだけでなく，社会的セーフティネットを強化しようと努めている。シンガポールでは，被雇用者と雇用主の拠出による強制的個人貯蓄からなる積立基金アプローチを促進している。香港では，1970年代に導入されていた税方式のミーンズ・テスト付きの公的扶助制度が2000年に積立基金制度によって補足された。韓国と台湾は，社会保障の2つの重要な柱として社会保険制度と公的扶助制度を選択している。これらの対照的なアプローチは，タイガー諸国・地域における福祉システムの多様な性質を示している。本章では，まず4つの国・地域における社会保障の発展過程をたどり，ついで現在の制度を規制・供給・財政の側面から分析する。そして最後に，総合評価を行う。

1 歴史と基本的方向性

　1942年のイギリスのベヴァリッジ報告以来，社会保障概念は貧困予防と密接に関連づけられてきた［Alcock, 1999］。それは，貧困救済のもっとも直接的な方式である現金給付が，市場メカニズムではなく制度上の取り決めを通じて必要とする人々に配分されることを意味する。社会保障には，人々を仕事に引き入れるための施策や仕事に関わる行動を変えるための施策も含まれると考えら

れるが，やはり所得維持が主流である [Sainsbury, 1999]。もちろん，組織的な貧困救済は古くから資本主義の発達と結びついて行われてきたもので，最近の現象ではない。ゴフは，「資本主義は先例のない新しい偶発事――失業――を生み出した。不完全雇用，季節的な無業状態，臨時雇用は産業革命以前から知られているが，生産活動をまったくしないという状態は資本主義固有の現象である」と述べている [Gough, 1979 : 33]。それどころか，資本主義社会における経済的不安定の性質は失業以外にも広がっている。世帯主の若死，高齢，傷害，疾病，標準を下回る賃金，物価変動，自然災害，個人的要因などの他の理由でも所得不足に直面することがありうる。

　これらの偶発事すべてが社会保障の対象となるわけではない。たとえば，賃金水準は通常，雇用主・労働者・労働組合によって交渉され，政府が関わるのはごくまれである。また，傷害や疾病によって生じるニーズのいくらかは保健医療制度でカバーされ，社会保障が供給するのは所得補足給付である。アメリカ社会保障庁（United States Social Security Administration）によると，貧困，高齢，失業，労働災害，障害，死亡・遺族を対象とする現金給付は，世界中でごく一般的に社会保障の供給を必要とするものとみなされている [Social Security Administration, US, 1999]。それらが，私たちが社会保障と定義するものの主要な活動分野となっている。

　この広義の概念枠組みで社会保障を捉えると，不運な偶発事を救済するために展開される現金給付にはさまざまな形式のあることがわかる。表6-1に示すとおり，これらはきわめて多様で，目的，財政方式，適格性等の多くの分析要素が含まれる。さらに，通常は市場メカニズムが社会保障供給の中心的役割を果たすことはないが，いくつかの国では高齢や疾病を対象とする供給において市場メカニズムが役割を果たしている。公的社会保障制度は，本来，人々の必需的ニーズを満たすに足る所得が提供されないという市場の失敗に打ち勝つためにあるので，適格性が中心的な論点になる。個人は制度に対し拠出責任をもつが，働いていた時期に拠出した分だけでは十分な供給にはつながらない。個人の生涯を通じた再分配と，個人と個人の間の再分配がリスク・プーリングのために重要であり，また，それは効果的な制度になるためにも欠かせないものである。

表6-1 社会保障の手段と特徴

	扶 助	保 険	手 当	積立基金	使用者責任
目 的	貧困緩和	貧困予防	社会的補償	貧困予防	貧困予防
財政方式	税	保険料	税	拠出金	雇用主
適格性	ミーンズ・テスト	拠出登録	一部の社会的・人口統計学上のカテゴリーに属する人	拠出登録	その時点で雇用されていること
給 付	定額の現金給付と現物　貧困線が上限	収入と(または)拠出に応じた現金給付	定額の現金給付	拠出金の払戻	賃金に応じた現金給付
対 象	必要とする人	収入の途絶えた人	追加的所得が必要な人	収入の途絶えた人	収入の途絶えた人
政府の役割	規制と財政負担	規制	規制と財政負担	規制	規制
負 担	社会	社会と個人	社会	個人	雇用主
再分配	個人と個人の間の再分配	個人の生涯を通じた再分配と、個人と個人の間の再分配の混合	個人と個人の間の再分配	個人の生涯を通じた再分配	感謝のしるし(Gratitude)

出所：[Dixon and Chow, 1992；Jacobs, 1998] より作成

　一般的にいえば，4つのタイガー諸国・地域において社会保障の発展を形づくってきたのは，主に政治的・経済的な要因であった。1940年代から50年代に，4つの国・地域の政府はみな主に経済成長を通じて政治体制を正当化しようとした。それは低い税と低い公的支出に依存した成長であったため，社会保障の発展は抑制されることになる。しかし同時に，政府はある程度は大衆の支持も獲得する必要があったので，体制にとって重要な社会グループを対象に社会保障制度を開始したのである。それにもかかわらず，経済成長，完全雇用，若い人口構造，強力な家族支援システムなどを含む多くの要因がニーズを軽減したために，社会保障の発展はゆるやかであった。このような状況であったため，政府は独立と自助を美徳とし，過度に寛大な社会保障制度が西欧的な依存文化（dependency culture）を助長する危険性を喧伝することができたのである。

香　港

　香港は，残余的福祉レジーム，すなわち，「家族，ボランタリー・セクター，市場が福祉の提供に基本的責任をもつことを積極的に奨励している」

［McLaughlin, 1993：106］と長い間みなされてきた。包括的社会保障扶助制度（Comprehensive Social Security Assistance）が1971年に施行されて以来，これが生存のための所得を供給する主な公的社会保障となった。包括的社会保障扶助制度がカバーするのは1999年で全人口の約3％で，ほとんどが高齢者である［Brewer and MacPherson, 1997：76；Tang, 2000：125］。しかし，アジア金融危機以降は増大する失業者もカバーしてきた。失業者を援助する特定の制度がなかったからである。1970年代半ばには税を財源とする給付制度もつくられ，それは，現在，社会保障手当制度（Social Security Allowance Scheme）として知られている。この制度は，65～69歳の個人を対象としたミーンズ・テスト付きの普通高齢者手当と70歳以上の高齢者を対象とするミーンズ・テストなしの高額高齢者手当を供給している。障害者にも普通手当と高額手当がある。しかしながら，これらの手当の水準は申し訳程度にすぎない。2000年には，シンガポールの中央積立基金制度（Central Provident Fund, CPF）を劣化模倣した強制積立基金制度（Mandatory Provident Fund, MPF）が施行された。現在，被雇用者と雇用主は指定の貯蓄口座に拠出をしなければならない。それらの口座は，シンガポールでは政府がコントロールしているのとは対照的に，香港では民間企業によって管理されている。この制度の目的は老後のための貯蓄を促すことにある。もちろん，この制度は金融機関が投資に使える資金の増大にもつながっている［Tang, 2000：125-6］。

シンガポール

　シンガポールでは，中央積立基金制度が社会保障政策の重要な要素となっている。財源は雇用主と被雇用者による拠出からなっており，政府が管理している。1953年に制定されて以来，中央積立基金制度はより多くの社会的機能をカバーするために拡充されてきた。今日では，社会保障の手段としてだけでなく，住宅・保健・教育政策における中心的な要素にもなっている。失業給付はない。働けず，貯蓄もなく，頼る家族もない貧困者のためのセーフティネットとして公的扶助プログラム（Public Assistance Programme）があるが，その適格条件は非常に厳しく設定されており，給付水準は低い。受給者はほとんどが高齢者，女性，子どもである［Ku, 1996］。

韓国

　韓国の社会保障制度の発展は，1960年の公務員年金保険制度（Government Employees' Pension Insurance, 1962年施行），1963年の軍人年金保険制度（Military Personnel Pension Insurance），1963年の産業災害補償保険制度（Industrial Accident Insurance）に始まる［Kwon, H.J., 1999a：80；Tang, 2000：98-100］。1980年代以降，政府は社会保障の急激な拡大に着手した。既存の公務員・私立学校教職員・軍人のための年金保険制度に加えて，1988年には国民年金プログラム（National Pension Programme）が実施され，18～60歳の農民，漁民，地方の自営業者だけでなく5人以上の民間企業の全労働者に拡大されていった［Jacobs, 1998：118］。1993年には，雇用保険プログラム（Employment Insurance Programme）が失業給付を供給するために制定された。この制度は1995年7月1日に発効し，その後3年間にわたって給付の範囲・率・期間が定期的に拡充されていった。

　貧困家族や他の貧困者のためには，1961年に生活保護プログラム（Livelihood Protection Programme）がミーンズ・テスト付きの扶助として制定された。このプログラムでは，受給者を稼得能力によって4つのカテゴリーに分類しており，18～65歳の人は精神的身体的障害がなければ稼得能力をもつと仮定される［Kwon, H.J., 1999a：84-5］。1990年時点で，全人口の5.26%がこのプログラムから給付を受けている。しかし，10年後には，金融危機による請求者の増大に対処するのが困難となり，新制度の国民基礎生活保障法（National Basic Livelihood Security Law）が2000年10月1日に発効した。すべての社会扶助適格者が受給権をもつ。扶助と引き換えに，労働可能な受給者には，自助を目標として求職活動と職業訓練，公的部門での雇用，地方福祉局による職業紹介に応じる義務が課せられる。

台湾

　4つの国・地域のうち，台湾は最初に社会保険制度を制定した国である。台湾の社会保障制度は，社会保険，社会扶助からなっている。前者がカバーする範囲は著しく拡充されている。最初の社会保険法は1953年立法の軍人保険法（Military Servicemen's Insurance Law）であった。労工保険プログラム（Labour Insurance Programme）と軍人保険プログラム（Military Servicemen's Insurance

Programme) はすでに1950年に施行されていたが，労工保険は58年まで施行されなかった。1980年までに軍人・公務員・労働者を対象とする3つの主要な社会保険制度が制定され，それぞれ出産，労働災害，疾病，医療ケア，障害，高齢，死亡，葬儀費用のリスクをカバーした [Ku, 1997]。その後，医療ケア給付は全民健康保険制度 (National Health Insurance scheme) に移管されている。3つの主要な制度のうちでは労工保険がもっとも大きく，2000年現在で，全人口の約36％に相当する790万人の労働者をカバーしている。国民年金保険制度は現在計画中である。

　貧困者には社会扶助制度が現金給付をしている。この分野の最初の法は1943年の社会救済法 (Social Relief Law) で，加齢，若年，妊娠，障害，災害による貧困者を支援するために制定された。この法は1980年に社会救助法 (Social Assistance Law) に代わっている。社会救助法は，主要な適格基準として貧困原因よりも「所得」を採用した点で前進的発展であった。しかしながら，この法は貧困の定義を欠いていたため，貧困ラインを設定する裁量を役人にもたせることになった。結果的に，全人口のわずか0.5％以下にしか救済資格が与えられないような極端に低いラインが設定された [Ku, 1997]。このことが，1997年に政府が新しい社会救助法を提出した際の第1の改善目標となった。この新しい社会救助法では，前年の人口1人当たり消費支出の60％が貧困ラインと明記された。しかしながら，給付請求者数に及ぼした効果はわずかで，社会扶助受給率は2000年時点で0.7％に増加したにすぎない。社会扶助制度とは別に，所得が不十分な高齢者に限定された数種の手当がある。1994年には中低収入戸老人生活手当制度 (Living Allowance for Middle-Low Income Elderly People)，95年には老年農民福祉手当制度 (Welfare Allowance for Aged Farmers) が施行された。2000年には両制度あわせて84万802人が給付を受けており，この数は全高齢人口の約44％に相当する。加えて，いくつかの地方政府が高齢者向けに現金給付をしているが，これらは定期的な所得源泉になるようなものではない。

　失業者の増大に対する政府の関心に応じて，労働審議会 (Labour Council) は1990年代後期に，失業給付制度を樹立すべく一連の対策を開始した。1999年1月1日から，レイオフされた人々を対象に給付が行われている。この制度には，雇用と彼らができるだけ早く労働市場に戻るのを手助けするための再訓練サー

ビスとを統合する目的がある。

　タイガー諸国・地域における社会保障の発展はさまざまな要因によって形づくられてきた。シンガポール，韓国，台湾では，政府が制度の安定の中核となる層——公務員や軍人——に利益を提供することにより，政治体制の正統性を強化しようとしたことが決定的な要因となった。シンガポールでは，新しい都市国家市民に将来に対し重要な責任をもたせようという広範な関心もあった。香港では，包括的社会保障扶助制度が，他の援助体系が失敗したときにのみ利用されるような，残余的で，最後の手段である温情主義（paternalism）によるセーフティネットとして大いに発展した。政治，社会保障制度の経済的効果や影響力に対する信念，人口構造上の要因，そして社会保障制度が独特の発展を生み出す力等，これらすべてのことが作用した。

2　規　制

　社会保障制度においては，どのような供給をするにも常に規制が複雑になる。確かに，教育分野や保健分野のような専門職に対する規制の問題はないが，正確で詳細な規制が要求される領域が多い。政府が行わなければならない規制作業は少なくとも6つある。①給付の枠組み規制とカバーされる事柄の定義。②給付水準を設定し規制する作業。③給付へのアクセス条件の規制，適格性と，誰が何をいつ受給するかの規制。④拠出金の決定や規制の問題。⑤社会保障の供給や管理のうち特定の側面については，その責任がしばしば雇用主や地方政府や特別の機関等の非政府機関に委任されるが，これらの組織・機関には規制が必要となる。⑥最後に，すべての最低扶助制度に内在する裁量の規制と監視である。すべての成熟し発展した社会保障制度は広範囲にわたる事柄をカバーしている。政府がコントロールを維持しようとすれば，相当量の規制が避けられない。

　政府が最後の規制組織ではあるが，ほとんどの社会では給付と制度の範囲や種類を斟酌する責任は分散されている。4つの国・地域のどれもが規制組織は1つではない。**表6-2**は，5つの事態に対する5タイプの供給——保険，扶助，手当，使用者責任，積立基金——に付随する規制作業の複雑性を示している。

表6-2 東アジアのタイガー諸国・地域における社会保障の手段

	香 港	シンガポール	韓 国	台 湾
貧 困	扶 助	扶 助	扶 助	扶 助
高 齢	使用者責任 強制積立基金 扶 助 手 当	中央積立基金 保 険 扶 助 扶 助	保 険 扶 助 使用者責任	保 険 扶 助 使用者責任 手 当
失 業	使用者責任 扶 助	使用者責任	保 険 扶 助	保 険 扶 助
障害・死亡・遺族	扶 助 手 当	中央積立基金 生命保険	保 険 扶 助	保 険 手 当
労働災害	使用者責任	使用者責任	保 険 使用者責任	保 険 使用者責任

出所：[Jacobs, 1998] より作成

香 港

香港は給付制度が限定されており，制定後の期間も長いので，社会保障制度の規制は比較的わかりやすい。社会保障制度の制定は，香港政庁が貧困救済のために社会福祉事務所 (Social Welfare Office) を設置した1947年にまでさかのぼる [McLaughlin, 1993：110-11]。現在は，社会福祉署 (Social Welfare Department) が広範に及ぶ社会政策の責任を負っており，5000人以上のスタッフを抱えている。香港では扶助が社会保障供給の中心となっている。包括的社会保障扶助制度は個人と家族を対象とするセーフティネットで，税を財源とする，無拠出でミーンズ・テストのない制度である。適格であるためには，請求者は，居住要件 (少なくとも香港に一年)，月当たり世帯収入がニーズに対し不十分であること (さまざまな生活費目を示す長いリストがある)，世帯総資産が所定の水準以下であること，労働可能な大人であれば働いていること等の条件を満たさなければならない。給付水準は可処分所得，年齢，障害，ニーズにより調整される [Social Welfare Department, Hong Kong, 2002a]。このような制度の管理には，ニーズに応え，適格性と支出を統制するための多くの複雑な規制が必要になる。

社会保障手当制度の管理規制は非常にシンプルである。これは，香港に居住する65歳以上の高齢者，障害者，高度障害者のための無拠出の制度である。普通高齢者手当 (Normal Old Age Allowance, 65〜69歳対象)，高額高齢者手当 (Higher Old Age Allowance, 70歳以上対象)，普通障害者手当 (Normal Disability Allowance, 障

害者対象），高額障害者手当（Higher Disability Allowance, 高度障害者対象）からなっている。適格性は，資産と月当たり収入に制限のある普通高齢者手当を除き，財務審査は求められない。障害者手当の適格性は社会的医学的評価を経て決定される［Social Welfare Department, Hong Kong, 2002a］。

　香港の社会保障制度には他に強制積立基金制度，すなわち，18～65歳の労働者を対象とする雇用関連の拠出制度がある。法律制定後の政府の主な役割は，確実に拠出金が集められ，積立基金管財人に支払われるようにするために，規制と管理のシステムをつくることであった。制度は民間で運営されているが，法定の非政府機関である強制積立基金局（Mandatory Provident Fund Authority）に監視されている［Ngan and Cheung, 2000］。強制積立基金管財人は拠出金の30％を香港ドル建て証券に投資するという条件で基金の投資責任を負っている。拠出金と投資利益は，加入者が60歳以上でかつ退職するまで，または65歳になるまで，あるいは死亡するまで基金においておかなければならない。加入者が香港から永久に離れる場合，あるいは完全に積立不能になった場合は，積立金を一時金として引き出すことができる［Asher and Newman, 2001］。強制積立基金制度は転職しても持ち運び可能である。その強制的性質のために，この制度は2001年末までに，雇用主の86％，被雇用者の93％，自営業者の90％をカバーしている。ただし，縁辺労働者や無償労働の主婦は対象から除かれている［Ngan and Cheung, 2000］。

シンガポール

　中央積立基金制度と社会扶助制度がシンガポールの社会保障の2本柱である。中央積立基金制度は政府の一省庁である中央積立基金庁（Central Provident Fund Board）によって管理されている。庁員は労働大臣に指名された政府，雇用主，被雇用者，専門家の代表からなる。中央積立基金庁は政策決定および投資の責任はもっていない。これらは労働大臣の特権である［Asher and Newman, 2001］。雇用主と被雇用者が賃金の一定割合の拠出金を支払う。各加入者は以下の4つの中央積立基金口座をもつ。

・普通口座（Ordinary Account）：この口座の貯蓄は，住宅購入，教育，認可された金融投資，親の退職口座を補充する等の場合には，退職前でも引き出す

ことができる。
・メディセイブ口座（Medisave Account）：この口座の貯蓄は，入院費用や高額医療のためのメディシールド（第4章を参照）等の認可された医療保険制度の保険料支払いに使うことができる。
・特別口座（Special Account）：この口座の貯蓄は，高齢や万一のときのためのもので，55歳にならなければ引き出せない。
・退職口座（Retirement Account）：加入者は55歳になると，普通口座と特別口座の残高を非課税一時金として引き出すことができるが，そのうち最低限の金額はこの退職口座に残しておかなければならない［IMF, 2000］。

　中央積立基金制度は口座の種類が増大しており，そのことから，この基金の機能が拡大する社会的ニーズに応じて広がっていることがわかる。しかし，中央積立基金制度は1カ月以上同じ企業に雇用される労働者をカバーするだけである。自営業者，低賃金職種の労働者，パート・タイム雇用者，非正規雇用者，年金の受給資格のある公務員等は除外されている［Lee, 2001］。

　中央積立基金制度は貧困者への扶助は供給しない。疾病や失業期間中は，労働者は基金からの救済を得られない［Lee, 2001］。地域開発スポーツ省（Ministry of Community Development and Sports）管轄の社会扶助が，シンガポールで唯一の貧困に対するセーフティネットである。家計困窮者には，公的扶助（Public Assistance），特別補助金（Special Grant），家賃および公共料金補助制度（Rent and Utilities Assistance Scheme），短期（臨時）金銭的援助（Short-term [interim] Financial Assistance），保育所費用扶助制度（Center-Based Financial Assistance Scheme for Child Care）等の数種のプログラムが有用である。公的扶助がもっとも重要な制度であり，高齢，疾病，障害，不利な境遇のせいで働けず，生計の手段もなく，頼る人のいないシンガポール人に基礎的な現金給付を供給するための制度である。

韓国

　韓国では，主として保健福祉部（Ministry of Health and Welfare）が主要な社会保障制度——国民年金プログラム，国民生活保護制度，国民健康保険制度——

の監督責任をもつ。しかしながら，台湾と同様，軍人，教員，労働者，退役軍人のための給付の管理・規制責任はそれぞれの関連部署である国防部，教育部，労働部，国家褒勲処（Ministry of Patriots and Veterans Affairs）に割り当てられている。このことが，種々の伝統とアプローチの仕方をもつ各部門で，部門ごとに異なる制度の支給条件や状況に対処するために，規制体制の拡散を引き起こしている。

保健福祉部は国民年金プログラムの政策決定責任をもち，制度の範囲，拠出率，給付条件，給付水準，基金の管理・運営をカバーしている。しかしながら，実際に制度を運営しているのは4000人のスタッフを抱える国民年金管理公団（National Pension Corporation）である。国民年金基金運営委員会（Committee for National Pension Fund Operations），労働評価委員会（Working and Evaluation Committee），国民年金審議会（National Pension Council），国民年金評価委員会（National Pension Review Committee）が公団をサポートしている。国民年金基金運営委員会は大臣が議長を務め，委員は2人の年金専門家と主要な利害関係者の代表等で構成される。これらの委員会が政策・管理・規制プロセスの各部分を分担しているが，最終的には保健福祉部が制度を規制している。

韓国憲法第34条は，政府はすべての市民に基本的生活権を保証しなければならないと述べている。1960年代の生活保護法にもとづく社会扶助制度は，この目標を達成するための核心となる装置である。1997年のアジア金融危機により増大するニーズに対応して，このプログラムは2000年に国民基礎生活保障法に置き換えられた。新法は社会扶助に対する公的責任を著しく拡大しており，貧困者の範囲をより拡張すると同時に，受給者の自助能力，とくに労働の責務を強化するための新しい手段を講じることとしている。1つの重要な革新は，現金給付が年齢や労働能力に関わりなく貧困世帯に供給されるようになったことである。結果的に受給者数は1999年の54万人から，2001年には194万人に増大した。これにより，保健福祉部には，空前の水準に達したニーズに応えると同時に，制度の信頼性を維持しコストを抑制するための政策策定と規制技術が求められている。とくに重要なのは適格性要件である所得水準をどこに決定するかである。貧困ラインを設定する責任は保健福祉部にある。また，保険福祉部は社会扶助制度予算の大半に責任をもっている。ただし，実際の管理と給付は

地方政府とその福祉職員が行っている。

　労働部は，社会保障制度のうち，新しい雇用保険制度と古くからある産業災害補償保険制度（Industrial Accident Compensation Scheme）の2つに重大な責任をもっている。政策策定は労働部が行うが，日々の管理は韓国労働福祉公団（Korea Labour Welfare Corporation）が責任をもつ。1995年から，雇用保険プログラムが2つの主な目的で実施されることになった。1つは，失業者に現金給付を供給することで，もう1つは，積極的な労働市場政策を通じて雇用の安定および労働者のスキルを高めるべく，企業や雇用主に財政支援を行うことである［Lee and Lee, 2000：74］。1995年以降，失業保険制度はさまざまな拡充が行われており，そのことが保険の範囲と，労働部および労働福祉公団に課せられる管理・規制作業を著しく拡大している。

台　湾

　台湾では，他のタイガー諸国・地域と同様，社会保障における政府の重要な役割は，財政負担や直接的供給よりも規制の役割である。3つの基本的な規制領域──保険，扶助，手当──があり，担当部，雇用主，地方政府を含む多くの責任担当主体がある。社会保険制度からの給付は基本的には居住地域に関係なく全国共通で，拠出期間および拠出水準に関する全国基準によって適格性が決定される。しかしながら，これでは不平等や待遇の格差を完全に除去できない。台湾の社会保険制度は基本的に労工保険，公務人員保険，軍人保険からなっている。すなわち，それぞれ受給資格を得る保険プログラムが，異なる種々の職業カテゴリーに人々を分類するシステムになっている。さらに，中央政府に保険プログラムを規制する単一部署がない。責任が分散しており，労工保険は労働問題協議会（Council of Labour Affairs）が，公務人員保険は試験部（Ministry of Examination）が，軍人保険は国防部が責任を有している。

　国民年金制度の設計と並行して，台湾政府は現在，より統合された基盤の上に社会保障制度を再組織しようと検討中である。その背景には，誰も排除される者がなく，かつ，最低必要水準を超える所得のある者は請求できないような均一のルールと規制をもつ包括的なセーフティネットの構築を求める声がある。現行の多くの制度を統合するのは困難なため，政府は「統一給付の分立制度」

を提案している。これは，どの制度の高齢者給付も同じ方法で算出されるが，給付はそれぞれの制度から供給され，どの社会保険制度にも加入していない者は新国民年金制度がカバーするというものである［Ku, 1998b］。1999年からは失業給付が開始されたが，タイガー諸国・地域が失業保険擁護論を認めたがらないことを考え合わせると，この給付の開始は，労働問題協議会とその地方支部による厳しい規制を必要とする困難な領域を新たに生み出したといえよう。

　台湾では，地方政府の管理する社会扶助制度が，保険の発達につれてその重要性が低下してきてはいるものの，いまも社会保障セーフティネットになっている。社会救助法は，地方政府に対し社会扶助制度の財政・管理の全責任を引き受けることを要求すると同時に，貧困ラインと給付水準設定の裁量権を認めている。地方政府は，それぞれの財務条件に応じて請求者の適格性基準を独自に調整し，限られた予算を最大限に活かそうとする。貧困ライン以下であれば自動的に金銭的援助の資格を得られるわけではない。地方政府は，さらに労働能力によって「援助に値する」か「値しない」かに分類するのである。たとえば，生産年齢にありながら失業している者は，援助適格者のカテゴリーには入らないというように。こうして，受給請求者を著しく減少させることができる。貧困が所得項目のみで定義されているのは台北市だけである。台湾では，激しい政党間競争の結果，とくに低所得の高齢者と障害者向けの手当が増大している［Ku, 2002］。手当の増大にともない，適格性を規制する必要が発生する。中央政府と地方政府はそれぞれ独自の制度をもっているため，資格を規制しようとしても複雑で矛盾の多いものになり，「1つの国に多くの制度」という批判が起こっている［Sun, 2000］。規制の失敗の1つに，職業退職プログラム（**表6-2**の使用者責任）に関連したものがある。規制では雇用主が給付を行うことになっているが，現実にはその規制はほとんど無視されているのである。これは，被雇用者のニーズよりも雇用主のそれに優位性が与えられていることを示している。

　タイガー諸国・地域はそれぞれ，社会保障の規制に非常に多様なアプローチを採用してきた。それにもかかわらずいくつかの明白な類似性がある。4つの国・地域はすべて，基本的に政治目的，すなわち政治的正当化と社会の安定の

ためにトップダウン方式の政府主導による制度を発展させてきた。どの国の政府も緊急の差し迫った必要に対し受身的に反応しており，直接的な供給や財政負担をしたくないため，保険料の規制に駆り立てられている。また，これらのどの国・地域にも一元化された管理・規制部署がない。どこにも社会保障省がないのである。代わりに，社会福祉，労働問題，国防，教育などの種々の省庁に責任が分散されている。責任の分散は，個別の制度がそれぞれ異なる時期に異なる理由で導入されたため，種々の人口グループごとに供給される社会保障が多様であるという事実を反映している。結果は規制の迷路である。4つのすべての国・地域は，他のほとんどの社会と同じく，最後の手段としての扶助制度をもってはいる。しかし，それらの制度は規模がさまざまで，国・地域によって別個の役割を果たしている。香港では包括的社会保障扶助制度が社会保障制度であり，アジアではユニークな税を財源とする制度である。それは貧困の救済に重要な役割を果たし，その重要性ゆえに，詳細な規制のあるしっかりした基盤を生み出した。韓国が最近，アジア金融危機の後で受容されうる最低限の制度をつくるために生活保護制度に大きな改革を加えてはいるが，他はどの国・地域にも香港の包括的社会保障扶助制度ほどの重要性をもつ扶助制度はない。シンガポールと台湾では扶助制度はまだ小規模で，まったくもって残余的である。さらに，香港・シンガポールの規制の単純さと，台湾・韓国の規制の複雑さの違いもある。香港には強制積立基金制度が制定された最近まで，包括的社会保障扶助制度と手当制度の2つの社会保障制度しかなかった。シンガポールは中央積立基金制度と小規模の残余的な扶助制度だけである。この2つの国・地域における規制は比較的単純なままである。対照的に，台湾と韓国は古くからある種類別の保険制度が多くあり，その規制は複雑である。

3 供　給

　4つのタイガー諸国・地域における福祉の供給を説明するために，これまで多くの概念が提出されてきた。ミジリー [Midgley, 1986] による「不承不承の福祉主義 (reluctant welfarism)」概念は，これらの国・地域の政治エリートたちが社会的ニーズにいかに反応したかを適切に捉えている。しかしながら，社会

表6-3　東アジアのタイガー諸国・地域における社会保障プログラムの数と名称

	香港	シンガポール	韓国	台湾
貧困	1 包括的社会保障扶助	1 公的扶助	1 国民基礎生活保障法(2000)に基づく生活保護	1 社会救助法
高齢	4 長期勤続手当, 社会保障手当, 包括的社会保障扶助, 強制積立基金	4 中央積立基金, 公務員年金, 中央積立基金制度に基づく扶養家族保護制度, 公的扶助	6 国民年金, 公務員年金, 私立学校教員年金, 軍人年金, 生活保護, 労働基準法	7 労工保険, 公務人員保険, 軍人保険, 高齢者手当, 高齢農民手当, 社会救助法, 労働基準法
失業	2 退職手当, 包括的社会保障扶助	0 (雇用主と被雇用者の交渉)	2 雇用保険, 生活保護	2 労工保険, 社会救助法
障害・死亡・遺族	2 社会保障手当, 包括的社会保障扶助	中央積立基金と扶養家族保護制度, 一種の生命保険のようなもの	5 国民年金, 公務員年金, 私立学校教員年金, 軍人年金, 生活保護	5 労工保険, 公務人員保険, 軍人保険, 農民保険, 障害者福祉法
労働災害	1 雇用主負担の民間保険	1 雇用主負担の民間保険	2 産業災害補償保険, 労働基準法	4 労工保険, 公務人員保険, 軍人保険, 労働基準法

出所：[Jacobs, 1998] より作成

保障制度に関しては，4つのすべての国・地域において，1940年代後期以降，政府の活動範囲に著しい発展があった。表6-3は現在の広範な給付領域を示している。明らかなのは，政府が直接的に供給したり財政負担するのではなく，主に規制したり組織したりすることに重要な役割を果たす混合経済だということである。

4つのタイガー諸国・地域では，政府が社会保障制度の財政負担と組織化を同時に行う役割を果たしているのは，基本的に，最低限の社会扶助と公務員への給付の2つの領域に限定されている。ただし，例外として，すべての保障をカバーする台湾の労工保険のように，わずかではあるものの政府が拠出してい

るケースもある（収入の70%が雇用主からであるのに対し，政府からは10%）。4つのすべての国・地域には，政府が直接財政負担し給付をする社会扶助制度がある。各国・地域の制度は役割，規模，寛容さの点で一様ではないが，どれも適格性を限定することへの強い信念を表している。香港の制度は，強制積立基金制度が制定されるまでは，包括的社会保障扶助制度と手当制度が唯一の公式の社会保障制度であったため，もっとも規模が大きい。アジア金融危機まで，包括的社会保障扶助制度は主として高齢者のための給付であったが，1997年以降，給付を請求する失業者数が急激に増大した。2001年には支給件数が24万2000件に達している。手当制度では56万人の高齢者および障害者に給付が行われた。韓国では，生活保護扶助制度が1997年以後に実質上再整理，拡張され，請求者数が急激に倍増している。台湾，シンガポールではこのような制度はいまだ縁辺的で，請求が取り上げられる割合は低く，適格と思われるにもかかわらず請求しない人も非常に多い。4つの国・地域とも，平均所得代替率や1人当たりGDPに対する割合でみると，給付水準はきわめて低い［Jacobs, 1998：41］。シンガポールでは，給付額は「政府が定める生存のための必要最低限よりも著しく低い」［Ramesh, 2000b：247］。

　政府は社会保障制度に大きな役割を果たしているが，組織化と財政負担を同時に担うよりもむしろ，単に組織者としての役割を果たしている。4つのどの国・地域も高齢者年金に積極的である。シンガポールには老後のための強制貯蓄制度として50年前に開始した中央積立基金制度がある。財源は労働者と雇用主による相当な額の拠出金である。香港には最近できた強制積立基金制度があるが，これは高齢者に金銭的支援を供給するために設計されたもので，役割はシンガポールの制度よりも限定されている。財源は労働者と雇用主による拠出金で，その額はかなり低い。韓国には被雇用者と雇用主の拠出金を財源とする拠出制国民年金プログラムがあるが，給付が本格化するのは2008年である。この国民年金プログラムは，18～60歳の者で5人以上の企業に勤める被雇用者，農民，漁民，地方の自営業者が強制加入で，5人未満企業の被雇用者や都市部の自営業者は任意加入である。公務員，軍人，私立学校教員向けの3つの年金プログラムでカバーされる者は対象外となっている［Lee and Lee, 2000：63］。国民年金プログラムがカバーする労働者数は，1997年の784万人から2001年には

1628万人に増大した。この数値は労働力人口の約75%に相当する［MOHW, 2002b］。給付は高齢になったとき，障害をもったとき，遺族になったときに支給されるが，40年もの長期にわたる拠出を続けて，給付水準は平均所得の約60%である。拠出期間が40年に満たない場合は，給付水準が調整される［MOHW, 2002a］。現在，このプログラムには，安定したフルタイム職に就いている労働者だけでなく，自営業者，主婦，学生も含まれている。その長期的な財務の実行可能性が懸念されている［Kwon, H.J., 1998b］。台湾には労働者のカテゴリーごとに設計された多くの年金制度があり，新しい国民年金プログラムが計画中である。

　失業保険制度があるのは韓国と台湾だけである。いずれも非常に新しい。韓国の失業保険制度はアジア金融危機に対応してその範囲を拡大しており，より寛大な給付をしている。支給期間は60日間から210日間に延長され，給付水準は1日当たり最低賃金の70%を上限としている［Jacobs, 1998 : 121 ; Tang, 2000 : 104］。しかしながら，当局の評価によると，失業者のうち失業給付を受けているのは8人に1人に過ぎないという。さらに，就労のためのプログラム（labour programme）に参加している者は半数に満たず，したがって，残りの人々は潜在的な社会扶助受給者ということになる。台湾の現在の失業保険制度は，5人以上の企業に勤める正規フルタイム雇用者のみをカバーするものである。自営業者と有期雇用労働者は除外されている。労工保険制度でカバーされる労働者のうち，失業給付の受給資格があるのは62%，全労働力人口の約半数に過ぎない。失業給付を請求するには非自発的失業でなければならず，指定された仕事や訓練を受け入れなければならない。給付水準は規定で定められた賃金の約60%，給付期間はわずかに6カ月である［Ka, 2000 : 407-11］。

　公的社会保障の供給については，それによる経済・社会の衰退を心配する声をしばしば聞くが，4つの国・地域のすべての政府は，自身の雇用対象者たち，すなわち公務員，軍人，教員には寛大な制度を発展させてきた。これらの人々の忠誠心が体制存続にはきわめて重要であり，社会保障制度は彼らを政府に縛りつけるために発展してきたのである。クーの算出によると，台湾では1991年時点で，軍人，公務員，教員，退役軍人，退職国会議員が中央政府の福祉支出の約75%を受け取っている［Ku, 1997 : 58 ; Tang, 2000 : 77も参照］。ラーミッシュ

は，シンガポールの社会保障プログラムを際立たせているのは「一般の人々に私的負担を強要しているのに対して，政府役人に公的財政支出が集中しているその度合いである」と述べている [Ramesh, 2000b：244]。韓国では，タンが「政府は1963年に『生産第一』アプローチから一時逸脱し，公務員，軍人，私立学校教員に対する年金，医療等の給付を法制化した」と述べている [Tang, 1996：4]。保険料負担は政府と被雇用者による折半である。香港では，伝統的に公務員と警察は生活の浮沈から保護されてきた。こういった状況をみれば，これらの国・地域における本質的な政治体質と社会保障の目的は明らかである。

　政府が雇用する者への社会扶助や供給は別にして，政府は直接的な財政負担のともなう供給には関わりをしぶってきた。韓国と台湾が近年創設した主要な社会保険制度は，たとえば韓国の国民年金プログラムでは，政府が組織し規制はするものの公的負担は管理費用への拠出に限られる [Kwon, H.J., 1999a：98]。これらの制度は安定した労働者以外にも拡大されてきたため，両政府は，縁辺労働者が受給権を奪われないよう，彼らの保険料の肩代りを迫られている。しかし，これらの制度は伝統的な意味では社会保険ではない。社会保険とは，伝統的な意味においては，政府による組織化と管理，労働者・雇用主・政府の3者によるメンバーシップと拠出を含むものだからである。

　タイガー諸国・地域程度の経済発展段階にある国の大半では，市場が社会保障供給において重要な役割を果たしていると思われる。人々は疾病，障害，そしてもっとも一般的である退職に備えて保険をかけているであろう。タイガー諸国・地域における私的社会保障供給の実態についてはほとんどわかっていない。しかし，すべての国・地域で，かならずしも明白かつ測定可能ではないにしても，雇用主が重要な社会保障の役割を果たしている。雇用主は政府が提供する社会保障制度に貢献し，シンガポールと香港では積立基金に拠出しているなど，プログラムの存続可能性の中核となっている。さらに香港では，その使用者責任の重さが，ジェイコブスをして，もし社会保障を公的なものだけでなく広い視野でみるなら「香港の社会保障制度は…民間セクターがもっとも資金提供しているであろう」と言わしめた [Jacobs, 1998：28]。1993年の職業退職計画政令（Occupational Retirement Scheme Ordinance）にもとづく報告書は，香港の労働力人口の3分の1近くが企業年金でカバーされていることを明らかにして

いる (Brewer and MacPherson, 1997：86)。ジェイコブスは，5年以上勤続の全労働者に対して勤続1年当たり基本月給の3分の2が支給される法定の退職・長期勤続手当の重要性をとくに指摘する。タンはジェイコブスを支持し，企業が強制積立基金制度に対して理解に苦しむほど反対しないのは，大企業のほとんどがすでに従業員に何らかの適切な民間保険をかけているという事実で説明できると主張している [Tang, 2000：126]。香港では，雇用主はまた，疾病手当，出産給付，労働災害補償に重要な法定責任を負っている [Jacobs, 1998：131]。給付は最大で6カ月支給される。

韓国では1989年から，5人以上の被雇用者のいる企業は，被雇用者に対し勤続1年当たり平均給与月額相当の退職一時金を支給しなければならなくなった。これは退職後の重要な所得源であるが，公式統計では捕捉できない。シンは，「政府が社会的給付の供給を民間セクターに依存している」と力説する。彼の算出では，韓国企業は法定の民間社会給付にGDPの1.4%を払っており，社会保障支出総額の26.5%にもなるという [Shin, 2000a]。ここでは，企業は明らかに退職，疾病，児童手当等の社会的給付の重要な供給者であるが，カバーする範囲は常用雇用者に限られている。さらに，疾病給付のような重要な領域では，法律よりも慣習に左右されている [Jacobs, 1998：117]。雇用主はまた，労働災害補償制度にも資金を提供しなければならない。

シンガポールでは，雇用主は社会保障に重要な責任をもっている。被雇用者は1年当たり14日間，入院時には最高60日間の有給疾病休暇を取る権利がある。出産の場合は，第2子までに限り，雇用主は8週間，賃金の全額を支払わなければならない。雇用主はまた，労働災害の費用全額を負担しなければならない [Jacobs, 1998：136；Ramesh, 2000b：246]。台湾でも，雇用主には，被雇用者に対し定期的な週休と国民の休日に加えて年間7～14日間の有給休暇を与える責任が労働基準法で定められている。ただし，出産，疾病，障害に対しては，労工保険制度が現金補償を供給する。通常，補償水準は1～6カ月相当の賃金であるが，労働災害の場合は2年に延長可能である [Ka, 2000：403]。

4つのタイガー諸国・地域すべてにおいて，家族は社会保障の重要な供給者である。これは文化的要因，慣習，政府の奨励，法律の効力を反映している。ラーミッシュは，シンガポールに関して，「1990年代初頭に，個人と家族が高

齢期のニーズに責任を負い続けることを確実にするために行った政府の決定には，切迫感が見て取れる」と述べている［Ramesh, 2000b：252］。シンガポールでは，1995年，両親扶養法（Maintenance of Parents Act）が制定され，子に無視された親が子に対し扶養請求訴訟を起こすことができるようになった。韓国と台湾にも，同居の有無にかかわらず親・きょうだいを含む家族構成員の扶養を定める法律がある［Jacobs, 1998：10］。香港にはそのような法律はないが，ある調査によると，回答者の大多数が法律はあるべきと考えている。もちろん，そのような法律が成立するということは，家族の関わりが弱まっていることを示唆するものといえる。公的に組織され供給される社会保障が著しく発展しているにもかかわらず，この4つの国・地域では，いまなお家族による保障が高齢者扶養の主要な源泉なのである。シンガポールでは，高齢者の10人に7人が，家族構成員，主として子による扶養をあてにしている［Asher, 1998：19］。韓国と台湾では，高齢者の最大の所得源泉は子であり，子からの移転所得が高齢者の総所得に占める割合は，韓国で44％，台湾で53％である。家族と政府が果たす役割を比べると，家族扶養の方が公的移転よりもはるかに大きな役割を果たしている［Kwon, H.J., 2001］。しかし，両国とも，高齢者への子の援助が急激に減少している。韓国では，子からの移転所得が高齢者の総所得に占める割合は1981年の72％から94年には44％に低下した。台湾では，1986年の68％から93年には53％に低下している［Kwon, H.J., 2001］。同様の傾向は，クーによる台湾の高齢者研究でも明らかにされている。それによると，家計間の所得移転は1986年の66％から96年には48％に急激に減少し，一方，同時期の公的移転は1％から6％へと著しく伸びているという［Ku, 1998b］。

　タイガー諸国・地域の社会保障供給の理想的タイプは，公的に規制された，被雇用者と雇用主間のパートナーシップである。それが，韓国の国民健康保険制度と国民年金プログラム，台湾の全民健康保険制度と計画中の国民年金制度の本質である。また，シンガポールの中央積立基金制度，香港の強制積立基金制度の核心でもある。政府は立法と規制を行うが，周辺的なもの以外は供給，財政負担をしない。これらの制度は雇用を基にした2者からなる制度で，労働者と雇用主が財源負担するものである。これは，最終的には労働者が財源負担することを意味している。なぜなら，雇用主の拠出は事実上，賃金削減によっ

て融通されるからである。本質的にこれらの制度は個人の自助制度であり，政府は制度を立ち上げた後は，最低限の役割を果たすだけである。しかしながら，供給のパターンと手段，政府の関わり方には大きな違いがある。韓国と台湾は社会保険の仕組みを熱心に取り入れており，それと対照的にシンガポールや香港ではまったく取り入れていない。そのため，前者の2つの地域では変革に向かう内在的勢力が生まれるが，後者の2地域には生まれない。また，後者の2地域間にも違いがある。シンガポールで中央積立基金制度が包括的な自助福祉基金システムとして50年以上にわたり増大発展してきたのと対照的に，香港では強制積立基金制度が不承不承導入され，カバー範囲は限定的で歴史が浅い。また，4つの国・地域では，雇用主の役割も異なっているが，家族によるサポートが減退しつつあることは共通している。

4 財政

4つの国・地域で社会保障の手段が異なることは，財務編成も異なることを含意している（**表6-4**）。概して社会扶助，社会手当はすべて政府の歳入から支出される。社会保険と積立基金システムは主として雇用主と被雇用者の拠出にたよる。しかし，管理費用の支出，必需的な運営資金の供給，所定のカテゴリーに属する人々――ほとんどは極貧層――の保険料負担の肩代わりといった形で，政府が社会保険を補助することがある。政府はまた，公務員，軍人，教員等の政府雇用者や政府の省庁および出先・現業部門の契約労働者を対象とする年金制度にも財政支出をする。それは，福祉政策というよりもむしろ，政府が彼らの雇用主だからである。社会保障支出は国・地域によって種々の項目に分

表6-4 主な年金プログラムの財政―東アジアのタイガー諸国・地域 (単位：%)

	台湾	韓国	香港	シンガポール
年金プログラム	労工保険	国民年金	強制積立基金	中央積立基金
保険料率（対賃金比）	6.5	9	10	36
負担割合　政府	10	0*	0*	0*
被雇用者	20	50	50	56
雇用主	70	50	50	44

注：＊政府は管理費用のみを負担している。

類されているので，政府の支出に関する正確な実態を入手するのは非常に困難である。4つの国・地域の制度は多様で，それが詳細な比較を困難にしている。

香　港

　香港ではほとんど民間セクターが社会保障の資金提供をしているとジェイコブスは主張するが，実際には，社会扶助に関しては政府が全責任をもっている［Jacobs, 1998：28］。社会保障への政府支出は1996年から2001年に約2倍になっている［Census and Statistics Department, Hong Kong, 2002b］。2001年には，社会保障支出総額が40億USドル（以下，ドルと表記）近くにまで達しており，その98％は一般歳入と宝くじ基金の剰余金でまかなわれている［Census and Statistics Department, Hong Kong, 2002b］。強制積立基金制度は，雇用主と被雇用者が給与の10％を折半し，自営業者は月単位あるいは年単位で所得の5％を拠出する。政府は強制積立基金局の業務を監視しており，不正や不当行為から加入者を保護するために約7億5000万ドルを保持している。その他の点では，政府に財務上の責任はない［Asher and Newman, 2001；Ngan and Cheung, 2000］。

シンガポール

　シンガポールの中央積立基金制度は雇用主と被雇用者の拠出を財源としている。拠出金は当初は賃金の10％であったが，次第に増大し，1984年には最高の50％に達している。1994年には，長期に維持されるべき拠出率として40％という数値が設定された。しかしながら，金融危機への対応で，1997年に雇用主の拠出率が10％に削減された。それに対し，被雇用者の拠出率は20％のままであった。2001年には雇用主と被雇用者の合計拠出率が36％に引き上げられ，基金局は以前の40％までの，さらなる引き上げを計画している［IMF, 2000；Department of Statistics, Singapore, 2002b］。政府は中央積立基金制度の財政には責任をもたない。それが社会保障の財務負担を大いに軽減している。社会扶助制度の財政については政府は責任をもっているが，その費用はごくわずかで，1990年代初頭の時点でGDPの約0.5％である。税控除が高齢の父母，祖父母，障害のあるきょうだいの扶養を促しており，これが違った形での社会保障をなしている。高学歴で高賃金の若年女性の出産奨励をもくろんだ気前のよい児童

手当もある [Ramesh, 2000b：246]。ラーミッシュは，裕福な人々が「子どもをもつことの報酬として，戻し税を惜しみなく与えられている」とし [Ramesh, 2000a：68]，4つの国・地域のなかでは非常にユニークな措置であると述べている。

韓　国

　韓国では，社会保険が社会保障制度の中心に位置している [Jacobs, 1998：17]。拠出は，一般に雇用主と被雇用者が等しく負担する。ただし，3つの例外がある。第1は国民年金プログラムで，雇用主，被雇用者，そしてかつて企業が設立していた退職基金（現在，段階的に廃止されている）の3つの財源がある。各財源は標準月額賃金の3％を拠出している。任意加入者は3者分を合計した9％を支払わなければならない。政府がカバーするのは管理費用と低所得農漁民の保険料である [Lee and Lee, 2000：64]。2つめの例外は産業災害補償保険で，これは雇用主のみが負担する。保険料はその産業に含まれるリスクによって異なる。3つめの例外は雇用保険プログラムで，その財源は3種の拠出からなっている。失業給付に対しては月額賃金の1％を雇用主と被雇用者が折半負担，職場の安全には0.3％を雇用主が負担，職業訓練に対しては0.5％を雇用主が負担する [Kwon, H.J., 2002：67-71]。社会保障への政府支出は近年急速に増大している。保健福祉部予算は1990年の8億7300万ドルから2001年の57億ドルにまで増加しており，同時期の政府支出総額が208億ドルから751億ドルへの上昇であったのと比較すると増加率が非常に高い [MOHW, 2002a]。しかし，韓国の社会保障支出総額はGDPの約5.28％に過ぎず，欧州の福祉国家に比べて著しく低い。民間の支出（多くは雇用主から）が総支出の26.5％を占め，GDPの1.4％に相当する [Shin, 2000a]。

台　湾

　台湾では，すべての社会保険プログラムが基本的に部分積立方式である。すなわち，賦課方式ではあるが，プログラムの安定を確保し請求者の急増から護るために法で定められた準備基金をもっている。完全積立方式と違い，個人は高率の拠出をする必要はない。なぜなら，まず第1に，賦課方式は事実上，さ

まざまな人口グループの間でリスクをプールしているからであり，第2には，政府が制度の財務上の実行可能性に最終的責任を負っているからである。労工保険の保険料は月額賃金の6.5％で，一般に雇用主と被雇用者と政府が70：20：10の比率で負担している。一部の人々には保険料の80％を政府が補助している。加えて，雇用主には労働災害のための保険料負担があり，これは職業によって異なるが，平均で月額賃金の0.34％である。公務人員保険の場合は，保険料は6.4％で，政府が費用の65％を負担する。軍人保険の保険料は8％で，政府の補助は将校に対する65％から兵士や30年以上の納付者に対する100％まで幅がある［Ka, 2000：399-421］。

社会扶助・手当の導入に加えて，社会保険プログラムの発展は，政府の社会福祉支出を著しく上昇させた。1990年には政府支出総額の8.8％であったのが，2000年には16.9％（GDPの約4％に相当）にまで膨らんでいる。社会保障（保険，扶助，手当を含み，対人社会サービスと保健医療は含まない）に福祉支出の82.4％を費やしており，社会保険だけでも73.6％になる。台湾の社会保障制度における社会保険の重要性がわかる。社会保障の財源は，政府の拠出が47.7％で，企業が24.2％，家計が20.8％である。残りは準備基金の運用益と寄付で充当されている［DGBAS, 2001］。政府による福祉支出の対GDP比は欧州の福祉国家に比べるとはるかに低いが，台湾でも政府の役割がますます重要になってきているのは明らかである。

香港とシンガポールは，強制的な個人貯蓄と雇用主拠出による積立基金アプローチを採用している。それと対照的に韓国と台湾では，基本的な財政方式は保険である。税を財源とする制度が果たす役割は国・地域によってさまざまで，香港では（最近まで）中心的な存在であったが，シンガポールではほとんど重要でない。もちろん，財源は財政方式と密接に関連している。4つの国・地域はすべて，個人，雇用主，政府，家族という4つの源泉をもっている。ただし，それらの間のバランスには，それぞれの国・地域の間でかなりの大きな差異がある。社会保障費の水準の評価については，対GDP比でみても，公的負担割合でみても，あるいは社会保障費に充てられる賃金の割合でみても明らかに大きな差があるけれども，正確な評価は困難であり，おそらく不可能であろう。

5 評　価

　4つのタイガー諸国・地域の社会保障制度は方式，規制体系，供給と財政の水準およびパターンが多様でそれぞれ異なっている。社会保障制度の成果について評価するのは簡単ではない。しかしながら，公式レポートだけでなく多くの地域研究が制度の成果に関する知見を与えてくれ，総合的評価の構築を助けてくれる。ここでは，類似点と相違点，長所と短所，将来の課題についてみてみよう。

類似点と相違点

　4つのタイガー諸国・地域が共有するもっとも明らかな特徴は，公的社会保障制度の発達が限定されていることである。経済の進歩にもかかわらず，どの国・地域も公的に組織された社会保障制度としては限定的な制度しかもたない。その低い発達水準という共通性のなかにも，2つの基本モデルがある。第1のモデルは台湾と韓国のモデルで，拠出制度に基礎をおき，社会扶助というセーフティネットをともなう社会保障制度である。シンガポールと香港はともに第2のモデルを形成しており，社会保険は主要体系には入っていない。しかし，第2のモデル内にも重要な相違がある。シンガポールは長年の間，中央積立基金制度に依拠してきたが，香港はつい最近まで社会扶助と社会保障手当に依拠していた。香港は2000年に強制積立基金制度を創設してシンガポールのシステムに近づいたが，強制積立基金制度が社会保障制度において重要な役割を果たすようになるには，多大な年数がかかるであろう。さらに，シンガポールの中央積立基金は公的関与の強い制度であるが，香港の強制積立基金は市場メカニズムに深く根づいている。こういった相違はあっても，4つの国・地域における制度はどれも政府が主導し，政府が規制し，政府が組織している。さらに，社会保障財政のほとんどは労働者とその雇用主の拠出で成り立ってはいるが，概して少額ではあっても政府のさまざまな補助金もともなっている。私的な社会保障供給，とくに家族からの供給がいまだ重要な役割を果たしてはいるものの，次第に公的供給に置き換えられている。このことは，いずれ伝統的家族主

義から近代的福祉主義への転換が生じることを暗示している。

　これらの類似点と相違点をどのように説明すればいいだろうか。どの国・地域にも，多かれ少なかれ強い儒教主義的伝統と家族援助の根強い伝統がある。けれども，これらの国・地域はまったく異なる20世紀の歴史を抱えているので，社会政策の相違点を説明するには，その植民地経験の違いが役立つかもしれない。たとえば積立基金アプローチは，多くの初期イギリス植民地の遺産である。どの国・地域も困難な出発点から世界に参加する必要を余儀なくされていた。どの国・地域も国際市場における貿易と競争に依存していた。どの国・地域も経済的条件において見事に成功している。どの国・地域も経済的成功のための統治，すなわち，限定的な政府の役割，低い課税，低い公的支出を信条とする独裁政権に統治された。社会的ニーズに対処する実際のアプローチには相違点があるが，その根底にはおかれた状況に対する共通の志向があった。哲学と信念を共有しながらも，実際の制度や手法は異なるという結果にいたったのである。

長所と短所

　4つの国・地域における社会保障制度の長所と短所は，アクセスの容易さ，対象範囲，質，費用対価，効率性，有効性の点から評価できる。本項では，これらの6つの基準から制度内容を検討する。

　アクセス可能性，すなわち社会保障プログラムに加入するのに適格かどうか，ニーズに応じて給付を手に入れられるかどうかは，韓国，台湾では社会保険制度，シンガポールでは中央積立基金制度への拠出によって決まる。そのため，これらの制度はフォーマルな労働市場においてフルタイム職に就いている人々に焦点を当てた制度である。雇用が社会保障制度へのアクセスのもっとも重要な基準となっており，それは重要なグループが排除されることを意味する。何らかの理由で拠出制度に加入できない人々は，障害や高齢等の特定のニーズを対象にした社会扶助・手当制度によるミーンズ・テスト付きの給付が利用可能であるが，受給の可能性も水準も限定されている。香港と韓国は，シンガポールや台湾に比べて，社会扶助の受給率が比較的高い。もっとも，台湾には低所得高齢者対象の手当制度があるため，シンガポールよりは受給しやすい。ただ

し，4つのすべての国・地域において，個人や家族のスティグマが扶助の請求を抑制する作用をしている。

対象範囲，すなわちさまざまな社会保障プログラムで保護される人口割合は，一般を対象とする制度が強制積立基金制度しかない（強制積立基金制度はしばらくは社会的保護にたいした貢献をしないであろう）香港を除き，全労働力人口の約3分の2である。シンガポールの中央積立基金制度は，60歳男性の約20％，同女性の33％をカバーできていない [Lee, 2001：67]。韓国と台湾の社会保障制度はカバーする人口と社会的事故の範囲をますます拡大している。台湾の計画中の国民年金制度は他の制度で保護されないすべての人々をカバーすることが目的である。ただし，その目的がかなり先まで達成されないであろうことは確実である。韓国では，1990年時点で，65歳以上の人々に占める公的年金受給者はたった2％しかいないと推定されている [Tang, 2000：102]。国民年金プログラムが2008年に本格給付を開始すると，この数値は確実に改善するであろう。香港とシンガポールには失業給付がなく，状況が変わる見込みはほとんどないようである。

質とは，給付の所得代替率，そして，社会的に容認しうる生活水準をどの程度まで受給者に供給するかで定義することができる。香港とシンガポールには保障された所得水準はない。台湾については代替率の推定は非常に困難である。なぜなら，社会保険給付は通常一時金形式で支給され，年金受給者はさまざまな源泉から給付を受けているからである。しかしながら，いくつかの推定によると，台湾でもっとも代替率が高いのは公務員年金で，約70％に達する。一方，労工保険は20％に過ぎない。台湾政府は50％の代替率を目標に掲げており，それがさまざまな給付を集約するための基準になりそうである [Ku, et al., 1999：65-76]。韓国の年金制度は財政問題に瀕してはいるが，非常に寛大で，現在のところ60％の代替率を約束している [Shin, 2000b]。しかし，その約束が現金に換わるのはかなり先のことである。韓国の失業保険給付は失業前12カ月間の労働者平均賃金の50％であるが，最低賃金の70％が保障されている [Kwon, H.J., 2001：102]。シンガポールの中央積立基金制度は，高い保険料率にもかかわらず，退職後に満足な所得は提供できないようである。シニア世代を対象とした1995年の調査によると，約60％の人々が個人貯蓄をもっておらず，中央積立基

金口座をもつ人の56%はその積立額が老後の生活に不十分であった。低所得者や労働市場から排除された者には，老後の生活に十分な金額を中央積立基金口座に蓄積できる見込みはない。中央積立基金制度は，基金の収益率の低さも老後の経済的保障を脅かす要素となっている。中央積立基金は，これまでほとんど政府が認可する，市場レベルより収益の低いストックや有価証券にしか投資が許されなかったのである [Asher and Newman, 2001]。シンガポール政府は中央積立基金制度加入者とその家族にコストを転嫁することにより，基金への長期にわたる低利子支払いという利益を享受してきた。しかし現在は，いくらか変化の兆しがみえている。香港の強制積立基金制度は始まったばかりであるが，すでにその給付能力に対する香港市民の信頼は失われているようである [Ngan and Cheung, 2000]。

　費用対価は，個人が，そして全体としての社会が受ける給付が，拠出に対して満足できる収益に相当するかどうかで決まる。韓国と台湾では，人々はGDPの4%を社会保障のために余分に拠出し，その見返りに，より包括的な社会保障制度を享受している。香港とシンガポールでは，強制積立基金制度，中央積立基金制度への拠出金は税金とみなされないので，公式の税負担は軽い。しかし，どんな方法で計算しても，香港は低負担低福祉の地域とみなしうる。一方，シンガポールは複雑なケースである。中央積立基金制度の拠出金は国民総貯蓄の16.3〜30.4%で，これはGDPの7.8〜14.6%に相当する [Asher, 1995]。言い換えれば，中央積立基金への拠出金を含めると，シンガポールの税負担は韓国や台湾に勝るとも劣らない。中央積立基金制度を除外して考えても，シンガポールの税負担は対GDP比14.9%で，台湾の社会保険料を除く負担水準12.9%よりも高い。シンガポールの社会保障制度は，政府にとってはおそらく価値があるが，拠出者にとっては決して価値のあるものではない。

　次に，効率性とは，社会保障制度がどれだけ低い管理コストで給付を行うかを示すものである。社会保障制度は公的セクターか民間セクターかだけでなく，福祉から雇用（あるいは労働）まで多様な性質をもつので，効率性について正確な証拠を見出すのは不可能と思われる。とくに韓国や台湾では，1つの政府部門がすべての社会保障制度を担当しているわけではないので，現実の管理コストを推定するのはさらに困難である。ともあれ，台湾では政府の管理コストが

公的支出の15％もかかっており，香港や韓国が10％，シンガポールが4.5％であるのに比べてもっとも高い。具体的にみていくと，台湾ではすべての社会保険プログラムに対し，政府が負担する管理コストの上限を法律で定めている。労工保険の場合，上限は保険料収入の5.5％である。公務人員保険の場合は上限は3.5％となっている。香港の社会福祉署は署予算の6.7％を管理費に充てている［Social Welfare Department, Hong Kong, 2002b：9］。シンガポールでは，中央積立基金制度の管理コストは1％に満たない。韓国の国民年金プログラムのコストも同程度である［Asher, 1995；Kwon, H.J., 1999a］。大まかにいえば，香港と台湾の制度は，韓国やとくにシンガポールの制度より効率的でないといえよう。

　最後に，有効性とは，社会保障制度がその主要な目的および機能，すなわち，近代社会における生活上のリスクを防止あるいは補償する役割を果たす度合いを意味する。この目的や機能を果たすには，再分配によるリスク・プーリングが非常に重要になる。積立基金に比べて社会保険の方がより再分配性・共同性が高い。なぜなら，社会保険は個人間の再分配と個人の生涯を通じた再分配の両方を含むからである。また，リスクに関しては，韓国と台湾の社会保障制度は貧困，高齢，失業，障害，死亡，遺族，労働災害等，すべての主要な社会的リスクをカバーしているが，香港とシンガポールでは失業や労働災害はあまり考慮されていない。香港は高齢者と障害者のための包括的社会保障扶助制度と社会保障手当制度を供給しているので，その点でシンガポールよりは有効性がやや高い。

　社会保障の供給の有効性を測るひとつの基準として，限定的な方法ではあるが貧困率がある。社会保障は貧困に対抗するためにあるのだから，それが適切な基準といえる。しかし，低賃金のような主要な貧困原因に対抗する社会保障はないので，その点では限界がある。どちらにしても4つの国・地域には，それぞれ発生率は異なるものの明らかに継続的貧困が存在している。香港では，貧困の発生が継続していること，および包括的社会保障扶助制度の受給率が低く，申請者が不十分な収入のままに置き去りにされていることを示す証拠は大量にある［例えば，Brewer and MacPherson, 1997：80-2を参照］。タンは，シンガポール，韓国，台湾では貧困率は低いものの，継続的貧困が存在することを明らかにしている［Tang, 2000：145］。全体としては，韓国，台湾の方が香港，シンガ

ポールよりも，所得分配はより平等である。所得分配が社会保障の供給パターンの結果であるとはいいがたいが，社会保障がいくらかの役割は果たしている。

将来の課題

4つの国・地域の社会保障制度は次の3つの重大な課題に直面している。人口高齢化，経済成長の停止と不安定就業・失業の増大，最低扶助制度の明白な不備である。

1つめの課題は，特定の発展段階にある社会には必須の課題である。他の2つは，アジア金融危機で激化し注目されることとなり，そのことが同時に政府や社会保障制度の苦難を増大させた。社会保障制度は，失業率の上昇と政府歳入の減少とともに，その政治的重要性を増している。重要性の増大は国・地域により異なる政治的結果を引き出した。香港の反応は，申請者数が増加するにつれて給付水準を縮小することであった。対照的に，韓国では生活保護制度の範囲と給付期間を拡大した。シンガポールでは，生産コストを削減し競争力を回復させるための政府戦略のひとつとして，中央積立基金拠出金の雇用主負担が軽減された。持続的経済成長と完全雇用は社会保障政策を低位におくことを許容し奨励するが，そのような状態は経済的騒乱時には変容する。政府が民主化圧力にさらされているときはとくにそうである。

人口高齢化の影響は4つのタイガー諸国・地域内でも国・地域により異なる。韓国と台湾では，賦課方式を採用しているためとくに大きな関心をよんだ[Ku, 2000, 2002 ; Shin, 2000a, 2000b ; Kwon, H.J., 2002]。平均余命の伸長と生産年齢人口の減少によって，受給者は増大し拠出者は減少する。結果は財政困難である。この課題に対処するべく，韓国は保険料率を上げ，給付を削減し，収入増のために範囲を拡大し，年金基金投資により高い収益を求める等，奮闘している[MOHW, 2002b]。高齢化問題への対応としては，高齢者給付費の公的負担増大という別の方法もあるが，増税を余儀なくされる政府や公的部門には受け入れられないようだ[Kwon, H.J., 2002]。個人貯蓄口座も課題に直面している。中央積立基金制度は退職後の経済保障を十分に供給できないとして，多くの学者が批判している[Asher, 1995 ; Ramesh, 2000b]。制度の初期，賃金が低かった頃に拠出された積立金の少ないことがひとつの原因である。また，加入者が受け取

る投資利益が貧弱なことも原因である。今後，さらに中央積立基金制度は雇用不安の増大を含む新たな課題に直面するであろう。すなわち，断続的な拠出，中央積立基金貯蓄への依存期間の長期化（たとえ退職年齢の引き上げ努力がなされても）といった問題である。

　伝統的に，タイガー諸国・地域における社会福祉への取り組みは2つの柱に支えられている。それは経済成長と完全雇用であるが，実は後者は前者に依存している。現在は両者とも脅かされている状況である。成熟経済は発展途上の経済よりも成長がゆるやかである。そのような状況では完全雇用は不確実になる。より積極的な労働市場政策の展開，および失業中に所得を給付する社会保障制度の供給が課題となろう。韓国と台湾ではこの課題に取り組み始めているが，香港とシンガポールではいまのところ着手をしぶっている。

　しかしながら，社会保障制度の構造基盤がうまくデザインされていても，隙間に漏れ落ちる人は必ずいるものである。どの社会にもセーフティネットを供給する最低限の社会扶助制度は必要である。タイガー諸国・地域では家族がその負担の大部分を背負ってきたが，将来はそれが困難になると思われる。社会扶助制度は，シンガポールや台湾よりも，香港や韓国の方がよく発達しているが，4つのすべての国・地域とも給付の範囲と水準および原理について改革が必要である。

　タイガー諸国・地域における社会保障支出および供給の低さは，社会的ニーズを充たす公的責任よりも経済的関心——生産主義——が優位におかれてきたことを示している。社会保障政策を動かす関心事は，基本的には次の3つである。まず1つめは，公的支出が経済の重荷になるであろうとの信念から，公的財政への要求を制限し規制する決定をすることである。2つめは，国際競争のために雇用主のコストを限定しようとする企て，3つめは，個人責任と家族責任の弱体化および西欧式依存文化の進展を避けたいという願望である。

　これら3つのすべてが，これまでの社会保障政策を形づくり，そしていまもつくり続けている。4つのタイガー諸国・地域における社会保障制度の限定的発展は，生産主義が社会政策の基盤にあったことをあらわしている。さらに，シンガポールの中央積立基金制度も韓国や台湾の社会保険制度も，これまでの発展をもたらした主要な推進力は政治的なこと——普通の人々に社会的利害関

係をもたせることで重要な社会グループを結合させること——であった。中央積立基金制度が，同時に魅力的な低利子で政府に投資基金を提供したのなら，それはおまけであった。韓国と台湾において民主主義が発展したとき，ようやく社会保障制度は西欧に近い形で発展し，生産主義的基盤から離陸し始めたのである。

【国・地域別の要約】
香　港
　包括的社会保障扶助制度が主要な装置で，それを高齢者および障害者を対象とする社会保障手当が補っている。早晩，2000年に開始した強制積立基金制度が重要になるであろう。これは，18〜65歳の労働者を対象とする雇用関連の拠出制度である。拠出金と利子収入は，退職し60〜65歳に達するまで，あるいは死亡するまで基金においておかなければならない。2001年末現在で，雇用主の86％，被雇用者の93％，自営業者の90％をカバーしている。縁辺労働者と無償労働の主婦はカバーしていない。

シンガポール
　政府が管理する中央積立基金制度が主要な装置で，残余的な社会扶助制度がそれを補っている。中央積立基金制度は，その役割と機能を保健，住宅，教育へと拡大してきた。拠出金は当初は賃金の10％であったが，次第に上昇し1984年には50％に達した。1994年には，長期に維持されるべき拠出率として40％という数値が設定されたが，1990年代後期にはアジア金融危機への対応措置で一時的に削減された。なお，拠出金は，一般的には雇用主と被雇用者が等分負担する。

韓　国
　社会保険と社会扶助の2つが主要な制度である。社会グループによって適用される制度は異なる。社会保障制度は分断された状態で発展しており，規制主体は一元化されていない。社会保険料は，一般的には雇用主と被雇用者が等分負担する。社会保障への政府支出はGDPの5％以上にのぼっている。

台　湾
　社会保障は多様な職域保険制度，所定の人々を対象とする福祉手当，貧困者向けの社会扶助からなっている。社会保険対象範囲の拡大によって社会保障支出が著しく増大しており，2000年には政府支出総額の16.9％に達している。拠出割合は，政

府が約50％，企業が25％，家計が20％となっている。

第7章

結　論

Ian Holliday, Paul Wilding
（イアン・ホリデイ，ポール・ワイルディング）

　この章では，これまで分野ごとに行ってきた社会政策の比較について総合的に検討する。まず，最初の課題として，前の4つの章で明らかにした類似点と相違点をある程度詳細に検討し，それらのもつ意味を考察していくことにする。2つめの課題は，この分析を東アジアの福祉モデルについての論争の枠組みに当てはめて考えることである。3つめの課題としては全世界に視野を広げ，私たちの行ったタイガー地域の社会政策の検証が福祉資本主義の分析と21世紀の初頭に世界が直面している問題にどのように役立つかを考えることである。

1　類似点と相違点

　タイガー諸国・地域における社会政策の取り組みの相違点を見出すことは容易である。社会政策の4分野における，規制，サービス供給，財政に対する公と民の責任の割合は，政策段階でも現場においてもそれぞれ異なっている。東アジアの4つの国・地域がひとつのまとまった「福祉資本主義」を構成しているかどうかを検証する場合には，各国・地域の相違点の本質的な意味を判断することが重要であろう。4つの国・地域の相違点は，方向性の点でおおまかな共通基盤をもちながら，方法，体系，細部，強調点が異なっているだけなのか？　あるいは，これらの国・地域に共通する社会政策への取り組みという概念に疑問を投げかける本質的な相違なのだろうか？　これらの問いに答えるために4つの国・地域の福祉への取り組みにおける共通の特色を，次に挙げる6つの次元にそって分析することから始めることにしよう。

・政治的目的が常に優先されてきた。
・経済成長と完全雇用が福祉増進の主な原動力である。
・生産主義的福祉が目標である。
・福祉主義は避けられてきた。
・家族に福祉機能の重要な役割が与えられてきた。
・国家の権限は強大であると同時に制約もされている。

　これら6つの次元による分析の後に，アプローチ，制度的枠組み，財政，そして4つの国・地域のそれぞれの特徴的な政策という観点から類似点と相違点を考察してこの節を締めくくり，次節で行う東アジア福祉モデルについての論議に備えることにする。

政治的目的が常に優先されてきた

　4つのタイガー諸国・地域は，単に福祉の必要性というよりはむしろ政治的な理由による必要性から社会政策を発展させた。1950年代以降これらの国・地域は，社会の安定，政治体制の正統化，そして国家の建設を最優先課題とし，政府の活動はすべてこれらの目標に結びついていた。中国革命の後の台湾や朝鮮戦争後の韓国における独裁政権は，その極端な例である。クォンは韓国で1961年の朴軍事政権が初期に福祉政策を熱心に進めたのは，「その政治的非正統性を埋め合わせるための先制攻撃だった」と述べている［Kwon, H.J., 1998a：54］。台湾の蔣介石国民党によって着手された社会政策改革についても同様である。香港のイギリス植民地体制にとって，国家の建設は重要事項ではなかったため福祉政策の目的は多少異なっていたが，社会の安定はやはり重要で明確な課題であった。タンは福祉政策の発展を1966～67年の暴動後の「社会安定化の重要な鍵」とみている［Tang, 2000：129］。最後に，形式的には民主主義国家であるシンガポールも，社会状況の安定という課題のために福祉政策が進められてきた。トレメワンはシンガポールの福祉政策の2つの鍵である中央積立基金制度（CPF）と公共住宅政策は，社会の安定性と政治的正統性に大きく影響されてきたと述べている［Tremewan, 1994：54］。中央積立基金制度は，現政権に対する，「強力な関与」を付与するものであり，政府はこれによって「大き

な権限」をもつことができる。また，「公共住宅政策は疑いもなく労働力を再構築し安定させるための強力な規制メカニズムとなっている」とも論じている [Tremewan, 1994：71]。この解釈は，シンガポールの上級相リー・クァン・ユーが自身の社会政策について，「私にとっての最優先課題は，国民すべてが国とその将来に関心をもつようにすることであった」と述べていることからも立証される。彼は，まず第1に，「持ち家社会 (home-owning society)」を追求し，次に中央積立基金制度を設立した。つまり，「政府は，持ち家を与えることで，労働者に公平な分け前を与えるという約束を実現し，そのことによって産業平和がもたらされた」のである [Lee, 2000：95-7]。

　政治的関心が社会政策の発展を形成する過程を詳細にみると，リーの主張が暗示している政府と反対勢力の間における暗黙の合意が重要な鍵であることが明らかになる。暗黙の合意の中心にあるのは，融和政策によって十分な見返りが得られるという与党の意思表明である。福祉の発展は，そこでの変換取引の産物の重要な要素である [Pei, 1998：53-4]。タイガー地域では，どの政府も社会福祉給付を与えることによって主要な団体を体制内に取り込んできた。公務員に対して，年金，傷病手当，医療などの福祉制度の寛大な給付を与える一方で，一般大衆に対しては，福祉給付は国民を経済的にも社会的にも弱くすると強調している。香港とシンガポールも常に公務員に対して多大な特典を与えてきた。1963年には，韓国は公務員と軍人，教員に対し，年金制度，医療保障その他の給付制度を取り入れた。また，1990年代初めまで，台湾中央政府の福祉関係支出の総額の75％が公務員と軍人に対して使われた [Ku, 1997：58]。タンは東アジアのタイガー諸国・地域では「社会保障は，政治的に重要な利害関係があるグループに対する武器である」と述べている [Tang, 2000：139]。

　東アジアのタイガー諸国・地域における政治目的化された福祉制度には，多くの要素が潜んでいる。第1に，これらの国・地域は戦争から出現したという共通の経験をもっている。韓国と台湾は「いまだに終結していない内戦から生まれた国々」であった [Woo-Cumings, 1998：319]。香港とシンガポールもまた，常に危機にさらされている国・地域であった。このような状況のなかで，福祉政策は政治的正統性を示し社会を安定させるための手段のひとつとして用いられてきた。第2に，これら4つの国・地域においては，政治権力者は社会政策

を上意下達式の官僚主義的な方法で管理し,政治的目標と戦略を徹底させてきた。香港,韓国,台湾で民主化運動の一環として市民の草の根運動が始まり社会政策の変化を促したのは,1980年代になってからである。第3に,タイガー地域は福祉政策を社会不安に対する危機管理の手段として使ってきた。それらの例は,1960年代の香港とシンガポールに,また1980年代の韓国と台湾にみることができる。4番めは,これら4つの国・地域の政治体制はその政策実行力を誇り,それを理由に社会政策のコントロールを維持しようとしてきたことである。ルートは,政府の政策能力が基本的に重要であるとみている [Root, 1998:62-3]。タイガー地域の政治体制の特徴は,官僚的な管理能力が高く,また市民社会と対話するための有効な経路をもつことである。これら4つの要素は政策の発展のために非常に重要であった。

経済成長と完全雇用が福祉増進の主な原動力である

　タイガー4つの国・地域にとって,もっとも重要なことは経済の成長への関わりであった。1960年代の経済の離陸以降,それぞれの国は成長という課題に追われ続けてきた [Morley, 1999]。ジョンソンは日本の状況を分析し,国家の最優先事項がその国の本質を決定すると論じている [Johnson, 1982:307]。朝鮮戦争後の何十年かにわたり,これら4つの国・地域は経済発展と国際競争力,完全雇用を最優先の課題としている点で日本と一致している。成長することだけが,直面する政治,経済の大問題へのたった1つの有効な対策であるという筋書きを確立するためには,しばしば状況に応じた決定を下すことが非常に重要であった。即時即応的な要素はその他の諸要因とともに成長のために大いに貢献してきた。ペンペルはタイガー地域の経済的な成功は,「誇張されすぎている」。それらは,「あまりにも多くの『好』条件が重なった結果である」と論じている [Pempel, 1992:82]。タイガー地域において,経済成長が政府の中核的な関心となっていたことが重要である。カステルは「第1に,アジア新興工業国にとっては,国際競争力をつけることが,国家としても社会としても生き残るための方法であった。第2に,世界の中で,自国の利益を主張するための唯一の方法であった」と述べている [Castells, 1992:57]。タイガー地域の特徴を決定づける重要な点は成長への深いこだわりであり,高度経済成長期を通じて

精力的に強調され続けた。

　その結果として，完全雇用が福祉を進める原動力であると考えられるようになった。パッテンは香港総督として，「完全雇用は政府のもっとも重要な社会的な目標であるべきだ」と述べている [Patten, 1995：6]。彼の言葉は，完全雇用は経済政策の中心としてだけでなく，社会政策の中心にもおかれるべきであるということを意味している。ジェイコブスは「東アジア経済における社会福祉政策を概観するときに，完全雇用の問題は非常に重要である」，というのは「東アジアの福祉国家は完全雇用を中心にして成立している」からであるという意見を主張している [Jacobs, 1998：66]。就労は，それによって得られる所得だけでなく，労働者階級のなかでの位置によって直接あるいは間接的に国家から受けられる給付に差を生むという点からも福祉の中核である。このことは，韓国と台湾の社会保険制度や，香港，シンガポールの積立基金制度の受給者資格にも現れている。

　以上のような社会政策の方針にもとづく開発主義的アプローチは，欧米では，ミルトン・フリードマンなどの経済学者やロナルド・レーガン，マーガレット・サッチャーなどの政治家たちと関連づけられる「浸透」理論である。タンは，「アジアのタイガー諸国・地域は，開発に関する浸透理論（trickle down theory）[*1]の熱心な信奉者である」と主張している [Tang, 2000：139]。彼らは経済が成長し，段階的に生活が豊かになることによって，いろいろな分野での社会政策が不必要になる，あるいは，残余モデル[*2]として最低限の施策だけが必要になると主張している。タイガー地域においては，経済成長と完全雇用が福祉実現の王道と考えられてきた。経済が成長し，公的福祉の必要性と国民からの圧力がなくなった場合には，開発主義的アプローチは自己正当化でき，また国家の制限された支出が将来にわたっても最善の方法であるという証拠を示すことになる。

生産主義的福祉が目標である

　タイガー諸国・地域の福祉の本質は，多くの文献で論じられているが，それらは生産主義という概念に集約できる。デヨは，それらの地域・国の社会政策への取り組みが「経済開発政策からの要請と結果によって方向づけられている」

と論じ，「開発支援的社会政策 (developmental supportive social policy)」として特徴づけている [Deyo, 1992：289-90]。グッドマンとペンは「福祉政策は社会的な配慮より，経済的配慮によって決定されてきた」というように結論づけている [Goodman and Peng, 1996：198]。ホワイトとグッドマンは，福祉サービスの供給を経済発展政策におけるひとつの要素とし，「開発主義的福祉システム (developmental welfare system)」という用語を使っている [White and Goodman, 1998：15]。また，タンは社会福祉制度は「資本主義経済の単なる付属品にすぎない」と論じている [Tang, 2000：156]。ホリデイは東アジアにおける「生産主義的福祉資本主義 (productivist welfare capitalism)」の世界を検証した [Holliday, 2000]。この議論の本質は，社会政策の主たる目的は経済発展の推進であるというものである。発展途上国においては，社会政策は独立した位置を占めず，中心課題である経済発展を推進し支えるという従属的な立場にある。政府が社会政策に力を入れるのは，経済発展に役立つという仮説にもとづく。

　結果として，東アジアのタイガー地域の主導的な社会政策は，もっぱら経済的目標を掲げてきた。香港の公営住宅とシンガポールの中央積立基金制度による公共住宅は古典的な例である [Castells, 1992；Tremewan, 1998]。シンガポールにおける1970年代後半の賃金引き上げ政策は，社会的というより経済的な理由によるものであった。政策の目的は，雇用主が支払う賃金の額を引き上げることにより被雇用者に対し質の高い労働を要求し，その結果として生産性が向上することを求めるものであった。海外からの投資を抑制する原因となっていた1950～60年代の労働争議に対する解決努力も，経済的理由が重要な要素となっていた [Root, 1996：48]。つまり，タイガー地域は，経済発展にとって有効な社会政策をつくることに大きな成功を収めたともいえる。デヨは「労働生産性を向上させ，企業教育を強化し，給与への助成を行う社会政策によって，経済は発展してきた……経済発展と事前対策としての社会政策は相互に支え合っている」と述べている [Deyo, 1992：304-5]。

福祉主義は避けられてきた

　タイガー地域の生産主義の本質のもうひとつの側面は，福祉主義を非難してきたことである。これらの国・地域はすべて，リー・クァン・ユーがいう「福

祉社会ではない公平な社会」をめざした [Lee, 2000：ch7]。したがって，これらの国・地域は経済とその機能，福祉に関する国の適切な役割，そしてヨーロッパの福祉国家についての独自の見解をもっている。

　タイガー地域における経済成長へ集中的に取り組む政策を支えてきたのは，資本主義経済の適正な機能をめぐる独特の見解である。その見解は国際的にケインズ学派が正統と認められた時代に形成された。ケインズと彼の信奉者たちは，資本主義の発達のために政府が重要な役割を担うという見解をもっていたが，この見解はこの点で一致する。ウェードは，政府が市場を「統治」しなければならないと表現している [Wade, 1990]。東アジアの発展に関する研究文献からも明らかなように，ほとんどのタイガー諸国・地域は綿密に市場の統治を行ってきた。香港には一部例外的な部分があり，他の地域・国では政府が果たす機能を政府と民間組織が協働でインフォーマルに行ってきた [Henderson, 1993]。タイガー諸国・地域は，経済領域における需要管理と等置されるような社会政策であるベヴァリッジ方式[*3]の福祉への関与を拒否し，その点でケインズの弟子たちと決別した。すべてのタイガー地域においては，個人が責任を果たすことが経済発展の鍵であり，国の過剰な福祉政策によって個人の責任性が弱体化するのを防止する必要があった。新しい方式の導入や効率が報われる低負担，低福祉体制が，すべてのタイガー地域で確立したのである。

　タイガー地域は，福祉における政府の役割について独特の信念を展開した。徹底した実用主義のため，それらの原理は時には変化することがあったが常に意識されており，生産部門への支出と非生産部門への支出の差となって現れている。たとえば，教育や訓練などを通じて行われる生産部門への支出は経済成長に貢献することになる。非生産部門への支出に対する経済的見返りは確かなものではない。タイガー諸国・地域は教育に対し著しく多く支出している。また，これらの国は保健医療サービスの普及を確立しようとしたが，そのなかで香港だけが税を基盤とする医療制度を構築した。これらの国・地域はすべて社会保障と社会的ケアについて消極的である。社会保障は個人や家族の責任を衰退させ，制度への依存を助長するものと考えられた。社会的ケアは本質的には家族の責任であると考えられている。

　もっと一般的にいうなら，福祉に対する責任は公と民間の双方によって担わ

れるものであるという信念が存在する。しかし，このことについてはあまり広言していない。地域，家族，企業は役割の一端を担うことを求められる。香港では，雇用主は社会保障に対して大きな責任をもっている [Jacobs, 1998：28]。韓国では，正規就労者に限られてはいるが，企業が疾病給付，退職金，児童手当などの重要な供給者となっている [OECD, 2000b：124]。韓国と台湾では，医療サービス財政の約半分は利用者自己負担によるものである [Jacobs, 1998：28-9]。その結果として，これらの国・地域には普遍的な市民権としての福祉という意識はほとんどないか，あっても非常に弱い。これらの権利は社会保険もしくは医療保険への拠出によって得られるものであり，単に市民であるというだけでは保障されない。同様に困窮者に対する一般的な公的責任という概念はほとんど存在せず，それは社会一般ではなく家族や地域に課せられている。これらの国や地域の社会には，「政府によって保障される社会福祉サービスの供給に対する抵抗感」が存在する [Goodman and Peng, 1996：198]。同様に，社会正義あるいは再分配の手段としての公的福祉に対しては，支援はほとんどない。ジョーンズは「どの社会にも，現実的な（強制的な）再分配はいうまでもなく原理的な『社会正義』の実現に対しても一般大衆からの要求はなく，実際に行われている再分配のままにおかれている」と述べている [Jones, 1990：455]。事実，不平等を是正する施策への反感も存在している。シンガポールのゴー・チョク・トン（Goh Chok Tong）首相は「もし社会のレベルを低下させたいなら，言い換えれば，誰もが平等な社会を望むなら，豊かさを分け合うことはできない。貧困を分け合うことになるのだ」と述べている [Cited in Rodan, 1996b：81]。

このようにみてくると，タイガー地域の社会がヨーロッパ福祉国家に対してもつ反感は当然のものと理解できる。また，この反感には時代的な要素も影響している。ちょうど国家福祉主義が衰退していく時期に，タイガー地域の福祉制度は発展し始めた。そしてその当時，政治家や社会政策学者たちは「福祉国家の危機」という問題に夢中になっており，タイガー地域の福祉国家に対する反感はさらに深くなっていったのである。それだけにとどまらずラーミッシュは，シンガポールにおける「福祉国家に対するイデオロギー上の反感」を指摘している [Ramesh, 1997：1103]。そして，人民行動党は意見の一致を確信しており，1998年の予算教書において，「過度の福祉施策は個人の責任や独立独行，

地域の相互扶助そして勤労倫理を衰退させ、われわれの社会の組織を崩壊させる」と述べている［Tang, 2000：42］。クァーは、発展についてのシンガポールモデルを構成している9つの政策の1つとして「福祉国家の拒絶」を重要視している［Quah, 1998：105-6］。上級相のリーは「イギリスやスウェーデンにおける際限なく増加する福祉国家のコストをみて、われわれはこのような弱体化させる制度を避けようと決意した」と述べている［Lee, 2000：104］。その他の地域・国についてみると、タンは香港を「方向としての反福祉主義」、台湾を「思慮深い反福祉主義」［Tang, 2000：131］と表現し、タイガー地域には「社会福祉に対する不信感が浸透している」と結論づけている［Tang, 2000：135］。

家族に福祉機能の重要な役割が与えられてきた

　すべてのタイガー諸国・地域では、家族が福祉給付の中心的な担い手となっており、儒教社会における社会的安定や福祉に対する家族の重要性が強調される。ヨーロッパ型の福祉国家に対する東アジアの国・地域の反感を構成する主な要素は、国による福祉サービス供給が家族によるサービス供給や絆を弱め、社会の安定を危うくするという考え方である。リーは「男性が、両親、妻、子どもなど家族に対する責任をもつという儒教の伝統を強化することがもっともよい方法である」と記している［Lee, 2000：104］。

　これら4つの国・地域の社会はすべて儒教の伝統を受け継いでおり、しっかりとした儒教の文化的基盤が存在する。儒教の伝統は親孝行や家族の義務を強調するが、さらにこれらの伝統を現代に存続させるため、香港以外ではこれらの義務が法制化されている。台湾と韓国では、児童、配偶者、両親、きょうだいを含む家族扶養義務を個人に強制する法律が成立した。このような義務づけ[*4]により、公的扶助の大幅な削減が可能になる。シンガポールでは、1996年以来、子から援助を受けられない高齢者はその子を相手に訴訟を起こすことができるようになった。香港にはそのような法律はないが、調査結果によると、このような制度に対する市民からの大きな支持があることが明らかになっている。

　拡大家族による福祉供給は、国家による制限的なサービス供給を正当化し、合法化するために利用されてきた。家族が自らの家族内、親族内でケアや所得の再分配を行えば、政府はこれらのサービスを供給する必要がなくなるという

理由で，家族によるケアを推進させた。シンガポールでは，「家族の中の弱者を支える責任をその家族が負うことを政府の社会保障戦略の基本として奨励している」[Ramesh, 1992：1101]。より最近では，「高齢期におけるニーズに対する家族と個人の責任を確立するための政府の意思決定が緊急課題」となっている [Ramesh, 2000a：163]。

国家の権限は強大であると同時に制約もされている

　政治の局面に戻ってみよう。4つの国・地域に関する多くの興味ある逆説のなかのひとつは，すべての国・地域の権力は強大であると同時に，意識的に制約されていることである。これらの国・地域はすべて小さな政府の哲学を主張しているが，同時に，現実の問題に対しては非常に実用主義的であり，原理原則だけで決定されない。ここに私たちは，行動的でありながらも財政規模が小さく，また公的支出が少ない政府をみることができる。正確な比較は困難であり，公表されている数字は実際の額より少ない [Kwon, H.J., 1998a]。しかし，必要な限定をつけたとしても，これら4つの国・地域の公的支出が西欧に比べて少ないことは明らかである。

　これらの政府は，社会福祉に関して非常に行動的であるという意味で強大である。国のもつ役割はサービス供給や財政ではなく，規制や授権，組織化の範囲にとどめられる傾向があり，その意味で制約されている。これらの国・地域の政府は国民健康保険制度，国民年金制度をつくり，あるいは積立基金への加入を強制している。また，教育に関しても大きな役割を担っているが，教育サービスの供給に関しては限られた範囲でしか保障していない。政府の権力は強大であるが，各方面において，国の役割を計画的に制約している。そのことにより，ヨーロッパの国々が財政と供給の両方を行う傾向にある分野でも，制限することで財政不足に歯止めをかけつつ，現実にはサービスの供給を行っている。

　公的福祉に対する限定的な関わりはイデオロギーの産物である。少なくとも理論上では，これらの国・地域は小さな政府を信奉している。通常は制限している役割を超えて何かを行う場合は，そのことが国・地域を発展させるという野心に結びついた単なる実用主義が先行するときであり，ほとんどの場合にこの実用主義がイデオロギーを超えて発揮される。その結果，公共哲学があるに

もかかわらず，香港とシンガポールは大規模な公共住宅政策を実行した。なぜならば，この政策が政治的にも社会，経済的にもきわめて重要なものであると判断されたからである。また，韓国と台湾における健康保険制度の発展は，原理よりはむしろ実用主義に結びついた結果である。原則だけにもとづかない実用主義は，支払い能力がないからといって必要な治療を拒否されることは決してないという香港政庁の有名な宣言文の中にも表れている。保健医療についての普遍的な権利の原則は明確にされていない。なぜなら，それは個人と家族の責任，政府の限定的な役割という香港の公共哲学を弱めることになるからである。その代わりに実用主義的，常識的な方法が採用されるのである。

　強い権力をもったこれらの政府は，イデオロギー上の理由から，また過去とは異なる将来についての展望をもたないという理由から方向性が制約されている。ヨーロッパの福祉国家は，その発展の黄金期にあって，復興をはばみ大殺戮を起こす可能性をもつ巨人*5への関心と，これから生まれようとしている新しい世界への展望によって鼓舞されていた。東アジアにはこれらの将来展望はみられず，「経済成長および過去の家族制度と家族主義にもとづいた社会の安定を取り戻し保持する」という見解だけである。社会的な将来展望を欠く場合，実用主義が支配的になる。タンは第2次世界大戦後の台湾の福祉の発展について，「一貫性がなく対症療法的で，大きな展望に欠ける」と指摘している ［Tang, 2000：78］。また彼は，香港政庁を「明確な社会展望も包括的な将来設計もない実用主義的放浪者」と表現している ［Tang, 2000：126］。グッドマンとペングは東アジアの社会福祉の発展について「政府の福祉をめぐる方針は無計画で非常に実用主義的である」と評している ［Goodman and Peng, 1996：211］。このような政策哲学が政府の役割を制限的なものにしている。

類似点と相違点の評価

　タイガー諸国・地域の社会政策について，真の相違点を確認することが重要である。それぞれの財政のあり方は明らかに異なっている。香港では2000年に，強制積立基金制度（MPF）が創設された後でも，福祉は基本的に税にもとづく公費でまかなわれている。シンガポールでは公的福祉の財源は，常に，被雇用者と雇用主による中央積立基金制度への拠出を通して果たされる私的な強制貯

蓄および個人の責任でまかなわれる。それらとは対照的に，韓国と台湾では社会保険を基盤にしている。しかし，香港では高齢者への給付制度は税によってまかなわれ保険料の拠出やミーンズ・テストをともなわず，同制度は制限的とはいえ一種の普遍主義であり，アジアにおいては珍しいものである。シンガポールの中央積立基金制度が多目的な強制的福祉貯金制度へと範囲を拡張してきた過程もユニークである。異なった取り組みは異なった結果を生む。サービスの受給権についてみると，香港には税にもとづく普遍的な医療サービス受給制度がある。この制度のなかでは，受給に関する差はわずかな入院室料だけである。シンガポールでは，受給に関して一部分は個人のメディセイブの収支バランスによって決められる。韓国と台湾では，健康保険の被保険者であることが前提条件となる。かなりの自己負担が必要であり，このことがニーズにもとづく自由な受給を妨げるひとつの潜在的な阻害要因になっているとはいえ，最近では対象が拡大され，実質的にはほとんど普遍的なものとなっている。

　政策の方針の変遷についても相違がみられる。近年，台湾と韓国は重要な社会政策の改革を行った。台湾では，1994年，社会福祉政策の準拠原則を公表した。そして，その後すぐに全民健康保険制度が実施され，国は，規制に関する役割と並んで，新しい重要な財政上の役を担うことになった。生産的雇用に就いていない国民もすべて制度の対象とすることになった。韓国では，金大中大統領がその任期中に福祉国家に明確に関与するという見解を明らかにした[Tang, 2000：93-4]。韓国と台湾は，失業保険制度の実施に向けて動き出した。香港とシンガポールでは，新しい大規模な構想は検討されていない。

　このように，マクロレベルでの方策や原理における広い範囲の共通性とミクロレベルの現実面の相違がセットになっている。つまり，福祉について共通の哲学的背景をもちながらも，実際の政策は時にはかなり異なったものになっているのである。これらの相違は制度の枠組みの違いを生み出す。韓国と台湾の社会保険方式，シンガポールの中央積立基金方式と香港の実用主義的な税方式の相違が重要なポイントである。結果として，台湾と韓国では成長のダイナミズムを備えた強力な福祉基盤が整備されることになった。ジェイコブスは大げさな反福祉国家レトリックや政府の制限的役割が内在しているにもかかわらず，「台湾と韓国は全面的な福祉国家として徐々に成長し続けている」と述べてい

る [Jacobs, 1998：42]。これに対し，シンガポールと香港では，社会保険制度が常に発展させるような一種の制度的ダイナミズムをもつ制度は創設されていない。シンガポールの中央積立基金制度と香港の未成熟な強制積立基金制度にはこうした潜在的能力がない。ジェイコブスはさらに「香港とシンガポールの現行制度枠組みは，これまでのところできなかった重要な制度的変更が発展のためには必要不可欠であるという意味において成熟したものとなっている」と述べている [Jacobs, 1998：85]。

　韓国と台湾の健康保険制度は段階的改革主義によって進められてきたが，急速に発展している領域もある。たとえば，正式には生産人口ではない層を制度の対象にし，政府が非生産人口の拠出の額を肩代わりするなどラディカルな一面もあり，拠出制年金制度の対象の拡大も同様の視点でみることができる。段階的な改革により，新しい状況とさらなる発展のための制度枠組みが生み出されている。シンガポールの中央積立基金制度は，単に雇用主と被雇用者の拠出によってサービスを供給するには，その範囲が拡大しすぎてしまったといえるだろう。香港には税率を低く抑えようとする傾向があり，税を基盤とした制度を維持することの限界が明らかになっている。

　これら4つの国・地域においては，国家の福祉支出に関して全体的にも分野別にもかなりの相違がある。ジェイコブスは，香港とシンガポールはGDPの約5％を，韓国と台湾はその約2倍を支出していると算出している [Jacobs, 1998：88]。本書の4つの各章において，それぞれに検討した政策領域に特徴的な財政支出水準の特徴が示された。

　最後に，4つの国・地域の異なった歴史背景，環境，抱えている課題，方針の違いからくるそれぞれの特徴的な政策の差異をみてとることができる。住宅政策には，香港・シンガポールと韓国・台湾の違いがふたたび際立って現れている。香港とシンガポールはどちらも多額の公費を投入して公共住宅事業を実施してきたが，その内容は多少異なっている。香港の最初の目的は賃貸住宅の供給であった。その後，さまざまな住宅購入制度を拡大していった。シンガポールでは常に持ち家に重点がおかれた。土地が狭く住宅が不足していること，密集した都市国家であることなどが，これらの大規模な住宅計画推進の原動力となった。また，政府が住宅不足を深刻に捉え，重点的な住宅政策によって得

られる社会，経済，政治的な効果を認識していたことも関連している。韓国と台湾には，住宅政策に関してとくに目立ったものはない。

韓国と台湾では，失業率が高かった時期，必要に迫られて段階的な改革を行い，失業保険制度が成立した。香港とシンガポールにはそうした制度が存在しない。既存の社会保険制度がない状況で失業保険を実現することは非常に困難と思われる。一般的には労働に関する分野では，香港・台湾に比べ，シンガポール・韓国がはるかに積極的である［Joo, 1999a：71］。活発な労働運動の存在が重要な説明要因である。シンガポールの労働運動は，人民行動党によって施行された強力な対策によって早期に沈静化したが，韓国の労働運動は1970年代と80年代においても依然として活発であった。その結果，最低賃金法が1988年に施行された。また，女性差別禁止法が成立し，1年間の出産，育児休暇が認められるようになり，続いて1990年には，週労働時間が48時間から44時間に短縮された。

2 東アジア福祉モデル論争

以上の分析により東アジア福祉モデル論争はどこに行き着くのであろうか？ 私たちがこれまでに集めてきた論拠の内容は，タイガー地域における福祉資本主義という，首尾一貫した理論をもちつつも，特有の性質をもった第4の世界が存在するという指摘を支持するものになっているだろうか？ それとも私たちが整理した相違点はこのようなタイプ分けを否定するものであろうか？ 以下の項で私たちは，東アジア福祉モデルは存在するかについて検討する。どちらかというと学術的なこの観点の先には，非常に実践的な課題がある。もし東アジア福祉モデルなるものが存在するのであれば，それは中長期的に維持可能なものなのだろうか？ これが私たちの第2の関心事である。

東アジア福祉モデルは存在するか？

私たちが出した答えは，第4の福祉資本主義が存在するというものである。これら4つの国・地域には，エスピン-アンデルセンが提起した3つの世界［Esping-Andersen, 1990］でとられているアプローチとは根本的に異なるアプ

ローチが存在することを，私たちは見出している。本質的に異なるのは，4つの国・地域はその根本に生産主義的本質を備えているという点である。また，これら4つの国・地域の間にも相違点は存在しており，これらは見逃されたり，過小評価されてはならない。しかし，これらの相違点は事実でありながら，2次的なものでもある。つまり，どうすれば経済成長がもっとも効率的に推進できるかという似たような信念と，過保護な公的福祉に陥るのではないかという似通った不安をもち，また，福祉における国家の適切な役割に関する考え方を共有することで，これら各地域・国の政策策定者は同一の目標をもちながらも，異なる道を選択したに過ぎないのである。

　社会政策が経済政策の下位に位置づけられる生産主義的従属関係において，ホリデイは4つの国・地域が抱える社会権，階層性効果，そして国-市場-家族関係という主要課題に関する3つの異なるアプローチを設定した。そのアプローチとは，調整的促進者主義（facilitative）（香港），開発的普遍主義（developmental-universalist）（韓国・台湾），そして開発的選別主義（developmental-particularist）（シンガポール）である［Holliday, 2000：709-10］。上記の3つの主要課題に対して，調整的促進者主義政府の社会福祉事業が与えるインパクトは，もっとも低いレベルに位置づけられる。香港政府は社会政策に活発に介入しているものの，社会権に関してはほとんど関与せず，階層化と不平等に関しては限られた範囲で介入し，政府が市場にとって代わるというよりも市場に優位性をもたせている。これとは対照的に韓国と台湾では，労働市場における基幹労働者の社会権を拡大する意味をもつ社会保険が，生産主義の主たる要素を増強し，市場や家族の役割を下支えしている。シンガポールでは，社会権ではなく強制的な個人貯蓄制度の提供を強調し，これが雇用における個人の立場を強めている。市場と家族の関係でみてみると，国は市場の役割重視の立場をとり，家族の責任を促し，また強要しようとしている。

　タイガー地域で経済目標を達成するのに社会政策は不適切でマイナスに働く可能性をもつものと考えられていたとき，ヨーロッパタイプの社会保障制度が厳しく制限されていたのは明らかであった。4つの国・地域が共通してもつ指向の原点はここにある。このような国の第1目標に対して，福祉がもっともよく貢献できるようにするにはどうすればよいかについては異なる考え方がある

が，（したがって，社会保険制度や中央積立基金制度，あるいは税にもとづく包括的社会保障扶助制度といった制度が形成されたのであり，）これらは共有する目標達成のための異なるアプローチを示しているに過ぎないのである。経済成長が広義の福祉の基礎を固めるための唯一の手段と考えられていることから，4つの国・地域における福祉へのアプローチを形づくり，また定義づけるものは生産への考え方であるといえる。

東アジア福祉モデルは維持可能か？

では，生産主義的福祉資本主義はどれくらい強固に根づいているのだろうか？　これは単に特定の経済的，社会的，政治的状況における特別かつ一時的な産物なのであろうか？　将来直面すると思われる衝撃や課題にどれくらい耐性をもっているのだろうか？　この項では，タイガー地域の福祉アプローチが向き合うことになると思われる課題について検討してみたい。これら4つの国・地域内にある圧力や変化の本質は多様であり，各国・地域が同じような圧力や変化を受けても，それぞれに対応は異なる。また，課題への挑戦は当然のことながら危機にも好機にもなるが，それは政策決定をする人々の感じ方やもっている資源しだいである。

タイガー地域の生産的福祉資本主義アプローチは長い間，次の5つの点を主たる柱としてきた。それらは，顕著な経済成長，若い人口構成，家族の強い絆，社会的抵抗や社会的圧力が少ないこと，そして西欧福祉国家を巧みに批判する政府である。これら5つの柱はすべて，長期的趨勢と短期間の経済成長を背景に，1990年代半ば頃に比べて弱まっているように思われる。短期間の経済成長のうちもっとも重要なのは1997年のアジア金融危機とその直後である。金融危機が始まってから5年以上たっても，タイガー地域の経済はいまだ以前の経済ダイナミズムを回復できないでいる。だが，危機より前に，グッドマン，ホワイトとクォンは「その基本的特性からみて，東アジア福祉モデルの維持可能性には大きな疑問がある」と述べていたのである [Goodman et al., 1997：376]。

タイガー地域のアプローチが直面する課題のうちもっとも確かなことは，急速かつ持続的な経済成長と，それによって生み出された経済的威信の終焉がみえてきたことである。金融危機がこれら4つの国・地域にもたらした影響は，

事実上の経済破綻にいたった韓国から，深刻ではあるが壊滅的な影響までにはいたらなかった香港，そして即時的影響はあまり受けなかったシンガポールや台湾というように，かなり異なっている。しかしながら，これら4つの国・地域はすべて，東アジア地域全体の経済的減速のみならず，地球規模の経済的減速の影響を受けてきた。そして5年以上たって，実のところ韓国経済がもっとも力強く回復してきているようにみえる。タイガー地域の社会政策は経済成長を福祉の源泉とし，また，経済成長を社会的政治的諸問題の主たる解決策である成長の源として捉え，それへの忠誠のうえに成り立っていたため，約30年間にわたってその戦略は非常に成功していた。成長が福祉を高めたのである。成長は政治的社会的安定性を強固なものにし，また，人々の期待にも応えた。完全雇用を実現し，機会を広げた。広範囲な福祉サービスにも痛みを感じずに財源投入できるようになった。そしてまた，成長は福祉への国の関与を低位にとどめる正統性を示すことにもなったのである。

　持続的な経済成長と完全雇用の時代の終焉は，政府のみならず，人々にも大きなショックを与えた。それがもっとも明確かつ即座に現れたのが失業の増加で，それが「完全雇用を前提として成り立っていた」システムを荒廃させていたのである [Jacobs, 1998 : 12]。影響を受けた人々に対する特別な施策はほとんどなかった。韓国における失業率は，1997年10月の2.1%から99年2月には8.6%に上昇した。政府はまだ初期段階にあった社会保障制度の対象と給付水準を早急に拡大する措置をとった。労働者，雇用者，政府の代表からなる三者委員会が労働問題を協議する場として1998年1月に立ち上げられた。ジェイコブスがいうように，「タフな」福祉国家は好景気では機能するが，「韓国が経験したような危機がひとたび起これば，従来型の失業保険に代わるものはなにもない」[Jacobs, 2000a : 19]。クォンも同様の点を指摘している。政府の政策は「積極的労働市場プログラムから社会的セーフティネットと貧困削減プログラムへとその重点を転換しなければならない」[Kwon, S., 2001 : 106]。より一般的には，経済成長が止まったことが政府の自信をくじくことになったと考えられている。そのことが，成長は福祉への最善の道であるという信念をなえさせることにもなったし，また，政府財政から社会的プログラムに対して安易に予算配分されることもなくなった。これが失業を生み出し，一方で，個人や家族，

表7-1 東アジア・タイガー諸国・地域における65歳以上人口割合の推移予測 (単位：％)

	1995年	2020年	2040年
香　港	10.2	19.3	32.6
シンガポール	6.7	16.0	24.4
韓　国	5.9	13.2	19.3
台　湾	7.6	14.1	21.5

出所：[Jacobs, 2000b：Table 4]

　社会の安定のために社会保障給付の拡大を求める圧力となったのである。この事態は，タイガー地域の本質的基礎をなしてきた，成長がすべての解決策であるとする成長への信頼に対する挑戦であった。
　より長期的にみると，人口の高齢化が現在の社会サービスの供給パターンに対する厳しい課題となっている。4つの国・地域はいずれも高齢者人口の急激な増加を経験している (表7-1)。出生率の低下と寿命の伸長により，減少傾向にある労働者人口に依存する高齢者人口が増えることになる。高齢者はまた，より長い期間を社会保障システムや類似の制度か，あるいは自分の貯蓄や家族の支援に頼ることにもなる。現在のタイガー地域における高齢者に対する社会保障給付は非常に限られたものに過ぎない。香港のものは低い水準の包括的社会保障扶助制度を主とするミーンズ・テスト付きの給付プログラムである。シンガポールには中央積立基金制度があるが，老後に適切な額の所得を提供する能力をその制度が備えているかについて多くの専門家が危惧している [Asher, 1998; Ramesh, 2000a：57]。韓国の国民年金制度は財政的実行可能性が疑われている [Kwon, S., 2001]。台湾では新しい国民年金制度の導入が検討されているところである。はっきりしているのは，どのタイガー地域も，老後に十分かつ安定的な所得を保障するような制度をきちんともっていないということである。タイガー地域がそういった制度を創設できるようになるには少なくとも20年はかかるであろうし，そのための政治的意思が示されなくてはならない。
　新たな制度をつくり，かつ (あるいは) 現行の制度を改良せよという圧力が，高齢者自身や，制度が整わない場合に責任がかかってくる高齢者の家族から加えられることが将来的には考えられる。シンガポールのように政治的にうまく統制された社会でさえ，高齢化によって引き起こされるであろう，避けられな

い政治的圧力の機先を制するため，リー上級相は，利己的かつ同世代の利害を反映した投票を行うであろう高齢者の票に対抗し，経済活動に参加している有権者にはもう1票与えるとする施策を提案した［Ramesh, 2000b：253］。そもそも福祉支出の少なさをめぐる国際競争のテーブルにタイガー地域がつくことになった主な理由は，社会保障への拠出が抑えられていることであった。社会保障関連支出の主たる要素は退職者年金であるから，タイガー地域の政府の財政支出が全般的に低いのは，退職者年金に対する支出が少ないことがその根底にあるといえる。今後何十年かにわたってその数値は，人口高齢化から多大な圧力を受け，またさらなる圧力にさらされることになるであろう。

　ニーズのある人々に所得やケアを提供することにおいて，家族はタイガー地域の福祉システムの要となってきた。家族責任という強固な倫理観があるため，そういった倫理観がない場合に比べて，公的サービス提供が低いレベルにとどめられていることはほとんど問題視されてこなかった。韓国および台湾における約半数の高齢者の収入源は主として彼らの子どもである［Kwon, H.J., 1999b：11］。1980年代末から90年代にかけて，韓国の高齢者の65％，台湾の74％が子どもと同居していた［Kwon, H.J., 1999b：Table 4］。比較可能な西欧に関するデータをみてみると，同居率は5～15％に過ぎない。明らかにいえることは，韓国や台湾では，高齢になった親の所得が減った分，子が扶養してきたということである［Kwon, H.J., 1999b：11］。韓国で子により扶養される高齢者の所得割合は1981年に70％であったが，1994年には44％に減った。台湾では1986年に68％であったのが，93年には53％に減った。この減少した分は高齢者自身が余分に稼いだ収入で埋め合わせしてきた。しかしながら，経済が低迷し，失業の多い時勢においては，高齢者は労働市場から真っ先に放り出される存在であるため，これは長期的解決策にはなっていない。したがって，家族内移転はすでに，許容範囲の生活水準を高齢者に保障するには十分でなくなっており，時とともにますますその傾向は増しているのである［Kwon, H.J., 1999b：14］。

　タイガー経済地域に起こっていることは，すべての産業化社会で不可避的に引き起こされてきたことである。拡大家族のサポート機能や潜在的力が低下してきたのは，モラルの崩壊が原因ではなく，核家族化や地理的流動性の増大，そして正規労働市場への女性の統合が進んだことに起因している。家族の規模

が小さくなれば，世話の必要な家族員の数が少なくなる傾向にあるわけだが，同時に高齢者はより依存的になり，また依存しなければならない期間も長くなる。これらすべての事柄の根本にあるのは，4つの国・地域の人口が急速に高齢化しているということにある。これらの国・地域では適切な年金制度をのんびりと整備してきたが，それは若い人口構成と家族によるサポートという強い伝統があったためである。その結果起こっているのが所得の上昇とケアのギャップであるが，政治家は支出の増大を恐れて，このことをなかなか認めようとしてこなかった。しかしながら，ジェイコブスが結論づけたように「国がそのギャップを埋めなければならなくなると思われる」［Jacobs, 2000b：11］。また，そのことへの圧力が強くなることは必定である。

　権利の考え方の浸透は，これまでのところ比較的一時的なものに過ぎなかったが，今後，さらなる挑戦をもたらすものと思われる。台湾の全民健康保険制度は，分野別の制度から，年齢やジェンダー，職業・職種にかかわらず，権利にもとづく制度への転換を迫られ，急進的な動きをみせている。台湾ではまた，1980年代末から特定のニーズを抱えたグループへの対象拡大を求める社会運動が展開されてきた［Ku, 1998a：120］。同様の傾向は香港でも明らかにみられた。チョウは「民主主義的参加とシティズンシップまたは福祉への権利は，1980年代半ば頃から徐々に社会福祉の発展に影響を及ぼす重要なイデオロギーになってきた」と指摘している［Chow, 1998：164］。OECDによると，韓国で1999年8月に制定された国民基礎生活保障法は「権利に基づく包括的な社会扶助制度」を代表するものである［OECD, 2000b：143］。サービスへのアクセスに関する権利認識やシティズンシップの権利としてのサービスという認識，あるいは機会均等に関する認識は社会福祉発展に向けた大きな潜在的推進力である。4つの国・地域における政策策定者はこれまで，ダイナミックな変化が現実に生じることを避けるために，権利意識を常に押さえ込んできた。しかし，権利という考え方は，民主化や市民社会の成長，グローバリゼーションといった他の事柄の発展によって培われてきているのである。

　1997年にグッドマン，ホワイト，クォンは東アジア福祉モデルを「民主主義的政治的圧力の脅威のもとに成り立つ」と説明した［Goodman et al., 1997：377］。その頃，香港，韓国，台湾では民主化が力強い推進力になっているようにうか

がえた。しかし，その後，香港では民主主義的開発が後退してきている一方，韓国，台湾では民主化が重要な要素であり続けている。タンは「韓国および台湾の経験は，民主化が社会福祉の発展に重要な要素になりうることを示している」と指摘する［Tang, 2000：60］。タンはまた，民主化は「経済成長の成果の一部を平等に分配していくことについて，これら開発主義的国家が新たな責任を担っていくことを強要するものである」としている［Tang, 2000：158］。また，台湾で「1980年代末の社会経済的変化を社会政策の新たな発展へと転換していったのは政治改革であった」とクォンは述べている［Kwon, 1998b：48］。その一方で，香港では韓国や台湾とは対照的に，民主化封じ込めが「福祉拡大の抑制につながった」［Tang, 2000：159］。

　民主化はさまざまな形で国に対する圧力となっている。もっとも重要なことはおそらく，政治における競争の時代の幕を開けることであろう。台湾ではこれが現実となり，民進党（DPP）が誕生した。台湾を支配し，長期にわたり経済政策を成功させてきた実績をもつ国民党（KMT）に対抗する道筋をつけるために，民進党は社会政策課題に焦点を絞ることを決断し，国民健康保険および年金に関する議論を政治的アジェンダに挙げさせることに成功したのである。2000年3月には民進党から立候補した陳水扁が大統領の座についた。同様の動きが韓国でも起こり，民主化によって，「政府が常に無視できるとは限らない課題について，新たに力をつけてきたグループが発言する機会がうまれた」［Ramesh, 2003：93］。政治における競争はまた，議論を活発にし，利害関係者グループを成長させ，さらには市民社会および社会政策の発展への推進力となる，「よい」社会というもう1つのビジョンを売り込むことにもなった。韓国と台湾における国と社会の関係は1980年代末に転換期を向かえたわけだが，その鍵となったのは，市民社会の自己主張が強くなったことであった［Castells, 2000：300-2］。香港では1980年代末，利害関係者グループとアドボカシー・グループが政府の政策に影響力をもとうと，さらに活発さを増し，民主主義の進展への圧力構築に重要な役割を果たした。民主化はまた，政治的アジェンダを変えさせ，長期政策よりも短期政策をより重視し，人々の社会的ニーズの充足を優先する方向へと転換させた。

　民主化のテーマとある意味でつながりつつも別の意味で分かたれているのだ

が，人々の期待の高まりも社会政策の変化を進めていく助力となっている。豊かさの増大，より高水準の教育，他国の状況に関する認知度の広がりがここでは鍵となっている。4つの国・地域において高まっている向上心と競争の圧力にさらされているのが，社会保障給付とそれへの政府支出，女性への平等な機会提供を推進する政策，そして環境保全と環境改善に関する政策という3つの領域であることは明らかである。政府をはじめ，沸き起こる社会運動や政治グループの主張や政策策定者，政策を調整し具体化する役割を担う人々は，自分たちの社会と西欧の社会における社会保障給付のパターンや寛大さの違いについて，これまでより多くのことに気づくようになってきた。長年，タイガー地域の政府は道徳的，政治的高地に立ち，タイガー地域のやり方の優れたところを強調してきたようにみえる。しかし，経済成長が揺らいで失業率が上がれば，経済効率を上げてきたのは社会保障への支出を低く抑えてきたからだという議論はあまり説得力をもたなくなる。また，経済，社会的被害者に対してより寛容な援助を求める主張が強くなる。同様に，女性の法的，経済的，社会的権利を向上させようとするグローバルな動きがタイガー地域の女性の琴線に触れないわけがない。もっと民主化の進んだ社会では，さらなる機会平等を促進し，また，女性に対する支援や子どもや高齢者に対するケアサービスが提供されるよう，国が積極的に介入するよう求める動きが強まっている。このような施策は，国際的に正当と認められている女性たちの切望を実現する前提条件として不可欠なものである。さらには，東アジアにおける急成長のなかで，環境問題への配慮は常に明日の課題として後回しにされてきた。しかし，ついにその明日がやってきたのである。環境は無償で与えられるものとみなしてきたことが，効果的な環境政策がほとんどないという状況を招いた。しかし，基本的ニーズの充足が主要課題でなくなるにつれて，向上心の高まりと豊かさの増大が環境への関心を喚起するようになるであろう。そうすれば，環境改善や環境関連サービスのインフラ整備に関する規制や資金援助について，政府の役割を強めるよう圧力がかかっていくことは避けられない。

　国内的圧力に目を転じてみると，サービスの成熟もまたタイガー地域における社会支出の増大を強いることになるであろう。韓国，台湾で年金制度に関連する支出が増大することは確実と思われる。ここには＜独特の＞成長法則も存

在しているのであるが，サービスはいったん制度化されれば，その実質的成熟と併せてサービスへの権利という考え方も発展し，種類，受益者，給付の寛容さなどの面において拡大される傾向にある。こういった展開を加速させるような圧力のかかる事柄を挙げるのはそうむずかしいことではない。その一例として，韓国，台湾において医療費への高率の自己負担制度が医療へのアクセスを悪化させていることが挙げられる［Jacobs, 2000b : 5-6］。もうひとつは，シンガポールの中央積立基金制度が老後に十分な収入をもたらすものではないという事実が明らかになってきていることが挙げられる［Asher, 1998 : 19-20］。より一般的な例としては，尊厳を保った生活水準に必要な所得を保障する公的扶助制度の失敗や，家族によるきちんとしたケアがますます困難になってきた高齢で依存度の高い人々が増加するなか，これらの人々に対して公的に提供される社会的ケアサービスの需要が高まっていることが挙げられる。

　現行のサービス提供の形式や水準に向けられる現在および将来の圧力を理解するのはむずかしいことではない。社会がいかにしてこれらの圧力に応じていくかということの方が，当然のことながら，ずっとむずかしい。アジア金融危機の影響とそれへの対応がさまざまであることが示しているのは，4つの国・地域が共通点を有しながらもいかに異なっているか，ということである。韓国は失業保険と公的扶助の強化により，福祉提供におけるネットワークを拡大することで対応した。香港は支出を削減する方策を模索した。シンガポールでは中央積立基金制度への雇用者負担が一時的に軽減され，事実上大幅な賃金カットが行われた。しかし，全体としてこれまでに概観した圧力は，基本的には国の役割の拡大や支出の増大に向けたものである。しかし，逆の圧力もある。もっとも明白なのは，経済成長率の低迷，財政縮小，社会的サービス強化に対する企業からの強い圧力である。

　当然のことながら，タイガー地域の政府は福祉への介入を拡大することになるだろうという論者や，そうはならないだろうという論者がいる。ラーミッシュは拡大の方向に行くであろうとする立場をとっている。彼の目に韓国は「萌芽期の福祉国家」と映るのである［Ramesh, 2003 : 88］。彼はまた，「台湾には福祉国家に転換する初期段階の兆候」がみられるという［Ramesh, 2003 : 89］。韓国と台湾は「保守主義的福祉国家へと転換する途上にある」とラーミッシュは指

摘する [Ramesh, 2003：98]。しかし，タンは台湾でいまだに勢力を保っている国民党がその反福祉の立場を変える兆候はみられないことを例に挙げて，台湾では福祉の発展や福祉支出拡大の兆候はそれほどみられないと述べている [Tang, 2000：165]。香港とシンガポールにおける福祉の発展可能性については，ラーミッシュもタンも大きな変化はみられないとしている。タンは，香港について「容赦なく残余的国家に後戻りしている」と述べており [Tang, 2000：166]，また，シンガポールの中央積立基金を中核とする制度が実際に変革するとは考えにくい，としている [Tang, 2000：170]。

3 21世紀のタイガー地域における社会政策と福祉資本主義

つまるところ，現代の福祉資本主義に関する議論は，グローバリゼーションにともなうさまざまな社会的，経済的変化を踏まえてなされる必要がある [George and Wilding, 2002]。したがって，そういった背景を踏まえつつ，タイガー地域の社会政策に関する私たちの分析を結論づけていきたい。そこでまず，グローバリゼーションの影響について述べたうえで，次にタイガー地域における社会政策について福祉資本主義の将来に関する国際的議論を踏まえて考察したい。

グローバリゼーションの影響

グローバリゼーションは社会政策の発展にさまざまな影響を及ぼす。研究者のなかには，高い税率や公的支出に対するグローバル資本の否定的な態度や，競争に対してより高い価値が付されるが，国に制約を課していると主張する者がいる [Ohmae, 1995; Cerny, 1997]。別の分析によると，グローバリゼーションは，グローバル経済に高度に統合された小さい政府が，グローバリゼーションによって引き起こされるリスクから国民を守るために社会的保護制度を発展させることを意味するのだという [Rodrik, 1998]。そのような国はまた，教育や訓練そして研究開発にも多額の投資をする必要に迫られる。たとえば，韓国経済の国際化はおそらく社会保障の拡大を遅らせたというよりむしろ，拡大に寄与したと考えられる。それは，OECDに加盟してから韓国は福祉の遅れた国であ

ることが露呈したことが要因になった,とラーミッシュは指摘する。このことが福祉発展への圧力を強めることになったのである。同様に台湾政府は,民主化と社会政策の発展が,台湾の国際的立場の改善および国際機関における望ましい正統なメンバー資格の確保に不可欠のものであるとみていた[Ramesh, 2003]。そしてそれ以上に,タイガー地域のすべての政府は国際競争における教育の重要性を認めており,これらの国・地域が比較的高い比率の予算を教育に投入している理由がわかる。

　グローバリゼーションはまた,アイデアや通説を流布させることでもある。このような考え方は社会開発にマイナスにもプラスにも作用しうる。1980年代には,福祉国家政策に対する新保守主義からの批判がタイガー経済地域の発展に深く影響を及ぼした。それとは対照的に,女性や子ども,障害者や疾病患者の権利についての考え方のグローバリゼーションは政府への強い圧力となり,各国・地域の政府はとくに優秀な若者を西欧に送って高等教育を受けさせたりして,国際社会から正統に受け入れられることをめざしたのである。すでに福祉国家に到達した国にとって,グローバリゼーションは福祉のさらなる発展を抑制するように作用しているのだが,福祉の遅れた国々にとっては,追いつかねばという圧力になっていくのである。

福祉資本主義の将来

　福祉資本主義に関する国際的議論は,グローバリゼーションがかならずしも福祉資本主義の終焉を合図するものではない,という説に収斂してきている。グローバリゼーションは確かに,福祉国家にとってむずかしい状況をもたらしている。ピアソンによると,私たちは「永続的緊縮(permanent austerity)」の時代に生きているのだという[Pierson, 2001:99]。しかしながら,グローバリゼーションの影響は非常に多様であることが証明されてきている。そこで鍵を握っているのは,経路依存性と各アクターの利害にもとづく複雑な選好という要素である[Pierson, 2001:12-3]。ただし,いまのところ,ほとんどの研究者がライブフリードの「底辺に向かうレースはまだ始まっていない」とする見解に同意している[Leibfried, 2001:5]。

　このテーマを発展させ,スワンクは,国際的な資本の移動に始まった激動の

ポスト1970年代は，福祉国家の削減をすべてにおいてシステム的に行ったわけではないと指摘する。政府の歳入拡大能力を減退させるということに直結したというわけでもなく，福祉国家を支える構造に切り込みを入れたわけでもない。かわりにグローバリゼーションの圧力は，福祉国家自身の国内的要素あるいは福祉国家の一部をなす政治のさまざまな内的要素によって緩和されてきている。全体として，スワンクは，大陸ヨーロッパの福祉国家がグローバルな圧力からきわめてよく守られてきたのは，普遍的な選挙制度や社会的コーポラティストの利害が代表される政策策定，中央に集中した政治的権力，そして普遍的かつ社会保険を基本とする制度構造があったからだと指摘する。それとは対照的にアングロ・アメリカ型のシステムにある福祉国家は，多数派に有利な選挙制度（majoritarian electoral system），多元的な利害が代表される政策策定，政策決定権の地方分権，そして自由主義的制度構造によって，グローバルな圧力からそれほど守られてこなかった［Swank, 2002］。これよりさらに厄介なことは，ライブフリードが指摘するように，「福祉国家の危機にしばしば貼られるレッテルは，単に閉鎖的な政治システムや拒否権に支配された政治システムの危機に過ぎないかもしれない」ということである［Leibfried, 2001：1］。

以上の分析に沿って東アジア福祉国家を考えると，私たちは，東アジアが西欧とは明らかに異なる方向に進んでいく過程の証人になるといえるのかもしれない。20世紀末まで議論は続き，タイガー地域がとってきた成長への成功戦略はその福祉システムを共通して生産主義的な方向へと展開させ，その特徴は4つの国・地域がもつ多くの相違点にまさるものである。30～40年にわたり，これが福祉資本主義というひとつの言葉で表されてきた。しかし，金融危機が突如としてこれらの国・地域の成長体験を妨害し，他のすべての先進国が進める永続的緊縮へと転換させたとき，それぞれの国・地域のあり方に違いを生じさせたのである。そこで，2つのタイガー地域・国が社会保険制度にもとづいた福祉国家になり，削減や改革に対して強い抵抗を示したのに対し，他の2つの地域・国はそれよりもかなり弱い制度基盤をもつこととなった。

この分析による見解が非常に有力であることははっきりしている。しかし，21世紀初期のたかだか10年間で，これまでひとまとめでみられていたタイガー福祉資本主義の世界のなかに真の相違点がみられるかどうかについて確信をも

っていうには時期尚早であろう。ラーミッシュの推測では，完全に一人前の福祉国家が韓国と台湾で誕生し，香港とシンガポールでは，あまり充実しているとはいえないような福祉制度がその特徴となり続けるであろうとされている[Ramesh, 2003]。もしかすると彼の推測どおりになるかもしれない。しかし，現段階では，本書で分析した4つの国・地域すべての社会政策制度に生産主義的要素が色濃く見受けられるのである。

訳　注

第1章
1　タイガー経済地域
　　原文の「Tiger Economies」はタイガー経済地域，「4 Tigers」はタイガー諸国・地域，あるいは文脈に応じて，4つの国・地域と訳している。
2　本書ではwesternを西欧と訳している。それは，ヨーロッパの西部，西ヨーロッパという意味ではなく，「近東諸地域（Orient）に対してヨーロッパ，東洋に対して西洋をいう」（広辞苑）の意味で用いている。
3　クローニー資本主義
　　クローニー（crony）は英語の「親友，旧友」の意味。クローニー資本主義とは，大統領などの政治権力者が血縁者や親しい知人に意図的に経済上の利権を配分し，その力で経済の発展を推し進める手法をさす。表向きは市場原理を尊重した経済開発を標榜するが，独裁的な政治権力と結びつく場合が多い。もともとはフィリピンの故マルコス政権末期に，同政権に近いビジネス（企業）グループに対して使った言葉。インドネシアのスハルト前大統領の政権も親族らのグループにさまざまな許認可を優先的に与えたことから，クローニー資本主義の1つとされる。（参考：日本経済新聞社『経済　新語辞典』）

第2章
1　積極的不介入主義（香港）
　　香港政庁は個別の私的経済活動には不介入であるが，香港の経済成長を積極的に促進し，社会的安定に資するような施策をとることをいう。道路・港湾の整備，公共住宅の供給，工業団地やニュータウン建設，教育・技術支援などを推進してきた。
2　鉄のトライアングル
　　政策の立案・策定・実施過程における議員（議会），官僚，利益団体の三者の強力な相互協力関係をさす。政治家は法律案の内容や財源の決定において官僚を動かし，官僚は法の施行などを通じて利益団体に影響力を行使し，利益団体は票を通じて政治家を動かす。
3　ディリジスム（dirigisme）
　　フランス語では計画や統制のことであるが，経済学や経済史においては統制政策とか国家主導政策などと訳されている。狭義には第1次世界大戦後に市場経済に国家が介入するようになった「管理経済」をさすが，広義には政府が直接的な影響力を行使している経済をさしている。

第3章
1　この章でいう学校（school）のなかには，大学などの高等教育機関は含まれない。これは，schoolという語の英米での用い方に対応しており，初等教育機関から高等教育機関までの全体を表すためには，学校および大学，といった表現が用いられる。

2　韓国の高等教育機関には，一般の大学（4年制，医学部など一部6年制）の他に，教育大学，産業大学があり，さらに専門大学という短期大学がある。専門大学には2年制のものと3年制のものがある。
3　台湾の高等教育機関には，専科学校と大学がある。大学は学部（学院と呼ぶ）が3学部以上ある場合をいう。日本の総合大学に相当する。それとは別に，独立学院（科技大学）と呼ばれる3学部以下の単科大学がある。専科学校は主として高級職業学校卒業者を対象に，応用科学を教授し，技術人材を養成する学校で，多くは2年制である。国民中学校から進学する5年制の専科学校もある。

第4章

1　近代医療（Modern Scientific Medicine）
　　18世紀後半から19世紀にかけて近代ヨーロッパで確立し科学技術の進歩とともに高度に専門分化した医療をさす。現在，ほとんどの国において医療の主流となっている。
2　伝統医療（Traditional Medicine）
　　それぞれの地域に古代から伝わる固有の医療をさす。本書の中では主に中医学からの影響を受けながらそれぞれの国で発展した医療をさしている。韓国「oriental medicine」，「herb medicine」，「traditional medicine」，香港「Traditional Chinese medicine」，シンガポール「Chinese medicine」，「Traditional medicine」，「Traditional Chinese medicine」，台湾「Chinese medicine」，「Herbal Medicine」，と国・地域によって異なる呼称が用いられている。
3　2次医療（Secondary care）
　　手術，入院などを含む病院で行われる医療サービス。
4　1次医療（Primary care）
　　医師が中心となって行う初期治療，日常生活指導，健康教育，慢性病患者や障害者への指導などのプライマリー・メディカルケア。
5　メディセイブ（Medisave）
　　メディセイブ口座は，1984年4月に導入された医療のための強制貯蓄制度。加入者本人・家族（配偶者，子ども，父母，祖父母）が入院医療を受けた場合に標準費用（公立病院の6人部屋利用時の医療費）を引き出すことができる。
6　メディシールド（MediShield）
　　メディシールドは1990年4月に導入された補足的選択的医療保険計画で，高額な医療費が必要になったときに備えるための任意加入の保険制度である。
7　メディシールドプラス（MediShield Plus）
　　1994年から導入され，より高額の入院医療費を保証する。より高額な病室へ入院したい人への保障を目的としている。
8　メディファンド（Medifund）
　　1993年に設置された低所得者の医療費を補助するための公費による基金である。全額または部分的な費用が基金から支払われる。対象となるのは，医療費支払い免除の登録をし

た困窮・貧困者，メディセイブの需給資格期間に満たないにも関わらず高額の医療請求をされている若い人々，メディセイブ貯蓄のない，あるいは十分でない高齢者などである。
9　オーストラリアのDRG
　　DRGはdiagnosis related groupの略で，各種疾患を臨床的，経済的に類似するグループに分けたもの。このDRG分類をもとに決めた包括支払い方式がDRG／PPS（DRG／Prospective Payment System）で，診断群別定額報酬支払い方式と呼ぶ。オーストラリアは独自の診断分類にもとづいたDRG方式を取り入れている。たとえば緩和ケアの場合では，「悪化」「末期」「不安定」「安定」の症状によって分かれ，さらに緩和ケア対象の多くを占めるガンの特殊性を考慮して，症状の変化や急変などに対応して費用がさらに細分化され，現実に即した方式として評価されている。
10　資源準拠相対評価尺度
　　診療報酬の算定方式。アメリカではメディケアとほとんどの医療機関で使われている。①医師の仕事量＋②診療費用（医療職の労働・消耗材料・機器などの経費）＋③専門職責任費用から構成されている。

第5章

1　傳貰システム（韓国）
　　チョンセと呼ばれ，賃貸住宅に入居する際に住宅価格の30〜80％を家主に頭金（保証金）として預け，期限を定めて（2年が一般的）住宅の一部または全部を借りる韓国独自の賃貸借の形態。若年層の場合，チョンセ資金がまかなえないため，両親などから資金援助を得ることが多い。家主はチョンセで得た資金を銀行に預けて利子を増やしたり，ビジネスの資金にあてるなどして資金運用する。しかし，近年，銀行利子の低下傾向を背景に，チョンセは形を変え，従来に比べて低額のチョンセと月払い家賃（ウォルセ）を組み合わせる方式が増えてきている。
2　共同出資方式（shared equity arrangement）（香港）
　　住宅購入のための資金が十分でない若年層や低・中所得層に対して，政府もしくはその他の機関が補助金等の形で出資する持ち家支援制度。頭金やローン返済額の一定割合を政府またはその他の機関が出し，残りを所有者が支払う方式。香港では，この方式で購入した住宅を売却する際に発生する利益の一定割合を政府が受け取る。
3　前売り方式（台湾）
　　住宅建設業者が住宅を建設する前に，すでに住宅を売り出し，購入者と契約を締結するもの。完成した住宅の面積，材料や品質がしばしば契約と一致せず，しかも何らかの理由で住宅建設が中途半端に停止することもあり，紛争となるケースが多く生じたことから，リスクが高いとされる。（参考：陳立夫「台湾における住宅事情」大阪市政調査会『市政研究』124号，1999年7月，91-92頁。）

第7章

1　浸透理論（trickle down theory）

富めるものが富めば,貧しいものにも自然に富が浸透（trickle down）するという経済理論あるいは経済思想である。公共事業や福祉などで直接再分配するのでなく,大企業や富裕層の経済活動を活性化することによって,富が低所得層に向かって徐々に流れ落ち,国民全体の利益となることを示したものである。

2　残余モデル

リチャード・ティトマス（Richard Morris Titmuss）が提示した3つのモデルのひとつ。「残余的福祉モデル」ともいう。ティトマスは人々のニーズを充足するためには,私的市場と家族という2つの自然的な通路があると考えた。しかし,何らかの社会的な事故によって人々のニーズが満足されないということが生じる場合に,社会福祉政策が一時的に作動し短期的な補完の役割を果たすモデルである。

3　ベヴァリッジ方式

1942年にベヴァリッジ報告により生活困難の5大原因を解消するための方法として公表されたもの。貧困には所得保障,疾病には医療保障,無知には教育政策,不潔には住宅政策,怠惰には完全雇用政策で対応しなければならないとしている。最低生活保障（ナショナル・ミニマム）,全国民対象,均一給付・均一拠出を原則とする社会保険（国家が管掌する強制保険）を基軸に据えている。各国の社会保障政策に大きな影響を与えた。（参考：山縣文治・柏女霊峰編『社会福祉用語辞典［第5版］』,ミネルヴァ書房,2006年）

4　家族扶養義務を子に強制する法律

台湾：1997年改正老人福祉法,韓国：1999年改正老人福祉法,シンガポール：1995年制定両親扶養法,などがあり,法によって義務が定められている。

5　巨人

「ベヴァリッジ報告書」では,生活困難をもたらす原因として貧困（want）,疾病（disease）,無知（ignorance）,不潔（squalor）,怠惰（idleness）が指摘され,「5つの巨人」または「5巨人悪」と呼んだ。

参考文献

Adams, D. and Gottlieb, E. E. (1993) *Education and Social Change in Korea*, New York, Garland Publishing.
Adamson, B. and Li, S. P. (1999) 'Primary and Secondary Schooling', in M. Bray and R. Koo (eds), *Education and Society in Hong Kong and Macau: Comparative Perspectives on Continuity and Change*, Hong Kong, Comparative Education Research Centre, The University of Hong Kong.
Alcock, P. (1999) 'Development of Social Security', in J. Ditch (ed.), *Introduction to Social Security:* Policies, Benefits and Poverty, London, Routledge.
Amsden, A. H. (1989) *Asia's Next Giant: South Korea and Late Industrialisation*, New York, Oxford University Press.
Appelbaum, R. P. and Henderson, J. (eds) (1992) *States and Development in the Asian Pacific Rim*, Newbury Park, CA, Sage.
Arrighi, G. (1998) 'Globalization and the Rise of East Asia: Lessons from the Past, Prospects for the Future', *International Sociology*, 13 (1), pp.59-77.
Asher, M. (1995) *Compulsory Savings in Singapore: an Alternative to the Welfare State*, NCPA Policy Report No.198, Singapore, National University of Singapore.
Asher, M. (1998) 'The Future of Retirement Protection in Southeast Asia', *International Social Security Review*, 51 (1), pp.3-30.
Asher, M. and Newman, D. (2001) 'Hong Kong and Singapore: Two Approaches to the Provision of Pensions in Asia', *Journal of Pensions Management*, 7 (2), pp.155-66.
Aw, T. C. and Low, L. (1997) 'Health Care Provisions in Singapore', in T. M. Tan and S. B. Chew (eds), *Affordable Healthcare*, Singapore, Prentice Hall.
Babkina, A. M. (ed.) (1997) *Domestic Economic Modernization in China*, Comack, NY, Nova Science Publishers.
Baldwin, P. (1996) 'Can We Define a European Welfare State Model?', in B. Greve (ed.), *Comparative Welfare Systems*, Basingstoke, Macmillan‐now Palgrave Macmillan.
Beetham, D. (1996) *Bureaucracy*, 2nd edn, Buckingham, Open University Press.
Bell, D. (2000) *East Meets West: Human Rights and Democracy in East Asia*, Princeton, NJ, Princeton University Press. (ダニエル・A・ベル著, 施光恒・蓮見二郎訳 (2006)『「アジア的価値」とリベラル・デモクラシー――東洋と西洋の対話』

風行社)
Bell, D. A. and Hahm, C. (eds) (2003) *Confucianism for the Modern World*, Cambridge, Cambridge University Press.
Bereuter, D. (2000) *Eighth Report on the Hong Kong Transition 1 August 2000* 〈http://www.usconsulate.org.hk/ushk/htf/2000/0801.htm〉.
Bray, M. (1997) 'Education and Colonial Transition: the Hong Kong *Experience in Comparative Perspective*', in M. Bray and W. O. Lee (eds), *Education and Political Transition: Implications of Hong Kong's Change of Sovereignty*, Hong Kong, Comparative Education Research Centre, The University of Hong Kong.
Bray, M. (2000) 'Financing Higher Education: Patterns, Trends and Options', *Prospects*, XXX (3), pp.331-48.
Bray, M. and Lee, W. O. (eds) (2001) *Education and Political Transition: Themes and Experiences in East Asia*, Hong Kong, Comparative Education Research Centre, The University of Hong Kong.
Brewer, B. and MacPherson, S. (1997) 'Poverty and Social Security', in P. Wilding A. S. Huque, and J. Tao (eds), *Social Policy in Hong Kong*, Cheltenham, Edward Elgar.
Castells, M. (1992) 'Four Asian Tigers with a Dragon Head', in R. P. Appelbaum and J. Henderson (eds), *States and Development in the Asian Pacific Rim*, London, Sage.
Castells, M. (2000) *The Information Age: Economy. Society and Culture – Volume 3 End of Millennium*, 2nd edn, Oxford, Blackwell.
Castells, M., Goh, L. and Kwok, R. Y. W. (1990) *The Shek Kip Mei Syndrome: Economic Development and Public Housing in Hong Kong and Singapore*, London, Pion Ltd.
Census and Statistics Department, Hong Kong (2000) *Hong Kong in Figures 2000*, Hong Kong, Government Printer.
Census and Statistics Department, Hong Kong (2001a) *Hong Kong Annual Digest of Statistics 2001 Edition*, Hong Kong, Government Printer.
Census and Statistics Department, Hong Kong (2001b) *Population Census: Information Booklet*, Hong Kong, Census and Statistics Department.
Census and Statistics Department, Hong Kong (2001c) *Hong Kong 2001 Population Census Summary Results*, Hong Kong, Census and Statistics Department.
Census and Statistics Department, Hong Kong (2002a) *Hong Kong in Figures 2002 Edition*, Hong Kong, Government Printer.

Census and Statistics Department, Hong Kong (2002b) *Public Expenditure by Function* ⟨http://www.info.gov.hk/censtatd/eng/hkstat/hkinf/pub_account/fin2_index.html⟩.

Central Intelligence Agency, US [CIA] (2002) *The World Factbook 2002* ⟨http://www.odci.gov/cia/publications/factbook⟩.

Central Provident Fund Board, Singapore [CPF] (1995) *The CPF Story: 40 Years Serving Singapore*, Singapore, Central Provident Fund Board.

Cerny, P. (1997) 'Paradoxes of the Competition State: the Dynamics of Political Globalization', *Government and Opposition*, 32 (2), pp.251-74.

Chan, D. (2002) 'Policy Implications of Adopting a Managerial Approach in Education', in K. H. Mok and D. Chan (eds), *Globalization and Education: the Quest for Quality Education in Hong Kong*, Hong Kong, Hong Kong University Press.

Chang, C. O. (1999) *A Review of Taiwan's Housing Policy*, Taipei, National Chengchi University and Chinese Association of Housing Studies.

Chang, C. O. (2001) 'Sorting Out the Real Estate Market', *Taipei Times*, 23 June.

Chen, D. S. (2001) 'Taiwan's Social Changes in the Patterns of Social Solidarity in the Twentieth Century', *China Quarterly*, 165, pp.61-82.

Chen, E. K. Y. (1979) *Hyper-growth in Asian Economies: a Comparative Study of Hong Kong, Japan, Korea, Singapore and Taiwan*, London, Macmillan.

Chen, L. C. (1991) 'A Study on the Future Development of Subsidies on Public Housing in Taiwan', in *Proceedings of Conference on Housing Policy and Legislation: Taiwan*, Taipei, Chinese Society of Housing Study.

Chenery, H. (1988) 'Industrialization and Growth: Alternative Views of East Asia', in H. Hughes (ed.), *Achieving Industrialization in East Asia*, Cambridge, Cambridge University Press.

Cheng, K. M. (1992) 'Educational Policymaking in Hong Kong: the Changing Legitimacy', in G. A. Postiglione (ed.), *Education and Society in Hong Kong: Toward One Country and Two Systems*, Hong Kong, Hong Kong University Press.

Cheng, T. J. (2001a) 'Transforming Taiwan's Economic Structure in the Twentieth Century', *China Quarterly*, 165, pp.19-36.

Cheng, T. J. (2001b) 'The Economic Significance of Taiwan's Democratization', in C. C. Mai and C. S. Shih (eds), *Taiwan's Economic Success Since 1980*, Cheltenham, Edward Elgar.

Cheng, W. H. (1995) 'Education Finance in Taipei, China', paper presented at Workshop on Financing Human Resource Development in Asia, organized by the Asian Development Bank Project, Manila, 11-14 July.

Cheng, Y. C. (2000) 'Educational Change and Development in Hong Kong: Effectiveness, Quality, and Relevance', in T. Townsend and Y. C. Cheng (eds), *Educational Change and Development in the Asia-Pacific Region: Challenges for the Future*, Lisse, Swets and Zeitlinger Publishers.

Cheng, Y. C. (2002) 'Educational Reforms in the Asia-Pacific Region: Trends and Implications for Research', paper presented at the International Symposium on Globalization and Educational Governance Change in East Asia, Hong Kong, 28 June.

Cheng, Y. C. and Townsend, T. (2000) *Educational Change and Development in the Asia Pacific Region: Challenges for the Future*, Exton, Swets and Zeitlinger Publishers.

Cheung, B. L. and Scott, I. (eds) (2002) *Governance and Public Sector Reform in Asia: Paradigm Shift or Business as Usual?*, London, Routledge.

Chiu, S. W. K., Ho, K. C. and Lui, T. L. (1997) *City-States in the Global Economy: Industrial Restructuring in Hong Kong and Singapore*, Boulder, CO, Westview Press.

Chow, N. (1998) 'The Making of Social Policy in Hong Kong: Social Welfare Developments in the 1980s and 1990s' in R. Goodman, G. White and H. J. Kwon (eds), *The East Asian Welfare Model: Welfare Orientalism and the State*, London, Routledge.

Chu, C. Y. and Tai, H. (1996) *Jiaoyu Songbang [Untie Education]*, Taipei, Yuanliu Publisher. Chu, Y. W. (1998) 'Labor and Democratization in South Korea and Taiwan', *Journal of Contemporary Asia*, 28 (2), pp.185-202.

Chua, B. H. (1997) *Political Legitimacy and Housing: Stakeholding in Singapore*, London, Routledge.

Chung, B. G. (1999) 'A Study of the School Leveling Policy in the Republic of Korea: Historical Review of Its Genesis, Implementation and Reforms, 1974-1995', EDD thesis, Hawaii: The University of Hawaii.

Chung, H. S. and Lee, D. S. (1996) 'Rental Housing Market in Korea: Evolution and Perspectives', in H. S. Chung and D. S. Lee (eds), *Globalization and Housing Industry*, Seoul, Korea Housing Institute.

Clark, C. and Chan, S. (1998) 'Market, State and Society in Asian Development', in S. Chan, C. Clark and D. Lam (eds), *Beyond the Developmental State*, New York, St Martin's Press.

Committee on Chinese Medicine and Pharmacy, Republic of China [CCMP] (2001) *Brief Introduction*, Taipei, Committee on Chinese Medicine and Pharmacy.

Council for Economic Planning and Development, Republic of China (2000) *Taiwan Statistical Data Book 2000*, Taipei, Council for Economic Planning and Development.

Dahl, R. (1989) *Who Governs?: Democracy and Power in an American City*, New Haven, Yale University Press. (ロバート・A・ダール著, 河村望・高橋和宏監訳 (1988)『統治するのはだれか――アメリカの一都市における民主主義と権力』行人社)

Department of Education, US (2001) *National Center for Education Statistics*, Washington, DC, Department of Education.

Department of Health, Republic of China [DOH] (2002) *Taiwan Public Health Report 2001*, Taipei, Department of Health.

Department of Statistics, Singapore (2000) *Singapore Census of Population 2000 Advance Data Release No.6*, Singapore, Department of Statistics.

Department of Statistics, Singapore (2001a) *Singapore Statistical Highlights 2001*, Singapore, Department of Statistics.

Department of Statistics, Singapore (2001b) *Yearbook of Statistics: Singapore 2000*, Singapore, Department of Statistics.

Department of Statistics, Singapore (2002a) *Singapore 2002 Statistical Highlights*, Singapore, Department of Statistics.

Department of Statistics, Singapore (2002b) Departmental website 〈http://www.singstat.gov.sg〉.

Deyo, F. C. (1989) *Beneath the Miracle: Labor Subordination in the New Asian Industrialism*, Berkeley, University of California Press.

Deyo, F. C. (1992) 'The Political Economy of Social Policy Formation: East Asia's Newly Industrialized Countries', in R. P. Appelbaum and J. Henderson (eds), *States and Developments in the Asian Pacific Rim*, Newbury Park, CA, Sage, pp.289-306.

Directorate-General of Budget, Accounting and Statistics, Republic of China [DGBAS] (2001) *Social Indicators of the Republic of China*, 2000, Taipei, Directorate-General of Budget, Accounting and Statistics.

Dixon, J. and Chow, N. W. S. (1992) 'Social Security in the Asian Pacific Region',

Journal of International and Comparative Social Welfare, VIII, pp.1-29.

Domhoff, G. W. (1990) *The Power Elite and the State: How Policy is Made in America*, New York: De Gruyter.

Doong, S. L. (2002) 'Decentralization and Diversification: Review of Taiwan's Educational Reform Policies in Secondary Education', paper presented at the Pacific Consortium 26th Annual Conference, Seoul, May.

Drakakis-Smith, D. W. (1979) *High Society: Housing Provision in Metropolitan Hong Kong, 1954 to 1979, A Jubilee Critique*, Hong Kong, Centre for Asian Studies, University of Hong Kong.

Education Department, Hong Kong (2001) *Education Indicators for the Hong Kong School Education System: 2000 Abridged Report*, Hong Kong, Government Printer.

Education Department, Hong Kong (2002) *What is 'Direct Subsidy School'?*, Hong Kong, Government Printer [in Chinese].

Esping-Andersen, G. (1990) *The Three Worlds of Welfare Capitalism*, Cambridge, Polity Press. (G・エスピン-アンデルセン著, 岡沢憲芙・宮本太郎監訳（2001）『福祉資本主義の三つの世界―比較福祉国家の理論と動態』ミネルヴァ書房）

Esping-Andersen, G. (1997) 'Hybrid or Unique? The Japanese Welfare State Between Europe and America', *Journal of European Social Policy*, 7, pp.179-89.

Fan, R. (2003) 'Modern Western Science as a Standard for Traditional Chinese Medicine: A Critical Appraisal', *Journal of Law, Medicine and Ethics*, 31, forthcoming.

Gauld, R. D. C. (1997) 'Health', in P. Wilding, A. S. Huque and J. Tao (eds), *Social Policy in Hong Kong*, Cheltenham, Edward Elgar.

Gauld, R. D. C. (1998a) 'The Further Development of the Hong Kong Hospital Authority', *Asian Journal of Public Administration*, 20 (1), pp.57-78.

Gauld, R. D. C. (1998b) 'A Survey of the Hong Kong Health Sector: Past, Present and Future', *Social Science and Medicine*, 47 (7), pp.927-39.

George, V. and Wilding, P. (2002) *Globalization and Human Welfare*, Basingstoke, Palgrave – now Palgrave Macmillan.

Goh, C. T. (1997) 'Shaping our Future: "Thinking Schools" and a "Learning Nation"', speech at the opening of the 7th International Conference on Thinking, Singapore, 2 June.

Goh, C. T. (2000) *Speech at National Day Rally 2000*, Singapore, Ministry of Information and the Arts.

Goh, C. T. (2001) 'Shaping Lives, Moulding Nation', speech by Prime Minister Goh Chok Tong at the Teachers' Day Rally, Singapore, 31 August.
Gold, T. (2000) 'The Waning of the Kuomintang State in Taiwan', in K. E. Brodsgaard and S. Young (eds), *State Capacity in East Asia: Japan, Taiwan, China, and Vietnam*, Oxford, Oxford University Press.
Goodman, R. and Peng, I. (1996) 'The East Asian Welfare States: Peripatetic Learning, Adaptive Change and Nation Building', in G. Esping-Andersen, (ed.), *Welfare States in Transition: National Adaptations in Global Economies*, London, Sage. (G・エスピン-アンデルセン編, 埋橋孝文監訳 (2003) 『転換期の福祉国家—グローバル経済下の適応戦略』早稲田大学出版部)
Goodman, R., White, G., Kwon, H. J. (1997) 'East Asian Social Policy: a Model to Emulate?', in M. May, E. Brunsdon and G. Craig (eds), Social Policy Review 9, Canterbury, Social Policy Association.
Goodman, R., White, G. and Kwon, H. J. (1998) *The East Asian Welfare Model: Welfare Orientalism and the State*, London, Routledge.
Gopinathan, S. (1997) 'Globalisation, the State and Education Policy in Singapore', in M. Bray and W. O Lee (eds), *Education and Political Transition: Themes and Experiences in East Asia, Hong Kong*, Comparative Education Research Centre, The University of Hong Kong.
Gopinathan, S. (2001) 'Globalization, the State and Education Policy in Singapore', in M. Bray and W. O. Lee (eds), *Education and Political Transition: Themes and Experiences in East Asia, Hong Kong*, Comparative Education Research Centre, The University of Hong Kong.
Gopinathan, S. and Ho, W. K. (2000) 'Educational Change and Development in Singapore', in T. Townsend and Y. C. Cheng (eds), *Educational Change and Development in the Asia-Pacific Region*, Lisse, Swets and Zeitlinger Publishers.
Gough, I. (1979) *The Political Economy of the Welfare State*, Basingstoke, Macmillan-now Palgrave Macmillan. (イアン・ゴフ著, 小谷義次ほか訳 (1992) 『福祉国家の経済学』大月書店)
Government Information Office, Republic of China (2002) *The Republic of China Yearbook Taiwan 2002*, Taipei, Government Information Office.
Grant, C. and Yuen, P (1998) *The Hong Kong Health Care System*, School of Health Services Management, University of New South Wales, Kensington.
Green, A. (1997) *Education, Globalization and the Nation State*, Basingstoke, Macmillan‐now Palgrave Macmillan. (アンディ・グリーン著, 大田直子訳

(2000)『教育・グローバリゼーション・国民国家』東京都立大学出版会)
Green, A. (1999) 'Education and Globalization in Europe and East Asia: Convergent and Divergent Trends', *Journal of Education Policy*, 14 (1), pp.55-71.
Gross, A. (1998) Taiwan's New Universal Health Insurance Program 〈http://www.pacificbridgemedical.com/publications/taiwan.html〉.
Ha, S. K. (1987) 'Korea', in S. K. Ha (ed.), *Housing Policy and Practice in Asia*, London, Croom Helm.
Haggard, S. (1988) 'The Politics of Industrialisation in the Republic of Korea and Taiwan', in H. Hughes (ed.), *Achieving Industrialisation in East Asia*, Cambridge, Cambridge University Press.
Haggard, S. (1990) *Pathways from the Periphery: the Politics of Growth in the Newly Industrialising Countries*, Ithaca, Cornell University Press.
Haggard, S. (2000) *The Political Economy of the East Asian Financial Crisis*, Washington, DC, Institute for International Economics.
Haggard, S. and Cheng, T. Y. (1987) 'States and Foreign Capital in the East Asia Newly Industrialising Countries', in F. C. Deyo (ed.), *The Political Economy of the New Asian Industrialism*, Ithaca, Cornell University Press.
Hahm, C. , Hahm, C and Hall, D. L. (2001) *Confucian Democracy: Why and How*, Seoul, Yonsei University Press.
Haila, A. , 'The Singapore and Hong Kong Property Markets: Lessons for the West from Successful Global Cities', *European Planning Studies*, 7 (2), pp.175-87.
Hall, P. A. (1986) *Governing the Economy: the Politics of State Intervention in Britain and France*, Cambridge, Polity Press.
Ham, C. (1996) 'Learning from the Tigers: Stakeholder Health Care', *Lancet*, 347 (9006), pp.951-3.
Hamilton, G. G. and Biggart, N. W. (1988) 'Market, Culture, and Authority: a Comparative Analysis of Management and Organization in the Far East', in C. Winship and S. Rosen (eds), *Organizations and Institutions: Sociological and Economic Approaches to the Analysis of Social Structure*, supplement to American Journal of Sociology, 94, Chicago, University of Chicago Press.
Han, S. J. and Chung, O. (1999) 'South Korea: Economic Management and Democratization', in J. W. Morley (ed.), *Driven by Growth: Political Change in the Asia-Pacific Region*, Armonk, NY, M. E. Sharpe.
Harvard Team (1999) *Improving Hong Kong's Healthcare System: Why and For Whom?*, Hong Kong, Government Printer.

Harvie, C. (2000) 'The Korean Financial Crisis: Is Bail-out a Solution?', in V. H. Tran and C. Harvie (eds), *The Causes and Impact of the Asian Financial Crisis*, London, Palgrave－now Palgrave Macmillan.

Health, Welfare and Food Bureau, Hong Kong [HWFB] (2002) HWFB website 〈http://www.hwfb.gov.hk/hw/eindex.htm〉.

Heclo, H. (1978) 'Issue Networks and the Executive Establishment', in A. King (ed.), *The New American Political System*, Washington, DC, AEL.

Henderson, J. (1999) 'Uneven Crises: Institutional Foundations of East Asian Economic Turmoil', *Economy and Society*, 28 (3), pp.327-68.

Henderson, J. (1993) 'The Role of the State in the Economic Transformation of Pacific Asia', in C. Dixon and D. Drakakis-Smith (eds), *Economic and Social Development in Pacific Asia*, London, Routledge.

HKSAR Government (1997) *Hong Kong－a New Era*, Hong Kong, Hong Kong Government Printer.

HKSAR Government (2000) *Hong Kong Annual Report 2000*, Hong Kong, Hong Kong Government Printer.

HKSAR Government (2001) *Hong Kong 2000*, Hong Kong, Government Printer.

HKSAR Government (2002) *Hong Kong 2001*, Hong Kong, Government Printer.

Ho, P. L. H. (2002) 'Agenda-Setting for the Regulation of Traditional Chinese Medicine in Hong Kong', *Asian Journal of Public Administration*, 24, 257-86.

Holliday, I. (2000) 'Productivist Welfare Capitalism: Social Policy in East Asia', *Political studies*, 48 (4), pp.706-23.

Holliday, I. (2003) 'Traditional Medicines in Modern Societies: An Exploration of Integrationist Options through East Asian Experience', *Journal of Medicine and Philosophy*, 28 (2), forthcoming.

Holliday, I. and Tam, W. K. (2000) 'Fragmentation in the Hong Kong Health Care System: Myth and Reality', *Asian Journal of Public Administration*, 22 (2), pp.161-81.

Holliday; I. and Tam, W. K. (2003) 'E-health in the East Asian Tigers', forthcoming.

Hong Kong Housing Authority (2000) *Annual Report 2000*, Hong Kong, Hong Kong Housing Authority.

Hong Kong Housing Authority (1999/2000) *Corporate Plan*, Hong Kong, Housing Authority.

Housing Development Board, Singapore [HDB] (2001) *Annual Report 2001*, Singapore, Housing Development Board.

Howe, C. (2001) 'Taiwan in the Twentieth Century: Model or Victim? Development Problems in Small Asian Economy', *China Quarterly*, 165, pp.37-60.

Huff, W. G. (1999) 'Turning the Corner in Singapore's Developmental State', *Asian Survey*, 39 (2), pp.214-42.

Husen, T. and Postlethwaite, T. N. (1985) *The International Education: Research and Studies*, Oxford, Pergamon Press.

Hwang, Y. S. and Hill, M. (1997) 'The 1995 Health Reforms in Taiwan: an Analysis of the Policy Process', *Hong Kong Public Administration*, 6 (2), pp.79-95.

International Monetary Fund [IMF] (2000) *Singapore: Selected Issues*, Washington, DC, International Monetary Fund.

Jacobs, D. (1998) *Social Welfare Systems in East Asia: a Comparative Analysis Including Private Welfare*, London, Centre for Analysis of Social Exclusion, London School of Economics.

Jacobs, D. (2000a) *Low Inequality with Low Redistribution? An Analysis of Income Distribution in Japan, South Korea and Taiwan Compared to Britain*, London, Centre for Analysis of Social Exclusion, London School of Economics.

Jacobs, D. (2000b) 'LOW Public Expenditure on Social Welfare: Do East Asian Countries Have A Secret?', *International Journal of Social Welfare*, 9 (1), pp.2-16.

Jarvis, P. (2000) 'The Changing University: Meeting a Need and Needing to Change', *Higher Education Quarterly*, 54 (1), pp.43-67.

Jessop, B. (1994) 'The Transition to Post Fordism and the Schumpeterian Workfare State', in R. Burrows and B. Loader (eds), *Towards a Post Fordist Welfare State*, London, Routledge.

John, P. (1998) *Analysing Public Policy*, London, Pinter.

Johnson, C. (1982) *MITI and the Japanese Miracle: the Growth of Industrial Policy 1925-75*, Stanford, CA, Stanford University Press. (チャーマーズ・ジョンソン著, 矢野俊比古監訳 (1982)『通産省と日本の奇跡』ティビーエス・ブリタニカ)

Jones, C. (1990) 'Hong Kong, Singapore, South Korea and Taiwan: Oikonomic Welfare States', *Government and Opposition*, 25 (4), pp.446-62.

Jones, C. (1993) 'The Pacific Challenge', in C. Jones (ed.), *New Perspectives on the Welfare State in Europe*, London, Routledge.

Joo, J. (1999a) 'Dynamics of Social Policy Change: a Korean Case Study from a Comparative Perspective', *Governance*, 12 (1), pp.57-80.

Joo, J. (1999b) 'Explaining Social Policy Adoption in South Korea: the Cases of the

Medical Insurance Law and the Minimum Wage *Law*', *Journal of Social Policy*, 28 (3), pp.387-412.

Ka, M. (2000) *Social Insurance*, Taipei, The Chinese Association of Social Insurance. [in Chinese].

Kang, D. C. (2002) 'Transaction Costs and Crony Capitalism in East Asia', paper presented at the conference Asian Political Economy in an Era of Globalization, Tuck School of Business, Darmouth College, 10-11 May.

Kim, Y. H. (2000) 'Recent Changes and Development in Korean School Education', in T. Townsend and Y. C. Cheng (eds), *Educational Change and Development in the Asia-Pacific Region: Challenges for the Future*, Lisse, Swets and Zeitlinger Publishers.

Kim, J. and Choe, S. C. (1997) *Seoul: the Making of a Metropolis*, New York, John Wiley and Sons Ltd.

Kim, J. H. and Kim, G. Y. (1998) 'A Comprehensive Overview of Housing Policies', in J. S. Lee and Y. W. Kim (eds), *Shaping the Nation Toward Spatial Democracy: Emerging Issues and Lessons from the Past*, Seoul, Korea Research Institute for Human Settlements.

Kim, J. Y. , Kim, S. I. and Moon, K. H. (1998) 'Policy Directions for the Construction Industry', in J. S. Lee and Y. W. Kim (eds), *Shaping the Nation Toward Spatial Democracy: Emerging Issues and Lessons from the Past*, Seoul, Korea Research Institute for Human Settlements.

Kingdon, J. W. (1995) *Agendas, Alternatives, and Public Policies*, 2nd edn, New York, HarperCollins College Publishers.

Knowles, A. S. (1978) *The International Encyclopedia of Higher Education*, San Francisco, Jossey-Bass Publishers.

Korean Educational Development Institute [KEDI] (2000) *Handbook of Educational Statistics*, Seoul, Korean Educational Development Institute.

Krugman, P. (1994) 'The Myth of Asia's Miracle', *Foreign Affairs*, 73 (6), pp.62-78.

Ku, Y. W. (1996) 'Welfare Capitalism in Singapore: the Perspective of Commodification', *Journal of Southeast Asian Studies*, I (2), pp.23-37 [in Chinese].

Ku, Y. W. (1997) *Welfare Capitalism in Taiwan: State, Economy and Social Policy*, Basingstoke, Macmillan – now Palgrave Macmillan.

Ku, Y. W. (1998a) 'Can We Afford It? The Development of National Health

Insurance in Taiwan', in R. Goodman, G. White and H. J. Kwon (eds), *The East Asian Welfare Model: Welfare Orientalism and the State*, London, Routledge.

Ku, Y. W. (1998b) 'Who Will Benefit? the Planning of National Pension Insurance in Taiwan', *Public Administration and Policy*, 7 (1), pp.33-45.

Ku, Y. W. (2000) 'Contemporary Pension "Reform" : a Real Crisis or a Myth', *Community Development Journal (Quarterly)*, 91, pp.83-93 [in Chinese].

Ku, Y. W. (2002) 'Towards a Taiwanese Welfare State? Demographic Change, Politics and Social Policy', in C. Aspalter (ed.), *Discovering the Welfare State in East Asia*, Westport, CT, Praeger.

Ku, Y., Hwang, Y. and Chan, Y. (1999) *White Paper on Social Welfare: a Preliminaly Draft*, Taipei, Ministry of Interior Affairs. [in Chinese].

Kuo, S. W. Y, Gustav Ranis, G. and Fei, J. C. H. (1981) *The Taiwan Success Story: Rapid Growth with Improved Distribution in the Republic of China, 1952-1979*, Boulder, CO, Westview Press.

Kwak, B. S. (2000) 'Higher Education Reform in Korea', paper presented at the International Conference on Massification of Higher Education and Education Reform, Taipei, 1999.

Kwak, B. S. (2001) *Leading the Future: Policy Directions and Tasks of Education in Korea*, Seoul, Korean Educational Development Institute.

Kwak. B. S. (2002) 'Korea's Experiences in Education for National and Regional Development', paper presented at the International Symposium on Globalization and Educational Governance Change in East Asia, Hong Kong, 28 June.

Kwon, H. J. (1997) 'Beyond European Welfare Regimes: Comparative Perspectives on East Asian Welfare Systems', *Journal of Social Policy*, 26 (4), pp.467-84.

Kwon, H. J. (1998a) 'Democracy and the Politics of Social Welfare: a Comparative Analysis of Welfare Systems in East Asia', in R. Goodman, G. White and H. J. Kwon (eds), *The East Asian Welfare Model: Welfare Orientalism and the State*, London, Routledge.

Kwon, H. J. (1998b) 'The Korean National Pension Programme: Fulfilling Its Promise', in R. Goodman, G. White and H. J. Kwon (eds), *The East Asian Welfare Model: Welfare Orientalism and the State*, London, Routledge.

Kwon, H. J. (1999a) *The Welfare State. in Korea: the Politics of Legitimation*, New York, St Martin's Press.

Kwon, H. J. (1999b) *Income Transfers to the Elderly in East Asia: Testing Asian Values*, London, Centre for Analysis of Social Exclusion, London School of

Economics.

Kwon, H. J. (2001) 'Income Transfers to the Elderly in Korea and Taiwan', *Journal of Social Policy*, 30 (1), pp.81-93.

Kwon, H. J. (2002) 'The Korean Welfare State: Development and Reform Agenda', in C. Aspalter (ed.), *Discovering the Welfare State in East Asia*, Westport, CT: Praeger, pp.63-79.

Kwon, S. (2001) 'Economic Crisis and Social Policy Reform in Korea', *International Journal of Social Welfare*, 10 (2), pp.97-106.

Kwon, S. (2003a) 'Pharmaceutical Reform and Physician Strikes in Korea: Separation of Drug Prescribing and Dispensing', *Social Science and Medicine*, 56, forthcoming.

Kwon, S. (2003b) 'Payment System Reform for Health Care Providers in Korea', *Health Policy and Planning*, 18, 84-92.

Lam, D. and Clark, C. (1998) 'The Cultural Roots of Guerilla Capitalism', in S. Chan, C. Clark and D. Lam (eds), *Beyond the Developmental State: East Asia's Political Economies Reconsidered*, Basingstoke, Macmillan – now Palgrave Macmillan.

Lau, S. K. (1982) *Society and Politics in Hong Kong*, Hong Kong, Chinese University Press.

Lau, S. K. (ed.) (2002) *The First Tung Chee-hwa Administration: the First Five Years of the Hong Kong Special Administration Region*, Hong Kong, Chinese University Press.

Law, W. W. (1996) 'The Taiwanisation, Democratisation and Internationalisation of Higher Education in Taiwan', *Asia Pacific Journal of Education*, 16 (1), pp.5-20.

Law, W. W. (1998) 'Higher Education in Taiwan: the Rule of Law and Democracy', *International Higher Education*, 11, pp.4-6.

Law, W. W. (2002) 'Globalization, ocalization and Education Reform in a New Democracy: the Taiwan Experience', in K. H. Mok and A. Welch (eds), *Globalization and Educational Restructuring in Asia and the Pacific Region*, Basingstoke, Palgrave – now Palgrave Macmillan.

Lee, H. H, and Gopinathan, S. (2001) 'Centralized Decentralization of Higher Education in Singapore', *Education and Society*, 19 (3), pp.79-96.

Lee, H. H. and Gopinathan, S. (2002) 'Comparison of Education Reforms in Hong Kong and Singapore', paper presented at the International Symposium on

Globalization and Educational Governance Change in East Asia, Hong Kong, 28 June.

Lee, H. K. (1999) 'Globalization and the Emerging Welfare State – the Experience of South Korea', *International Journal of Social Welfare*, 8 (1), pp.32-7.

Lee, J. (1999) *Housing, Home Ownership and Social Change in Hong Kong*, Aldershot, Ashgate.

Lee, J., Forrest, R. and Tam, W. K. (2001) 'Comparing East Asian Home Ownership: Market, State and Institutions', paper presented at the International Housing Conference, City University of Hong Kong, April 16.

Lee, J. and Yip, N. M. (2001) 'Home-ownership under Economic Uncertainty: the Role of Subsidized Sale Flats in Hong Kong', *Third World Planning Review*, 23 (1), pp.61-78.

Lee, K. Y. (2000) *From Third World to First: the Singapore Story: 1965-2000*, New York, HarperCollins. (リー・クアンユー著, 小牧利寿訳 (2000) 『リー・クアンユー回顧録―ザ・シンガポール・ストーリー』日本経済新聞社)

Lee, M. L. (2002) *Letter to the Director-General, World Health Organization 2 May* 〈http://www.taiwanstudies.org/Lee.pdf〉.

Lee, S. and Lee, I. (2000) 'Social Welfare Development in Korea: Past, Present, and Future', in K. Tang (ed.), *Social Development in Asia*, Dordrecht, Kluwer Academic, pp.61-82.

Lee. W. K. M. (2001). 'The Poor in Singapore: Issues and Options', *Journal of Contemporary, Asia*, 31 (1), pp.57-70.

Leftwich, A. (1995) 'Bringing Politics Back In: Towards a Model of the Developmental State', *Journal of Development Studies*, 31 (3), pp.400-27.

Leibfried, S. (ed.) (2001) *Welfare State Futures*, Cambridge, Cambridge University Press.

Leung, J. (2001) 'The Politics of Decentralization: a Case Study of School Management Reform in Hong Kong', *Education and Society*, 19 (3), pp.17-36.

Li, W. D. H. (1998) *Housing in Taiwan: Agency and Structure?*, Aldershot, Ashgate Publishing Ltd.

Lim, S. G. (1998) 'PS21: Gearing up the Public Service for the 21st Century', in A. Mahizhnan and T. Y. Lee (eds), *Singapore Re-engineering Success*, Singapore, Institute of Policy Studies and Oxford University Press.

Lin, K. (1999) *Confucian Welfare Cluster: a Cultural Interpretation of Social Welfare*, Tampere, University of Tampere.

Liu, C. T. (1998) 'A General Overview of the Health Care System in Taiwan', *Journal of Public Health Medicine*, 20 (1), pp.5-10.

Low, L. (1998) *The Political Economy of a City-state: Government-made Singapore*, Singapore, Oxford University Press.

Low, L. and Aw, T. C. (1997) *Housing a Healthy. Educated and Wealth Nation Through the CPF*, Singapore, Times Academic Press.

Low, L. and Johnston, D. M. (eds) (2001) *Singapore Inc. : Public Policy Options in the Third Millennium*, Singapore. Asia Pacific Press.

McLaughlin, E. (1993) 'Hong Kong: a Residual Welfare Regime', in A. Cochrane and J. Clarke (eds). *Comparing Welfare States: Britain in International Context*, London, Sage, pp.105-40.

Midgely, J. (1986) 'Industrialization and Welfare: the Case of the Four Little Tigers', *Social Policy and Administration*, 20 (3), pp.225-37.

Mills, C. W. (1956) *The Power Elite*, London, Oxford University Press. (C・W・ミルズ著, 鵜飼信成・綿貫譲治訳 (1969) 『パワー・エリート』東京大学出版会)

Miners, N. (1995) *The Government and Politics of Hong Kong*, Hong Kong, Oxford University Press.

Ministry of Education, Republic of China [MOEROC] (2000) *Education Statistics of the Republic of China 2000*, Taipei, Ministry of Education.

Ministry of Education, Republic of China [MOEROC] (2001a) *White Paper on Higher Education*, Taipei, Ministry of Education.

Ministry of Education, Republic of China [MOEROC] (2001b) *Education Statistics of the Republic of China 2001*, Taipei, Ministry of Education.

Ministry of Education, Republic of China [MOEROC] (2001c) *Education Statistical Indicators, Republic of China 2001*, Taipei, Ministry of Education.

Ministry of Education, Republic of China [MOEROC] (2002) *Education Statistical Indicators, Republic of China 2002*, Taipei, Ministry of Education.

Ministry of Education, Republic of Korea [MOEROK] (2000) *Education in Korea 1999-2000*, Seoul, Ministry of Education.

Ministry of Education, Republic of Korea [MOEROK] (2001) *Education in Korea 2000-2001*, Seoul, Ministry of Education.

Ministry of Education, Singapore [MOES] (1998) *The Desired Outcomes of Education*, Singapore, Ministry of Education.

Ministry of Education, Singapore [MOES] (2001) *Education Statistics Digest 2001*, Singapore, Ministry of Education.

Ministry of Education, Singapore [MOES] (2002a) *School Excellence Model*, Singapore, Ministry of Education.
Ministry of Education, Singapore [MOES] (2002b) *Apply to Teach* ⟨http://www1.moe.edu.sg/teach⟩.
Ministry of Education, Singapore [MOES] (2002c) *Programme for Rebuilding and Improving Existing Schools* ⟨http:/www1.moe.edu.sg/prime⟩.
Ministry of Finance, Republic of China (1998) 'Taiwan's Plans for Financial Modernization', paper presented at the 10th International Conference of Banking Supervisors, Taipei, 21 October.
Ministry of Health, Singapore [MOH] (1993) *Affordable Health Care: a White Paper*, Singapore, Singapore National Printers.
Ministry of Health, Singapore [MOH] (2001a) *State of Health 2000: the Report of the Director of Medical Services*, Singapore, Ministry of Health.
Ministry of Health, Singapore [MOH] (2001b) *Annual Report 2001*, Singapore, Ministry of Health.
Ministry of Health, Singapore [MOH] (2002) 'Dedication, Professionalism, Integrity, Care and Compassion, Teamwork', promotional CD-ROM, Singapore, Ministry of Health.
Ministry of Health and Welfare, Republic of Korea [MOHW] (2002a) MOHW website ⟨http://www.mohw.go.kr⟩ .
Ministry of Health and Welfare, Republic of Korea [MOHW] (2002b) *Expansion of Public Health and Welfare Services Reaching Out to People: 2002 Plans for Major Projects*, Seoul, Ministry of Health and Welfare.
Ministry of Information and the Arts, Singapore (2001) *Singapore 2001*, Singapore, Ministry of Information and the Arts.
Ministry of Information, Communications and the Arts, Singapore (2002) *Singapore 2002*, Singapore, Ministry of Information, Communications and the Arts.
Ministry of the Interior, Republic of China (2000) *Operation Plan For Low-Interest Loan Scheme for Young Homebuyers*, Taipei, Ministry of the Interior.
Mok, K. H. (2001a) 'Academic Capitalisation in the New Millennium: the Marketization and Corporatization of Higher Education in Hong Kong', *Policy and Politics*, 29 (3), pp.299-316.
Mok, K. H. (2001b) 'Globalization Challenges to Higher Education Governance in South Korea', *Public Administration and Policy*, 10 (2), pp.149-74.
Mok, K. H. (2002a) 'Overview and Common Research Agendas in Comparative

Education', paper presented at the International Symposium on Globalization and Educational Governance Change in East Asia, Hong Kong, 28 June.
Mok, K. H. (2002b) 'From Nationalization to Marketization: Changing Governance in Taiwan's Higher Education System', *Governance*, 15 (2), pp.137-60.
Mok, K. H. and Chan, D. (eds) (2002) *Globalization and Education: the Quest for Quality Education in Hong Kong*, Hong Kong, Hong Kong University Press.
Mok, K. H. and Lee, H. H. (2000) 'Globalization or Recolonization: Higher Education Reforms in Hong Kong', *Higher Education Policy*, 13 (4), pp.361-77.
Mok, K. H. and Lee, H. H. (2001) 'Globalization or Glocalization? Higher Education Reforms in Singapore', paper presented at the International Conference of Cultures of Learning: Risk, Uncertainty and Education, Bristol, UK, 19-22 April.
Mok, K. H. and Lee, H. H. (2002) 'A Reflection on Quality Assurance in Hong Kong's Higher Education', in K. H. Mok and D. Chan (eds), *Globalization and Education: the Quest for Quality Education in Hong Kong*, Hong Kong, Hong Kong University Press.
Mok, K. H. and Lo, H. C. (2002) 'Marketization and the Changing Governance in Higher Education: a Comparative Study', *Higher Education Management and Policy*, 14 (1), pp.51-82.
Mok, K. H, and Tan, J. (2003) *Globalization and Marketization in Education: a Comparative Analysis of Hong Kong and Singapore*, Cheltenham, Edward Elgar.
Mok, K. H., Tan, J. and Lee, H. H. (2000) 'Positioning Singapore for the 21st Century: "Thinking Schools, Learning Nation" Vision', *Chulalongkorn Educational Review*, 6 (2), pp.33-51.
Mok, K. H. and Welch, A. (2002) 'Economic Rationalism, Managerialism and Structural Reform in Education', in K. H. Mok and D. Chan (eds), *Globalization and Education: the Quest for Quality Education in Hong Kong*, Hong Kong, Hong Kong University Press.
Moon, Y. L. (1998) 'The Education Reform in Korea and Future Tasks', *Korea Observer*, 29 (2), pp.235-58.
Morley, J. W. (ed.) (1999) *Driven by Growth: Political Change in the Asia-Pacific Region*, New York, M. E. Sharpe.
Morris, P. and Sweeting, A. (eds) (1995) *Education and Development in East Asia*, New York, Garland.
Morris, P. (1996) 'Asia's Four Little Tigers: a Comparison of the Role of Education in their Development', *Comparative Education*, 32 (1), pp.95-109.

National Institute of Educational Resources and Research (1999) *Education Yearbook of the Republic of China 1998*, Taipei, National Institute of Educational Resources and Research.

National Institute of Educational Resources and Research (2000) *Education Yearbook of the Republic of China 1999*, Taipei, National Institute of Educational Resources and Research.

National Statistics, Republic of China (2000) *Survey of Family Income and Expenditure* 〈http://www.stat.gov.tw/main.htm〉.

National Statistical Office, Republic of Korea (2000a) *Major Statistics of Korean Economy 2000*, Seoul, National Statistical Office.

National Statistical Office, Republic of Korea (2000b) *Korea Statistical Yearbook 2000*, Seoul, National Statistical Office.

National Statistical Office, Republic of Korea (2002) *Major Statistics of Korean Economy 2002*, Seoul, National Statistical Office.

Ngan, R. and Cheung, F. (2000) 'The Mandatory Provident Funds Scheme in Hong Kong', in proceedings on Second Asia Regional Conference on Social Security, Hong Kong, 24-6 January.

O'Connor, J. (1973) *The Fiscal Crisis of the State*, New York, St Martin's Press. (ジェイムズ・オコンナー著, 池上惇・横尾邦夫監訳 (1981) 『現代国家の財政危機』御茶の水書房)

Organization for Economic Co-operation and Development [OECD] (2000a) *Korea and the Knowledge-based Economy*, Paris, Organization for Economic Co-operation and Development.

Organization for Economic Co-operation and Development [OECD] (2000b) *Pushing Ahead with Reform in Korea: Labour Market and Social Safety-net Policies*, Paris, Organization for Economic Co-operation and Development.

Ohmae, K. (1995) *The End of the Nation State: the Rise of Regional Economies*, New York, Free Press. (大前研一著, 山岡洋一・仁平和夫訳 (1995) 『地域国家論—新しい繁栄を求めて』講談社)

Park, N. (2000) 'Higher Education in a Rapidly Developing Country: the Case of the Republic of Korea', in M. S. McMullen, J. E. Mauch and B. Donnorummo (eds), *The Emerging Markets and Higher Education*, New York, Routledge Falmer.

Patten, C. (1995) *Hong Kong: Our Work Together, address by the Governor, the Right Honorable Chris Patten at the opening of the 1995-6 session of the*

Legislative Council, Hong Kong, Government Printer.
Pei, M. (1998) 'Constructing the Political Foundations of an Economic Miracle', in H. S. Rowen (ed.), *Behind East Asian Growth: the Political and Social Foundations of Prosperity*, London, Routledge.
Pempel, T. J. (1992) 'Of Dragons and Development', *Journal of Public Policy*, 12 (1), pp.79-95.
Pierson, P. (2001) 'Post Industrial Pressures on the Mature Welfare States', in P. Pierson (ed.), *The New Politics of the Welfare State*, Oxford, Oxford University Press.
Post, D. (1996) 'The Massification of Education in Hong Kong: Effects on the Quality of Opportunity, 1981-1991', *Sociological Perspectives*, 39 (1), pp.155-74.
Quah, J. S. T. (1998) 'Singapore's Model of Development: Is it Transferable?', in H. S. Rowen (ed.), *Behind East Asian Growth: the Political and Social Foundations of Prosperity*, London, Routledge.
Quah, J. S. T. (2001) 'Singapore: Meritocratic City-state', in J. Funston (ed.), *Government and Politics in Southeast Asia, Singapore*, Institute of Southeast Asian Studies
Ramesh, M. (1992) 'Social Security in Singapore: Redrawing the Public-Private Boundary', *Asian Survey*, 32 (12), pp.1093-1108.
Ramesh, M. with Asher, M. G. (2000a) *Welfare Capitalism in Southeast Asia: Social Security, Health, and Education Policies*, Basingstoke, Macmillan – now Palgrave Macmillan.
Ramesh, M. (2000b) 'The Politics of Social Security in Singapore' *The Pacific Review*, 13 (2), pp.243-56.'
Ramesh, M. (2003) 'Globalisation and Social Security Expansion in East Asia', in L. Weiss (ed.), *States in the Global Economy: Bringing Domestic Institutions Back In*, Cambridge, Cambridge University Press.
Ramesh, M. and Holliday, I. (2001) 'The Health Care Miracle in East and Southeast Asia: Activist State Provision in Hong Kong, Malaysia and Singapore', *Journal of Social Policy*, 30 (4), pp.637-51.
Rating and Valuation Department, Hong Kong (1984-2000) *Hong Kong Property Review*, Hong Kong, Government Printer.
Renaud, B., Pretorius, F. and Pasadilla, B. (1997) *Markets at Work: Dynamics of the Residential Real Estate Market in Hong Kong*, Hong Kong, Hong Kong University Press.

Rhodes, M. and Higgott, R. (2000) 'Introduction: Asian Crises and the Myth of Capitalist "Convergence"', *Pacific Review*, 13 (1), pp.1-20.

Rodan, G. (1989) *The Political Economy of Singapore's Industrialization': National State and International Capital*, Basingstoke, Macmillan－now Palgrave Macmillan. (ギャリー・ロダン著, 田村慶子・岩崎育夫訳 (1992) 『シンガポール工業化の政治経済学─国家と国際資本』三一書房)

Rodan, G. (1996a) 'State-Society Relations and Political Opposition in Singapore', in G. Rodan (ed.), *Political Oppositions in Industrialising Asia*, London, Routledge.

Rodan, G. (1996b) 'Elections without Representation: the Singapore Experience under the PAP' in R. H. Taylor (ed.), *The Politics of Elections in Southeast Asia*, Cambridge, Woodrow Wilson Center Press and Cambridge University Press.

Rodrik, D. (1998) 'Why Do More Open Economies Have Bigger Governments?' *Journal of Political Economy*, 106 (5), pp.997-1032.

Root, H. L. (1996) *Small Countries, Big Lessons: Governance and the Rise of East Asia*, Oxford, Oxford University Press.

Root, H. L. (1998) 'Distinctive Institutions in the Rise of Industrial Asia', in H. S. Rowen (ed.), *Behind East Asian Growth: the Political and Social Foundations of Prosperity*, London, Routledge.

Rowen, H. S. (1998) 'What are the Lessons from East Asia?', in H. S. Rowen (ed.), *Behind East Asian Growth: the Political and Social Foundations of Prosperity*, London, Routledge.

Rozman, G. (ed.) (1991) *The East Asian Region: Confucian Heritage and Its Modern Adaptation*, Princeton, NJ, Princeton University Press.

Rozman, G. (1992) 'The Confucian Faces of Capitalism', in M. Borthwick (ed.), *Pacific Century: the Emergence of Modern Pacific Asia*, Boulder, CO, Westview Press.

Sabatier, P. and Jenkins-Smith, H. C. (eds) (1993) *Policy Change and Learning*, Boulder, CO, Westview Press.

Sainsbury, R. (1999) 'The Aims of Social Security', in J. Ditch (ed.), *Introduction to Social Security: Policies, Benefits and Poverty*, London, Routledge.

Shan, P. and Chang, J. (2000) 'Social Change and Educational Development in Taiwan', in T. Townsend and Y. C. Cheng (eds), *Educational Change and Development in the Asia-Pacific Region: Challenges for the Future*, Lisse, Swets and Zeitlinger Publishers.

Sharpe, L. and Gopinathan, S. (2002) 'After Effectiveness: New Directions in the Singapore School System', paper presented at the International Forum on Education Reforms in Singapore, South Korea and Taiwan, Hong Kong, 29 June.

Shin, D. (2000a) 'The Recent Development of Welfare System in Korea: Transition to a Welfare State from a Welfare Society?', *Korean Social Security Studies*, 16 (2), pp.187-210.

Shin, D. (2000b) 'Financial Crisis and Social Security: the Paradox of the Republic of Korea', *International Social Security Review*, 53 (3), pp.83-107.

Shonfield, A. (1965) *Modern Capitalism: the Changing Balance of Public and Private Power*, London, Oxford University Press. (A・ションフィールド著, 海老沢道進 [ほか] 共訳 (1968) 『現代資本主義』オックスフォード大学出版局)

Singapore Government (2002) *Singapore Government Online Portal* 〈http://www.gov.sg〉.

Smart, A. (1989) 'Forgotten Obstacles, Neglected Forces: Explaining the Origin of Hong Kong Public Housing', *Environment and Planning D: Society and Space*, 7 (2), pp.179-96.

Smart, A. (2001) 'Unruly Places: Urban Governance and the Persistence of Illegality in Hong Kong's Urban Squatter Areas', *American Anthropologist*, 103 (1), pp.30-44.

Smart, A. and Lee, J. (2002) 'Financialization and the Rise of Real Estate in Hong Kong's Regime of Accumulation', *Economic Geography*, forthcoming.

So, A. Y. (1999) *Hong Kong's Embattled Democracy: a Societal Analysis*, Baltimore, The John Hopkins University Press.

So, A. and Chiu, S. (1995) *East Asia and the World Economy*, Thousand Oaks, CA, Sage.

Social Security Administration, US (1999) *Social Security Programs Throughout the World – 1999*, Washington, DC, Social Security Administration.

Social Welfare Department, Hong Kong (2002a) *Introduction to Comprehensive Social Security Assistance*, Hong Kong, Social Welfare Department.

Social Welfare Department, Hong Kong (2002b) *Social Welfare Department Annual Report 2001*, Hong Kong, Social Welfare Department.

Stromquist, N. (2002) 'Preface', *Comparative Education Review*, 46 (1), pp.iii-viii.

Suleiman, E. N. (1974) *Politics, Power, and Bureaucracy in France: the Administrative Elite*, Princeton, NJ, Princeton University Press.

Sun, C. (2000) 'The Implementation of Social Allowance Schemes in Taiwan: a

Preliminary Analysis', *Social Policy and Social Work*, 4 (2), pp.5-41.

Swank, D. (2002) *Global Capital, Political Institutions, and Policy Change in Delveloped Welfare States*, Cambridge, Cambridge University Press.

Tai, H. H. (2000) 'Towards the New Century: the Transformation of Higher Education', *Bulletin of Educational Research*, 44, pp.35-60.

Tai, H. H. (2001) 'Globalization and the Change of State/Market Relationships: a Contextual Analysis of the Marketization of Higher Education', *Bulletin of Educational Research*, 47, pp.301-28.

Taiwan Real Estate Research Center (2001) Center's website 〈http://www.housing.nccu.edu.tw〉.

Tan, J. (1997) 'Independent Schools in Singapore: Implications for social and educational inequalities', in J. Tan, S. Gopinathan and W. K. Ho (eds), *Education in Singapore: a Book of Readings*, Singapore, Prentice Hall.

Tan, J. (1998) 'The Marketisation of Education in Singapore: Policies and Implications', *International Review of Education*, 44 (1), pp.47-63.

Tan, J. (2002) 'Education in the Early 21st Century: Challenges and Dilemmas', in D. da Cunha (ed.), *Singapore in the New Millennium: Challenges Facing the City-state*, Singapore, Institute of Southeast Asian Studies.

Tan, T. M. and Chew, S. B. (eds) (1997) *Affordable Healthcare*, Singapore, Prentice Hall.

Tang, K. L. (1996) 'Social Security and Social Development: East Asian Newly Industrialising Countries (NICs)', *Canadian Review of Social Policy*, 38, pp.1-16.

Tang, K. L. (2000) *Social Welfare Development in East Asia*, Basingstoke, Palgrave – now Palgrave Macmillan.

Tilak, J. (2000) *Education and Development: Lessons from Asian Experience*, New Delhi, National Institute of Educational Planning and Administration.

Townsend, T. (1998) 'The Primary School of the Future: Third World or Third Millennium?', in T. Townsend (ed.), *The Primary School in Changing Times: the Australian Experience*, London, Routledge.

Tremewan, C. (1994) *The Political Economy of Social Control in Singapore*, Basingstoke, Macmillan – now Palgrave Macmillan.

Tremewan, C. (1998) 'Welfare and Governance: Public Housing under Singapore's Party-state', in R. Goodman, G. White and H. J. Kwon (eds), *The East Asian Welfare Model: Welfare Orientalism and the State*, London, Routledge.

Tsai, C. W. (1996) 'The Deregulation of Higher Education in Taiwan', *Inter-

national Higher Education, 4, pp.11-13.
Tsang, W. K. (1998) *An Analysis of Education Policy in Hong Kong: a Sociological Perspective*, Hong Kong, Joint Publishers [in Chinese].
Tse, K. L. (1998) *The Denationalization and Depoliticization of Education in Hong Kong, 1945-1992*, PhD Thesis, University of Wisconsin, Madison.
Tse, T. (2002) 'A Critical Review of the Quality Education Movement in Hong Kong', in K. H. Mok and D. Chan (eds), *Globalization and Education: the Quest for Quality Education in Hong Kong*, Hong Kong, Hong Kong University Press.
Tu, W. (1996) *Confucian Traditions in East Asian Modernity: Moral Education and Economic Culture in Japan and the Four Mini-dragons*, Cambridge, MA, Harvard University Press.
Tung, C. H. (2001) *Policy Address 2001*, Hong Kong, Printing Department, HKSAR Government.
United Nations (1999) *Statistical Indicators for Asia and the Pacific*, Geneva, United Nations Publications.
United Nations General Assembly (2001) *Urban Millennium*, Special session of General Assembly for an overall review and appraisal of the implementation of the Habitat Agenda.
University Grants Committee, Hong Kong [UGC] (2001) *University Grants Committee Facts and Figures 2000*, Hong Kong, Government Printer.
United Nations Development Program [UNDP] (2002) *Human Development Report*. ⟨http://www.undp.org/hdr2002⟩.
Vogel, E. (1979) *Japan as Number One: Lessons for America*, Cambridge, MA, Harvard University Press. (エズラ・F・ヴォーゲル著, 広中和歌子・木本彰子訳 (1979)『ジャパンアズナンバーワン―アメリカへの教訓』ティビーエス・ブリタニカ)
Vogel, E. (1991) *The Four Little Dragons: the Spread of Industrialization in East Asia*, Cambridge, MA, Harvard University Press. (エズラ・F・ヴォーゲル著, 渡辺利夫訳 (1993)『アジア四小龍―いかにして今日を築いたか』中央公論社)
Wade, R. (1990) *Governing the Market: Economic Theory and the Role of Government in East Asian Industrialisation*, Princeton, NJ, Princeton University Press. (ロバート・ウェード著, 長尾伸一 [ほか] 訳 (2000)『東アジア資本主義の政治経済学―輸出立国と市場誘動政策』同文舘出版)
Wade, R. (1992) 'East Asia's Economic Success: Conflicting Perspectives, Partial Insights, Shaky Evidence', *World Politics*, 44 (2), pp.270-320.

Wade, R. (1995) 'Resolving the State-Market Dilemma in East Asia', in H. J. Chang and R. Rowthorn (eds), *The Role of the State in Economic Change*, Oxford, Clarendon Press.

Wade, R. (1996) 'Japan, the World Bank, and the Art of Paradigm Maintenance: the East Asian Miracle in Political Perspective', *New Left Review*, 217, pp.3-36.

Wade, R. and Veneroso, F. (1998) 'The Asian Crisis: the High Debt Model Versus the Wall Street-Treasury-IMF Complex', *New Left Review*, 228, pp.3-23.

Weiss, L. (2003) 'Guiding Globalisation in East Asia: New Roles for Old Developmental States', in L. Weiss (ed.), *States in the Global Economy: Bringing Domestic Institutions Back In*, Cambridge, Cambridge University Press.

Weng, F. Y. (2000) 'Social Change and Educational development in Taiwan', in K. H. Mok and Y. W. Ku (eds), *A Comparative Study of Social Development in Hong Kong, Taiwan and Mainland China*, Hong Kong, Humanities Press.

Weng, F. Y. (2002) 'The Reform of Education Policy in Taiwan: a Sociological Analysis', paper presented at the International Symposium on Globalization and Educational Governance Change in East Asia, City University of Hong Kong, 28 June.

White, G. and Goodman, R. (1998) 'Welfare Orientalism and the Search for an East Asian Welfare Model', in R. Goodman, G. White and H. J. Kwon (eds), *The East Asian Welfare Model: Welfare Orientalism and the State*, London, Routledge.

Whitty, G. (1997) 'Marketization, the State and the Re-formation of the Teaching Profession', in A. H. Halsey et al. (eds), *Education: Culture, Economy and Society*, Oxford, Oxford University Press. (A・H・ハルゼー［ほか］編, 住田正樹・秋永雄一・吉本圭一編訳（2005）『教育社会学―第3のソリューション』九州大学出版会)

Wilding, P. (2000) 'Exploring the East Asian Welfare Model', *Public Administration and Policy*, 9 (2), pp.71-82.

Wilding, P., Huque, A. S. and Tao, J. (eds) (1997) *Social Policy in Hong Kong*, Cheltenham, Edward Elgar.

Woodwiss, A. (1998) *Globalisation, Human Rights and Labour Law in Pacifc Asia*, Cambridge, Cambridge University Press.

Woo-Cumings, M. J. E. (1998) 'National Security and the Rise of the Developmental State in South Korea and Taiwan', in H. S. Rowen (ed.), *Behind East Asian Growth: the Political and Social Foundations of Prosperity*, London,

Routledge.

World Bank (1993) *The East Asian Miracle: Economic Growth and Public Policy*, New York, Oxford University Press. (世界銀行著, 白鳥正喜監訳, 海外経済協力基金開発問題研究会訳 (1994) 『東アジアの奇跡——経済成長と政府の役割』東洋経済新報社)

World Bank (2002) *World Development Indicators Database*, Washington, DC, World Bank.

World Bank Group (2002) 'HNP Stats', 〈http://devdata.worldbank.org/hnpstats/DCselection.asp〉.

World Health Organization [WHO] (2000) *World Health Report 2000. Health Systems: Improving Performance*, Geneva, World Health Organization.

World Health Organization [WHO] (2001) *Legal Status of Traditional Medicine and Complementary/Alternative Medicine: a Worldwide Review*, Geneva, World Health Organization.

World Health Organization [WHO] (2002) WHO *Traditional Medicine Strategy 2002-2005*, Geneva, World Health Organization.

Yamato, Y. and Bray, M. (2002) 'Education and Socio-Political Change: the Continued Growth and Evolution of the International Schools Sector in Hong Kong', *Asia Pacific Education Review*, 3 (1), pp.24-36.

Yang, B. M. (1997) 'The Role of Health Insurance in the Growth of the Private Health Sector in Korea', in W. Newbrander (ed.), *Private Health Sector Growth in Asia: Issues and Implications*, Chichester, Wiley.

Yang, K. T. (2000) 'The Construction of a Lifelong Learning Environment', in Institute of Education, Chungshan University of Taiwan (ed.), *Education in the New Millennium: Theory and Practice*, Taipei, Leiman Cultural Publishing Company.

Yip, J., Eng, S. P. and Yap, J. (1997) '25 Years of Educational Reform', in J. Tan, S. Gopinathan and W. K. Ho (eds), *Education in Singapore: a Book of Readings*, Singapore, Prentice Hall.

Yoon, J. (2002) *KRIHS Special Reports 2: Structural Changes in the Rental Housing Market: Causes and Policy Responses*, Seoul, Korea Research Institute for Human Settlements.

Yuen, P. P. (1994) 'The Corporatisation of Public Hospital Services in Hong Kong: a Possible Public Choice Explanation', *Asian Journal of Public Administration*, 16 (2), pp.165-81.

Zysman, J. (1977) *Structural Changes in the Rental Housing Market: State, Market and Industry in France*, Berkeley, University of California Press.

年　表

香港の政治・経済の動向と社会政策の展開

年	政治・経済の動向	社会政策の展開
1945	日本の敗戦（8.15） 英，香港臨時軍政府を発足（9.1） 人口は約60万人	
1946	香港政庁，機能を回復（5.1）	
1947	社会福祉事務所設置	社会福祉事務所設置
1948	国共内戦のため大陸から大量の移住民流入	香港住宅協会（HKHS）設立
1949	住民登録を求める条例制定 中華人民共和国成立（以下，中国）(10.1) （上海の資本家を含む大量の避難民の流入）	香港・九龍労働組合評議会（HKTUC）結成 香港労働組合連合会（HKFTU）結成
1950	英，中国を承認（国交樹立は72年）（1.6） 政庁，大陸住民の入境制限を実施（入境管制条例） 朝鮮戦争勃発（6.25）	
1951	国連，対中国戦略物資禁輸措置	
1953	セッキップメイ（石硤尾）大火（12.24）（再定住住宅建設の契機）	労働者命令(後に従業員補償命令と名称変更)
1954		再定住住宅局設置
1955	コメの輸入許可制を導入	
1956	九龍暴動（国民党にちかい労働組合の破壊活動）	香港浸会大学設立
1958	中国，大躍進路線決定（5月） 政庁，英政府から財政自治を獲得	政庁，学校で政治性のある旗を掲揚することを禁止 社会福祉庁設置
1959		保健医療5カ年計画
1960	香港工業総会設立	
1961	警察の中国系幹部が中国のための諜報活動で追放	労働組合条例
1962	難民潮（中国からの大量難民） ＜1人当たりGDP459ドル＞	緊急災害犠牲者援護制度創設

年	政治・経済の動向	社会政策の展開
1963	『人民日報』社説，歴史上未解決問題として香港・九龍・マカオ問題を取り上げる (3.8)	「教育委員会報告書」（教育行政，学校設立など提言） 香港中文大学設立（10月）
1964		「香港の医療サービスの発展に関する白書」
1965	中国から香港への給水工事完了，水供給開始（3月）	「香港の社会福祉の目的と政策に関する白書」 「教育政策に関する白書」 全体的な住宅建設計画のための住宅委員会設置
1966	スターフェリー料金値上反対を契機に大衆暴動（4月） 貿易発展局（HKTDC）設置 輸出信用保険局（HKECIC）設置	
1967	「香港暴動」（造花工場の労働争議が暴動へ発展）(5.6) 香港生産性促進局設置 香港無線テレビ（TVB）開局	嶺南学院設立 「社会保障に関する省庁間作業グループ」を組織，報告書提出
1968	＜1人当たりGDP715ドル＞	雇用条例制定（労働法制の整備へ） 民政署設立
1971	中国，国連に加盟（10.25)	初等教育（6年間）の義務化 中国語の公用語への昇格 現金給付の公的扶助の開始（後に包括的社会保障扶助制度へ） 婚姻改革条例(法的拘束力をもつ一夫一婦制)
1972	ニクソン訪中（2月） 中国，香港・マカオを国連の植民地リストから外すことを要求（3月），国連総会でリストから削除決定（11月） 英国と中国，大使級外交関係樹立（3.13） 香港島と九龍半島を結ぶ海底トンネル開通 (8.2) ＜1人当たりGDP1,377ドル＞	住宅建設10カ年計画（総督演説） 香港理工大学設立
1973	一切の為替管理撤廃 警察高官の汚職・逃亡事件(廉正公署設置へ)	「香港の社会福祉；未来への道に関する白書」 新界開拓署（NTDD）設置 住宅問題担当庁（HKHA）設置 中等教育拡充計画 重度障害者・高齢者対象，ミーンズ・テストのない特別ニーズ手当 犯罪犠牲者援護制度
1974	中国語公用法成立（1月）	「香港の医療・保健サービスのさらなる発展

年表：香　港　241

年	政治・経済の動向	社会政策の展開
1974	廉正公署（ICAC）設置 「抵塁政策」（中国からの流入民の統制）	に関する白書」
1976	中国，天安門事件（鄧小平失脚）（4.5） 中国，「4人組」逮捕，文化大革命終わる（10月） ＜1人当たりGDP2,882ドル＞	住宅取得計画 持ち家政策機構（HOS）設立
1977	サッチャー英保守党党首訪中（4.7） 中国，鄧小平副主席復活（7.16） 産業多角化諮問委員会（IDAC）設置（10月）	報告書「社会保障制度発展のためのプログラム」 工業開発公社（IEC）設置 登録失業者にも公的扶助を適用
1978	中国，「改革・開放」政策を打ち出す（12月）	初等・中等あわせて9年間の義務教育を施行 73年の特別ニーズ手当の改正案
1979	香港総督訪中（香港問題の打診）（3.24） 中国，深圳，珠海に経済特区を設置（6月）	「1980年代にむかう社会福祉に関する白書」 交通事故犠牲者援護制度創設を発表
1980	工業発展委員会（IDB）設置 移民（改定）条例成立（非合法流入民の厳格取り締まり） ＜1人当たりGDP5,624ドル＞	
1982	サッチャー・鄧会談，「一国二制度」表明（9.22） 18の区に分け区議会設置	職業訓練局設置
1983	香港返還に関する第1回英中会談（7月） 政庁，香港ドルと米ドルとのペッグ制を開始（10.17）	
1984	政庁，代議制導入に関する白書を発表（11.2） 英・中両首相，香港返還の共同声明に正式調印（12.19） ＜1人当たりGDP6,076ドル＞	香港城市大学設立
1985	英・中，香港返還の批准書交換（5.27） 香港史上初の立法会議会選挙（9.26） 香港特別行政区基本法諮問委員会発足（民間の香港代表も参加）（12.18）	倒産時における賃金補償制度導入 政庁，「中央積立基金制度（CPF）設立のための作業グループ」を組織する 教育署，「学校における公民教育ガイドライン」を発表
1986	香港証券取引所設立（4月） 市域市政局設置（99年末廃止） 台湾亡命機に関し香港で初の中・台直接交渉実現（5月）	中高年労働者の解雇補償手当制度の導入 政庁，政府直轄方式によるCPF導入試案を発表（民営を示唆）（11月）

年	政治・経済の動向	社会政策の展開
1987		住宅問題担当庁の権限拡大 長期住宅建設計画 政庁，CPF導入を見送る（10月） 労働団体の合同デモ（社会保障制度改革先送りに抗議）
1988	「代議制の今後の発展」白書（2.10） 総督，香港住民の海外移民の増加を認める（10.12） ＜1人当たりGDP12,498ドル＞	暫定的病院管理局設置 重度障害者，70歳以上高齢者を対象とする割増の特別ニーズ手当支給決定
1989	100万人の市民，中国の民主化運動支援デモ（5.21） 中国，天安門事件，デモを武力で鎮圧（6.4）（香港で約100万人のデモ） 再開発プロジェクト「空港・港湾開発戦略」発表（10.11）	高等教育の大規模な拡大
1990	中国，第7期全人代第3回会議で香港特別行政区基本法を可決（4.4） 香港民主同盟結成（4.9）	病院管理局設置 基本法第136,137条に教育制度の規定 香港労働組合連盟（HKCTU）設立（7月）
1991	立法評議会の定数60議席のうち18議席を初の直接選挙，反中国の民主派が16議席獲得（9.15）	香港科学技術大学設立 「1990年代以降へむけての社会福祉に関する白書」 公的扶助に児童加算を導入
1992	最後の総督C. パッテン，施政報告で政治・選挙制度民主化案発表（10.7） ＜1人当たりGDP17,322ドル＞	教育課程開発研究所設立
1993	香港金融管理局（HKMA）設立（4月）	公的扶助制度の名称変更「包括的社会保障扶助制度（CSSA）」へ
1994	中国銀行，第3の発券銀行になる（5月）	政庁，65歳以上の住民を対象とする，社会保険方式による強制老齢年金制度の導入を発表（後に撤回）（7月） 学校改善プログラム開始
1995	立法評議会選挙実施（9月）	立法評議会による強制積立基金（MPF）設立の承認
1996	董建華行政長官の選出と任命（12.11） ＜1人当たりGDP24,425ドル＞	
1997	香港の主権が英国から中国へ返還される(7.1) アジア通貨・金融危機（7月以降）（高金利と株価・不動産価格の大幅低下）	中国医療条例 母語（中国標準語）教育強制政策 不動産業者管理局（EAA）設立（11月）

年	政治・経済の動向	社会政策の展開
1998	第1期立法会選挙（5.24） 新しい香港国際空港が開港（7月）	長期住宅供給戦略に関する白書
1999	立法会が市政局廃止の条例案を可決（12.2）	ハーバード報告（医療規制の問題点を指摘）
2000	第2回立法会選挙（民主党が第一党となる） （9.10） ＜1人当たりGDP24,795ドル＞	「生活のための学習，生活による学習」という改革提言 強制積立基金制度（MPF）実施（12.1）
2001	陳方安生政務長官退任，後任に曽蔭権（5.2）	
2002	ハイテク工業団地「香港科技園」開設（6.27） 董建華，行政長官第2期開始（7.1）	「基礎教育課程指針」発表 住宅政策の権限集中（新しい住宅局への統合） （7月）
2003	「香港と中国本土との経済・貿易緊密化協定」 の調印（6.29）	中等教育（中学・高校）で中国語による授業を奨励
2004	第3回立法会選挙（中道派が過半数を占める） （9.2）	
2005	董建華辞任，曽蔭権新行政長官就任（3.10） 中国全人代「反国家分裂法」を採択（3.14） 香港ディズニーランド開園（9月）	

【参考資料】
可児弘明編（1999）『もっと知りたい香港〔第2版〕』弘文堂
閻　和平（2001）『香港経済研究序説』御茶の水書房
アルコックほか編，埋橋ほか共訳（2003）『社会政策の国際的展開』晃洋書房
経済企画庁調査局編『アジア経済』1995年版，2000年版
内閣府政策統括官付参事官（海外経済担当）編『月刊　海外データ』平成15年8月号，ほか

シンガポールの政治・経済の動向と社会政策の展開

年	政治・経済の動向	社会政策の展開
1945	日本の敗戦（8.15） 英国，軍政部設置（9.5）	
1946	「マラヤ連合」案の公表（1.22）	植民地政府，「小学校教育無料化10カ年計画」声明 シンガポール社会福祉局設置（6月）
1947		英国，英語を共通語とする国民統合のための教育政策を発表
1948	マラヤ連邦発足（2.1） マレー半島，非常事態宣言（6.23）	シンガポール労働組合評議会（STUC）結成
1949	シンガポール労働党結成	マラヤ大学シンガポール校（2つの学校の統合）
1952		少年協会（Children's Society）発足
1953		南洋大学有限公司設立 中央積立基金令制定 シンガポール伝統中国医療大学設立
1954	バス会社ストライキ，徴兵規則施行反対の学生デモ（4.25～5.16） 人民行動党（PAP）結成（11.21）	シンガポール・ポリテクニック開校
1955	新しい統治制度（立法参事会，内閣会議など）（3月） 立法議会選挙で労働戦線（LF）が第一党となる（4.2） 治安維持法施行（10.12） 国連，マラヤと統合し工業化によって近代化推進を勧告	中央積立基金（CPF）制度発足（7.1） 立法議会内に教育に関する特別委員会を設置
1956	主席大臣マーシャル，ロンドンでシンガポール独立交渉（4月） 中国人中学生と親共的労組員による暴動（11月）	遺棄された子どものための養育計画 教育に関する特別委員会の報告書 南洋大学公司
1957	工業振興局（経済開発庁の前身）を設置 創始産業（所得税免税）条例，産業拡大条例を制定	新教育法成立，中国語学校を公教育に組み込む（11月）
1958	シンガポールは英連邦自治州として自治権を獲得（12月）	シンガポール社会福祉協会設立
1959	立法議会選挙で人民行動党が51議席中43議席	南洋大学法成立で南洋大学（以下，ナンヤン

年	政治・経済の動向	社会政策の展開
1959	獲得（5.30） シンガポール自治国が成立（6.3） リー・クァン・ユー内閣が発足（6.5）	大学）が正式の大学へ 女性と児童保護などの専門分野に諮問委員会設置
1960	輸入代替工業化促進のために保護関税導入へ 計画法（The Planning Act）の公布	住宅開発庁（HDB）創設 人民協会（PA）を設立 労使関係法制定 労働仲裁裁判所設置
1961	マラヤ連邦のラーマン首相，マレーシア連邦を提唱（5.27） 経済開発庁を設置（8月）	女性憲章を制定（一夫一婦制） STUCが分裂し，シンガポール労働組合連合（SATU）と全国労働組合評議会（NTUC）が結成される
1962	政府教育政策に反対する中国語中学校の学生スト（5.21） マレーシア連邦加入に対する国民投票実施（9.1） ＜1人当たりGDP469ドル＞	旧マラヤ大学はマラヤ大学とシンガポール大学とに分かれる
1963	マレーシア連邦の一州となる（マレーシア連邦成立）（9.16） 公益事業庁設立 輸入代替工業化のために輸入の数量規制	ニーアン・ポリテクニック（Ngee Ann Polytechnic）開校 単線型教育制度の採用
1964	シンガポールでマレー人と中国人衝突（7月末と9月初旬），後にマレー全土で非常事態宣言（9.3） マレーシア，増税案発表，シンガポールこれに反発（11月）	ナンヤン大学，シンガポール大学と同等の待遇を得る 10カ所の保育所設置 持ち家所有制度の導入
1965	シンガポール，マレーシアから分離独立（8.9） 英連邦内の独立共和国となる（12.22）	二言語政策の採用
1966	学生の反政府運動発生（10.10～11月下旬）	HDB内に都市再開発部（URD）創設 土地収用法成立 チャイナタウンを含む中心部の再開発の開始 第1次家族5カ年計画（1966～70年）
1967	基幹産業のスト禁止（3.13） シンガポール・ドルの発行（6.12） 英国，駐留軍撤退決定（71年に撤退）（7月） 東南アジア諸国連合（ASEAN）結成（シンガポール，マレーシア，タイ，インドネシア，フィリピン）（8.8） 経済拡大奨励（所得税控除）法の制定（12月） 国家生産性センター設立	人民協会の下部組織として全国に172の民衆連絡所を設置

年	政治・経済の動向	社会政策の展開
1968	総選挙実施　PAPが全議席を獲得 オフショア市場開設 ジュロン開発公社（JTC）設立 シンガポール開発銀行（DBS）設立 国際貿易会社（INTRACO）設立 ＜1人当たりGDP701ドル＞	シンガポール社会福祉審議会設立 雇用法制定，労働関係法改正 CPF，住宅購入のための引き出しを認める 非英語系学校で科学や算数を英語で教授，英語系学校で公民や歴史を民族母語で教授
1969	市内で暴動（クアラルンプール5・13事件の影響）（5.31） シンガポール工業規格研究所設立	最初のジュニア・カレッジ創設
1970	経済拡大奨励法の改正	民衆連絡所に婦人部と青年部を設置
1971	有力華字紙『南洋商報』幹部逮捕（政府の言語政策批判） シンガポール通貨庁設立 英国駐留軍全面撤退	第2次家族5カ年計画（1971〜75年）
1972	総選挙実施，PAPが全議席を独占 全国賃金評議会（NWC）設立 郵便貯蓄銀行発足（98年11月にDBSに吸収合併） ＜1人当たりGDP1,349ドル＞	"Two is Enough" という人口抑制策の開始（87年に転換）
1973	変動相場制への移行（6.20） 証券取引所（SES）の設立 国家生産性センターを国家生産性庁に改組	教育研修所設立
1974		HDBからURDを分離して都市再開発庁（URA）を創設
1975	乗用車の市街地乗り入れ制限の地域免許制（6.2）	
1976	総選挙を実施　PAPが全議席独占（12.23） ＜1人当たりGDP2,589ドル＞	第3次家族5カ年計画（1976〜80年）
1978	為替管理の全廃	能力別教育提唱を含むゴー報告書 ナンヤン大学，英語での教育を受容
1979	通商産業省設立	大幅賃金引き上げ（NWCの勧告） 住宅・都市開発公社設立 労働災害補償法制定
1980	10カ年経済社会開発計画の発表 総選挙実施　PAPが全議席獲得（12.23） ＜1人当たりGDP4,862ドル＞	ナンヤン大学と合併して新しいシンガポール国立大学を創設 中等教育を三線式の教育制度とする 教育課程開発院（CDIS）設置

年	政治・経済の動向	社会政策の展開
1981	シンガポール・チャンギ空港開港（7月） 国家コンピュータ庁設立	ナンヤン工科学院（NTI）創設
1982	外国人雇用規制と外国人労働者雇用税（levy）の導入	スクール・リンク（学校間情報接続）プロジェクトの開始 労働組合法（1940）改正
1983	貿易開発庁設立	共同募金の設立 残存する非英語系学校も段階的に英語を教授用語へという通達
1984	シンガポール国際金融取引所（SIMEX）の創設 総選挙の実施　PAPが大勝（12.22） ＜1人当たりGDP7,694ドル＞	CPF，メディセイブ設定 英才教育プログラム（GEP）を創設 体育教育カレッジ設立
1985	外国人労働者導入規制政策の柔軟化（3月）	社会開発省の設置
1986	商工省経済委員会報告書　「国際トータルビジネスセンター」構想（2月），地域統括本部（OHQ）制度の導入	学校教育は英語に統一
1987	雇用税の導入（4月） 大量高速輸送システム（MRT）の2区間開通	人口抑制策から人口増奨励策に転換（Have Three or More If You Can Afford It）
1988	MRTの1区間開通 総選挙実施，PAPは81議席中80議席獲得(9.3) ＜1人当たりGDP9,556ドル＞	タウン・カウンシル法制定 独立校（自主運営校）設置 障害者諮問委員会 老人ホーム法制定
1989	「成長の三角地帯」構想の提唱 海外投資促進法 経済計画委員会設立	HDB住宅内に託児施設の設置開始
1990	中国との国交樹立（10.3） グループ代表選挙区（GRC）の導入 ゴー・チョク・トン政権発足（11.28）	トゥマセック・ポリテクニック開校 家族・高齢者問題に関する全国諮問審議会 CPF，メディシールド設定 政府，エデュセーブ・スキームを発表 外国人労働者雇用法制定
1991	国家科学技術庁設立（1月） 長期戦略計画（ネクスト・ラップ）発表（2月） 総選挙実施（8.31） 「国家技術計画」発表	NTI　ナンヤン工科大学へと名称変更 教育再検討委員会『初等教育改善案』を教育相に提出 国立教育研修所（NIE）創設
1992	IT2000計画の発表 ＜1人当たりGDP15,624ドル＞	ナンヤン・ポリテクニック開校 「初等教育改善案」にもとづく教育制度改革の開始

年	政治・経済の動向	社会政策の展開
1992		技能教育研修所（ITE）発足（4月） 国民健康生活計画
1993	マニュファクチャリング2000の発表	CPF メディファンド設定 中等教育普通コースを普通（学術）と普通（技術）に分割
1994	国際ビジネス・ハブ2000の発表	賃金宣告協定 自律校（Autonomous School）の登場 CPF，メディシールド・プラスを導入
1995		HDB賃貸住宅に居住する高齢者の住環境改善事業開始 両親扶養法
1996	シンガポール生産性規格庁設立（4月） ビジネス・ヘッド・クォーター（BHQ）制度導入 国家科学技術計画(NSTP2000)の発表（9月） ＜1人当たりGDP25,347ドル＞	雇用法（1968）改正
1997	総選挙実施（1.2） 通貨危機の発生（7月以降） シンガポール21世紀委員会の設立（10月）	教育においてクラスター・システムを導入 社会開発協会設立
1998	インダストリー21の発表 シンガポール銀行，郵便貯蓄銀行を吸収合併（11月）	解雇者に関する政労使三者委員会設置（2月）
1999	シンガポール金融庁，金融自由化策を発表 シンガポール取引所設立	学校卓越性モデル（SEM）導入 既設校の再建改善プログラムに着手
2000	＜1人当たりGDP22,200ドル＞	シンガポール経営大学開学（8月） 特別住宅援助事業の導入（9月） 東部と西部の地域医療サービスのために「シングヘルス」（SingHealth）と国民健康グループ（NHG）を創設（10月） 私立病院・診療所法制定 55歳以上を対象とする健康診断プログラム（Check Your Health Program）
2002	日本・シンガポール新時代経済連携協定発効（11.30）	労使関係法（1960）改正（8月）
2004	リー・シェン・ロン新首相誕生（8.12）	

【参考資料】
綾部恒雄・石井米雄編（1994）『もっと知りたいシンガポール〔第2版〕』弘文堂
（財）自治体国際化協会　CLAIR REPORT　関連する各レポートより
経済企画庁調査局編『アジア経済』1995年版，2000年版
内閣府政策統括官付参事官（海外経済担当）編『海外経済データ』平成15年8月号，ほか

韓国の政治・経済の動向と社会政策の展開

年	政治・経済の動向	社会政策の展開
1945	光復（8.15） 朝鮮建国準備委員会，朝鮮人民共和国樹立宣言（9.6）米軍，南鮮進駐（9.8），韓国民主党創党（9.16） 小作料3・1制（10.5），融資許可制（10.20） 全朝鮮労働組合評議会設立（11月） 大韓信託統治発表（12.28）	一般命令第4号：9.24から公立小学校での授業実施（9.17） 米軍政，住宅1万戸建設計画立案（11.24）
1946	貿易許可制（1.3） 米穀収集令（2.1），大韓独立促成国民会議発足（2.8），南朝鮮大韓国民代表民主議員設置（2.14） 第1次米・ソ共同委員会開催（3.20） 生必品価額統制（6.15） 外国貿易統制（7.4）	ソウル大学校設立（8.22）
1947	南朝鮮過渡政府発足（2.5） 総罷業と小作争議（3.22） 朝鮮換金銀行創立（6.16）	
1948	外換預置証制度（2月） 東洋拓殖株式会社解散（3.6），帰属農地売却令（3.22） 第1代総選挙実施（5.10） 大韓民国国号決定（7.1），自由売買換率（7.1） 憲法制定（7.12）：第1共和国誕生，憲法公表（7.17），第1代大統領に李承晩氏，副統領に李始榮氏当選（7.20） 台湾と国交正常化（8.13），大韓民国政府樹立（8.15） 韓・米経済援助協定（12.10）	糧穀買入法制定（10.9） 国家保安法制定（11.20） 総人口調査令（12.13）
1949	経済復興5カ年計画（1.22） 収入許可制（2.15） 複数換率制度（6.13） 食糧緊急措置（7.22） 貿易業者登録制（9.19）	大韓赤十字社組織法制定（4.30） 農地改革法制定（6.21） 地方自治法制定（7.4） 教育法制定（12.31）
1950	経済安定15原則（3.2），農地改革（3.25） 単一換率制（4.10） 第2代国会議員選挙（5.30） 韓国銀行発足（6.12），6・25戦争（6.25） UNKRA設置（12.13）	厚生施設設置基準令公表（2.27） 軍事援護法制定（4.14） 義務教育実施（6.1）
1951	ソウル再修復（3.14） 特恵外換制度（6月）	研究学校規定制定（3.30） 警察援護法制定（4.12）

年	政治・経済の動向	社会政策の展開
1951	李承晩大統領,自由党創党(12.23)	財政法制定(9.24)
1952	韓・米経済調整協定(5.24) 第1次憲法改正「抜萃改憲」(7.4) 第2代大統領に李承晩氏,副統領に咸台永氏当選(8.5) 産業復興国債法(9.28) 外貨貸付制度(12.4)	社会事業を目的とする法人設立認可申請に関する件(4.21) 教育自治制実施(6.4) 地方国立大学設置(10月)
1953	第1次通貨改革(2.15) 休戦協定(7.27) 財政安定計画協約(12.14)	労働組合法制定(3.8) 勤労基準法制定(5.10) 李承晩大統領,100万戸住宅建設宣言(9.14)
1954	対充資金特別會計法制定(3.12) 大韓独立促成労働総連盟→大韓労働組合総連合会へ改称(4月),産業銀行発足:住宅資金担当(4.1) 第3代民議員選挙(5.20) 経済復興5カ年計画樹立(7.28) 通貨増発抑制措置(8.15) 民主党創党(9.18) 韓・米経済協定(11.27),第2次憲法改正「四捨五入改憲」(11.29),韓・米修好協定採決(11月)	第1次教育課程(1954~63年)公布(4.20) 復興住宅1000万戸建設計画発表(5.16)
1955	証券取引所開場(8.8) 財政緊急命令(9.5),民主党,統合野党として発足(9.19)	住宅建設5カ年計画立案(7月) 大学設置基準令制定(8.4)
1956	第3代大統領に李承晩氏,副統領に張勉氏当選(5.15) 張勉副統領狙撃事件(9.28) 進歩党創党(11.10),韓・米友好通商条約(11.28)	
1957	当面物価対策(1.10) 農業協同組合設立(2.14) 財政安定計画(4.20) 農業銀行設立(5.1) 米穀担保融資制度(11.1)	ICA資金による住宅建設計画6か年計画樹立(2.6),農業銀行法制定(2.14) 韓国社会事業学会創立(3月) 中央社会事業従事者訓練所創設(8.2)
1958	経済開発3カ年計画(1月) 財政安定計画(3.11) 第4代民委員選挙(5.2)	建設業法制定,消防法制定(3.11) 大韓建設協会設立(9.29) 義務教育財政交付金法制定(12.29)
1959	貯蓄預金制度(2.16) 経済開発5カ年計画(5.9) 対日通商中止(6月)	特殊大学院新設「ソウル大学行政大学院,保健大学院」(4.1)

年	政治・経済の動向	社会政策の展開
1959	輸出支援金融（11月）	
1960	第4代大統領に李承晩氏，副統領に李起鵬氏当選→「3・15不正選挙」，4・19学生革命（4.19），李承晩大統領辞任声明発表（4.26），過度政府構成（4.28） 第3次憲法改正（6.15）：第2共和国誕生 第5代総選（7.29） 張勉内閣発足（8.23） 大韓労働組合総連合会→韓国労働組合総連盟へ改称（11月），第4次憲法改正（11.29）	公務員年金法制定（1.1） 中学校・高等学校および大学の入学に関する臨時措置法制定（8.12） 土地税法制定（12.31）
1961	5・16軍事革命，国家最高会議発足（5.16），韓国労働組合総連盟解散（5月） 国家再建非常措置法公布（6.6） 経済企画院創設（7.22） 韓国労働組合総連盟の再結成（8.30）	教育自治制廃止（5.16） 教育に関する臨時特例法制定（9.1）：2年制大学設置，更生保護法制定，孤児入養特例法制定（9.30） 軍事援護法・警察援護法廃止→軍事援護法制定（11.1） 郷土予備軍設置法制定（12.27），児童福利法制定（12.30），生活保護法制定（12.30）
1962	第1次経済開発5カ年（～66年）計画（1.5） 韓・米経済協定（2.8） 第2次通貨改革（6.10） IBRD借款導入（8月） 第5次憲法改正（12.26）：第3共和国誕生	船員保険法制定（1.10），利子制限法制定，土地収用法制定（1.15），都市計画法制定，建築法制定，大韓住宅公社法制定（1.20） 災害救護法制定（3.30） 國家有功者および越南帰順者特別援護法（5.31） 大韓住宅公社設立（7.1）
1963	民主共和党創党（2.26） 第5代大統領選挙で朴正熙氏当選（10.15） 第6代国会議員選挙（11.26）	軍人年金法制定（1.28） 第2次教育課程（～73年）公布（2.15） 私立学校法制定（6.26） 社会保障制度確立指示覚書（産業災害補償保険方案，社会保障に関する法律案，医療保険法律案の立法化作業の進行）（7.28） 失業高等専門学校制新設（8月） 国土建設総合計画法制定（10.14） 産業災害補償保険制定（11.5），社会保障に関する法律制定（11.5），公営住宅法制定（11.30） 地方教育交付税法制定（12.5），住宅資金運用法制定（12.7），建築士法制定，医療保険法制定（12.16）
1964		市・郡単位の教育自治制復活（1.1）
1965	単一変動換率制（3.22） 韓・日基本条約→韓・日国交正常化（6.22）	租税減免規制法制定（12.20）

年表：韓　国

年	政治・経済の動向	社会政策の展開
1965	大韓経済援助国際協議体（IECOK）発足（8.12）	
1966	韓・米行政協定（7.9），第2次経済開発5カ年（1967～71年）計画（7.29）	外資導入法制定（8.3），農地担保法制定（8.3）土地区画整理事業法制定（8.3）
1967	統合野新民党発足（2.7） GATT加盟（4.1），農業総合開発計画（4月） 第6代大統領選挙で朴正煕氏当選（5.3） 第7代国会議員選挙（6.8） 輸入ネガティブ制度（7.25）	島嶼・僻地教育振興法制定（1.16） 韓国住宅金庫法制定（3.30） 不動産投機抑制に関する特別措置法制定（11.29）
1968	住民登録証発行開始（10.10） ＜1人当たりGDP191ドル＞	市民アパート建設計画発表（1月） 自活指導事業に関する臨時措置法制定（7.23） 資本市場育成に関する法律制定（11.22） 国民教育憲章制定（12.5），輸出保険法制定（12.31） 中学校無試験入学制度導入
1969	外資導入合理化施策発表（1月），輸出保険制度（1.10） 第6次憲法改正「三選改憲」（10.21） 物価安定のための非常対策発表（11.3）	長期総合教育計画審議会発足 韓国住宅金庫法→韓国住宅銀行法へ改正（1.4）
1970	経済安定対策発表（1.7） 浦項製鉄竣工（4.1），地方長官会議：大統領の農村セマウル運動への指示（4.22） 京釜高速道路開通（7.7） 農村近代化10か年計画（10.14） 地価公示制および不動産鑑定評価制（11.24）	社会福祉事業法制定（1.1）2年制専門学校制度導入（1月） 育成会制度導入（政府と学父母による教育財政の共同負担）（2月）
1971	第3次経済開発5カ年（1972～76年）計画（2.9） 第7代大統領選挙で朴正煕氏当選（4.27） 米軍部分撤収（7.21） 南北赤十字会談（8.12） 国家非常事態宣言（12.6）	
1972	南北韓共同声明（7.4） 8・3緊急措置（債務企業および債権者の貸付金の登録） 大統領特別宣言：国会解散，政党および政治活動中止非常戒厳宣言（10.17），セマウル運動の本格的推進（10.25），第1次国土総合開発計画（10.27） 第8代大統領選挙で朴正煕氏当選（12.23） ＜1人当たりGDP317ドル＞	『高等教育の年』指定 韓国放送通信大学設置（3.9） 韓国教育開発院発足（8.30） 住宅建設促進法制定，特定地区開発に関する臨時措置法制定（12.30），国土利用管理法制定，住宅建設促進法制定，特定地区開発促進に関する臨時措置法制定（12.30），250万戸住宅建設10カ年計画発表（12月）

年	政治・経済の動向	社会政策の展開
1973	重化学工業時代宣言（1.12） 第9代総選挙実施（2.27） 住民税制度（4.1），価額表示制（4.18） 金大中拉致事件（8.13） 第１次オイルショック（10月） エネルギー節約対策（12.4）	母子保健法制定（2.8），第３次教育課程（1973～81年）公布（2.14） 住宅改良促進に関する臨時措置法制定（3.5） 私立学校教員年金法制定（12.20），国民福祉年金法制定（12.24），実験大学導入，産業基地開発促進法制定（12.24）
1974	朴正煕大統領狙撃事件（8.15） 国際収支改善と景気回復のための特別措置（12.7）	国民生活のための大統領緊急措置第３号：国民福祉年金法実施の事実上保留（1.14），高等学校放送通信教育過程設置基準令制定（１月） 建設業正常化10代方案（5.13）
1975	輸出促進総合対策（4.17），総合貿易商社制度（4.30）	物価安定および公正取引に関する法律制定，住宅長期建設計画（12.31），海外建設促進法制定（12.31）
1976	第４次経済開発５カ年（1977～81年）計画 輸出100億ドル達成 ＜１人当たりGDP807ドル＞	付加価値税法制定（12.22），都市再開発法制定（12.31），孤児入養特例法廃止，職業訓練基本法制定（12.31） 失業高等専門学校制廃止
1977	駐韓米軍撤収通告（3.8） 原子力発電開始（6.19）	中央社会事業従事者訓練所→国立社会福祉研修院創設（3.16） 国民住宅請約賦金制度実施（4.25） 特殊教育振興法制定，医療保護法制定，公務員および私立学校教職員医療保険法制定（12.31），住宅建設事業者登録制実施（12月）
1978	第９代大統領選挙で朴正煕氏当選（7.6） 不動産投機抑制および地価安定のための総合対策（8.8） 第10代国会議員選挙実施（12.12）	建築資材総合需給対策（1.27） 国民住宅請約預金制度実施（2.4） 韓国精神文化院開院（6.22） 医療保険管理公団設立（8.11） 中小企業振興法制定（12.5），韓国土地開発公社法制定（12.5）
1979	技術導入自由化措置（4.17） 緊急失業対策（8.9） 金利連動制（9.6） 釜馬抗争（10.17～10.19），10・26事態（金載圭による朴正煕大統領狙撃事件） 第10代大統領選挙で崔圭夏氏当選（12.6），12・12事態（全斗煥・盧泰愚等の新軍部勢力による軍事反乱）	短期高等教育機関（専門大学）設置（3.1），土地開発公社設立（3.27） 学術振興法制定（12.28）
1980	光州民主化運動（5.18～5.27） 崔圭夏大統領退任（8.16），第11代大統領選	教育正常化および過熱課外授業解消方案発表：卒業定員制導入（7.30教育改革）

年表：韓　国　255

年	政治・経済の動向	社会政策の展開
1980	挙で全斗煥氏当選（8.27） 企業保有の業務用・非業務用土地の申告（9.27） 第8次憲法改正（10.27）：第5共和国誕生，国会機能停止および国家保衛立法会議発足（10.29） 需要増進のための経済活性化対策（11.8），言論機関統・廃合（11.12）	独占規制および公正取引法制定，宅地開発促進法制定（12.31），セマウル運動組織育成法制定，社会福祉事業基金法制定（12.31）
1981	第12代大統領選挙で全斗煥氏当選（2.25） 第11代国会議員選挙（3.25） 人口増加抑制対策（12.15），第5次経済社会発展5カ年（1982〜86年）計画，第2次国土総合開発計画発表（12.31）	英才教育のための研究学校指定，住宅賃貸借保護法制定（3.5） 韓国学術振興財団設立（4.6），児童福利法改正→児童福祉法制定（4.13） 心身障碍者福祉法制定，老人福祉法制定（6.5） 小・中・高等学生の課外授業禁止（8.1） 教育税法制定（12.5），第4次教育課程（1981〜87年）公布（12.31），公職者倫理法制定（12.31）
1982	韓江総合開発計画（9.28） 金融実名取引に関する法律（12.31）	開放大学設置（3月） 韓国大学教育協議会設立（4.2） 幼児教育振興法制定（12.30），自活指導事業に関する臨時措置法廃止→生活保護法改正（12.31），社会教育法制定，首都圏整備計画法制定（12.31）
1983	不動産投機抑制総合対策（2.16） 土地および住宅問題総合対策（4.15） KBS離散家族対面（6.30） KAL機撃墜事件（9.1）	
1984	消費者保護総合施策（3.23） 南北経済会談（11.15） ＜1人当たりGDP2,230ドル＞	韓国教員大学校設置（3.15） 韓国大学教育協議会法制定（4.10） 韓国社会保障学会設立（6.30） 賃貸住宅建設促進法制定（12.31）
1985	第12代総選挙実施（2.12） 土地取引許可制実施（8.5） 雇用総合対策（12.23）	韓国社会事業学会→韓国社会福祉学会へ改称（3月）
1986	第10回Asian Games開催（9.20〜10.5）	国民福祉3大政策発表（全国民医療保険の拡大，最低賃金制度の導入，国民年金制度の実施）（8.11） 国民福祉年金法改正→国民年金法公表，最低賃金法制定（12.31），農地賃貸借管理法制定（12.31）
1987	第6次経済社会発展計画（〜91年） 6・10抗争（6.10），6・29民主化宣言（6.29）	第5次教育課程（〜92年）公布（3.31） 国民年金管理公団設立（9.18）

年	政治・経済の動向	社会政策の展開
1987	第9次憲法改正（10.29）：第6共和国誕生 第13代大統領選挙で盧泰愚氏当選（12.16）	男女雇用平等法制定（12.4）
1988	第13代国会議員選挙（4.26） 不動産投機抑制対策：土地公概念導入，投機抑制地域拡大（8.10） 第24回ソウルオリンピック（9.17〜10.2） 7・7南北宣言と南・北韓直交易（10.7）	農漁村地域医療保険実施（1.1） 住宅200万戸建設計画：永久賃貸・勤労者住宅供給（4.27） 9項目の勤労福祉総合施策発表（11.28） 保護観察法制定（12.31） 大学卒業定員制廃止
1989	大企業の非業務用土地処分と土地買入規制のための対策（5.18） 総合土地税（6.16） 中小企業特別支援対策（8.18） 地域均衡発展のための金融・税制支援対策（11.11）	25戸号永久賃貸住宅建設計画発表（2.24） 母子福祉法制定（4.1） 都市地域住民医療保険実施：全国民医療保険達成（7.1） 薬局医療保険制度実施（10.1） 心身障碍者福祉法改正→障碍人福祉法制定（12.30），土地公概念3法制定：宅地所有上限に関する法律，土地超過利得税法，開発利益環収に関する法律（12.30）
1990	韓民族共同体統一方案発表（1.10） 経済活性化総合対策（4.4），不動産投機抑制対策発表（4.13），物価安定対策発表（4.20） 不動産投機抑制と物価安定のための特別補完対策（5.8） 科学および産業技術発展基本計画（7.6）	障碍人雇用促進等に関する法律制定（1.13） 農業村発展特別措置法制定（4.7）
1991	経済安定と成長基盤拡充のための対策発表（1.14） 経済行政規制緩和総合対策（7.16） 物価安定と国際収支改善対策発表（9.19） ILO加入（12.9），第3次国土総合開発計画（12.19）	乳幼児保育法制定（1.14） 社内勤労福祉基金法制定（8.10） 青少年基本法制定，高齢者雇用促進法制定，精神保健法制定，社会保障に関する法律廃止→社会保障基本法制定（12.31），環境改善費用負担法制定（12.31）
1992	不動産投機抑制対策発表（2.12） 第7次経済社会発展（〜96年）計画（3月） 第14代国会議員選挙（3.24） 中小企業拡大方案（4.29） 韓・中国交正常化（8.24）→台湾との国交断絶 第3次国土開発総合計画，第14代大統領選挙で金永三氏当選（12.18）	国民福祉増進と生活環境対策発表（1.22） 第6次教育課程（〜95年）公布（6.30） 経済行政規制緩和施策発表：民間企業と個人による有料老人福祉施設の設置・運営可能，在宅老人福祉事業の種類拡大（8.22）
1993	金永三大統領就任（2.25）：文民政府誕生 新経済100日計画樹立（3.22） 全国労働組合代表者会議の結成（6月） 新経済5カ年（〜1997年）計画発表（7.2） 金融実名取引および秘密保障に関する緊急財政経済命令（8.12）	日帝下日本軍慰安婦に対する生活安定支援法制定（6.11），環境影響評価法制定（6.11） 雇用保険法制定（12.27），中小企業勤労者福祉振興法制定（12.27）

年	政治・経済の動向	社会政策の展開
1993	米の輸入開始（12月）	
1994	世界化宣言（11.17） 政府組織改編と財政経済院発足（12.23）	特殊教育振興法制定（1.7） 社会福祉政策学会創立（10月）
1995	WTO加盟（1.1） 自由民主連合創党（3.30） 第1回地方自治団体長選挙（6.27） 不動産実名制実施（7.1） 新政治国民会議創党（9.5） 統合民主党発足（11月），全国民主労働組合総連盟結成（11.12） ＜1人当たりGDP11,471ドル＞	更生保護法廃止→保護観察等に関する法律制定（1.5） 不動産実権利者名義登記に関する法律制定（3.30） 障害者雇用対策（4.20） 高齢者雇用促進対策（5月），社会脆弱階層福祉増進対策（5月） 老人福祉総合対策（6.7） 韓国専門大学教育協議会法制定（12.29），女性発展基本法制定（12.30）
1996	第15代総選挙実施（4.11） OECD加入（12.12） ＜1人当たりGDP11,423ドル＞	「生活の質の世界化を目指した大統領の福祉構想」発表（3月）
1997	ハンナラ党創党（新韓国党と民主党の合党）（11.27） 第15代大統領選挙で金大中氏当選（12.18），IMF救済金融要請（12.3）	青少年保護法制定，社会福祉事業基金法廃止→社会福祉共同募金法制定（3.7） 障碍人・老人・妊産婦等の便宜増進保障に関する法律制定（4.10） 第7次教育課程公布（12.30），家庭暴力防止および被害者保護等に関する法律制定，医療保険法改正→国民医療保険法制定，公務員および私立学校教職員医療保険法廃止（12.31）
1998	大企業構造改革5大原則提示（1.31） 金大中大統領就任（2.25）：国民の政府誕生 金融監督委員会発足（4.1） 外国人の土地取得許容（5.26） 第2回地方自治団体長選挙（6.4） 金大中大統領，第2の建国運動主張（8.15） 建設および不動産景気活性化方案（12.12） ＜1人当たりGDP7,477ドル＞	医療保険管理公団→国民医療保険管理公団へ変更（10.1）
1999	総合失業対策発表（1.19） 庶民住居安定対策（5.3） 中産層および庶民住居安定対策（9.9）	国民医療保険法廃止→国民健康保険法制定（2.8），住宅建設事業者登録制廃止（2.28） 仕事創出のための住宅建設100万戸建設支援策発表（3.22），社会福祉共同募金法改正→社会福祉共同募金会法制定（3.31） 国民年金法改正（全国民年金達成）（4.1） 「生産的福祉」の提言（8.15） 生活保護法廃止→国民基礎生活保障法制定（9.7）

年	政治・経済の動向	社会政策の展開
2000	住宅市場安定化方案発表（1.10），2000年総選市民連帯発足（1.12），新千年民主党創党（1.20），民主労働党創党（1.30） 国家債務および財政赤字管理対策（3.24） 第16代国会議員選挙（4.13） 住宅建設促進対策（7.1） 市民参与民生改革推進方案（10.20） 地方建設活性化方案（11.1） ＜1人当たりGDP10,888ドル＞	私立学校教員年金法改正→私立学校教職員年金法制定，障碍人雇用促進等に関する法律改正→障碍人雇用促進および職業再活法制定（1.12），都市開発法制定（1.28） 国民医療保険管理公団→国民健康保険公団へ変更：医療保険組織統合達成（7.1） 薬局医療保険制度廃止→医・薬分業実施（8.1）
2001	実質金利0％時代突入（4月） 建設産業構造調整と建設投資適正化対策施行（5.23） IMF救済金融返済（8.23）	地方教育自治に関する法律制定（1.29） 不動産投資会社法制定，教育基本法制定（4.7） 医療保護法改正→医療給与法制定（5.24） 国家人権委員会発足（8.1） 第1次人的資源開発基本計画（～05年）
2002	第3回地方自治団体長選挙（6.13） 韓・チリ自由貿易協定（10.25） 第16代大統領選挙で盧武鉉氏当選（12.19）	国民健康保険財政健全化特別法制定（1.19） 国土基本法制定（2.4） 国民賃貸住宅50万戸および長期賃貸住宅100万戸建設発表（4.3） 母子福祉法改正→母・父子福祉法制定（12.18），公的資金管理特別法制定（12.20）
2003	盧武鉉大統領就任（2.25）：参与政府誕生 5.23住宅価額安定対策発表（5.23） ウリ党創党（11.11），10年長期賃貸住宅建設活性化のための支援方案（11.14）	公的老人療養保障推進企画団発足（3月） 医療保険財政統合達成（7.1） 戸主制廃止および民法改正案議決（10.28）
2004	盧武鉉大統領弾劾（3.12） 第17代総選挙実施（4.15）	参与福祉5カ年（～08年）計画発表（1月） 健康家庭基本法制定（2.9）
2005		ボランティア活動基本法制定（8.4） 老人スバル保障法律（案）制定（10.19）
2006	第4回全国同時地方選挙（5.31）	資本市場と金融投資業に関する法律（案）制定（6.30） 不動産開発業の管理および育成に関する法律（案）制定（8.18） 第2次人的資源開発基本計画（～10年）

【参考資料】
林瑞煥（2005）『住宅政策の半世紀』技文堂
金基源（2003）『韓国社会福祉政策論』ナヌムの家
イ・ギョンファン（2002）『韓国教育過程の変遷』大韓教科書（株）
黄仁玉・南日再・染正河（2003）『現代社会福祉法制論』ナヌムの家
社会福祉政策学会（http://www.kpolicy.or.kr）
統計庁（http://www.nso.go.kr）
Ministry of Government Legislation（http://www.moleg.go.kr）

台湾の政治・経済の動向と社会政策の展開

年	政治・経済の動向	社会政策の展開
1945	日本敗戦（8.15） 台湾省行政長官公署設置（10.25），日本資産の接収開始	中国国民党第6回全国代表大会において「四大社会建設綱領」採択（5月）。この中で，社会保険（老齢，障害，死亡，疾病，失業給付）や公的扶助，住宅政策等の実施が明記される
1946	国共内戦全面化（6月）	
1947	「中華民国憲法」公布（1.1） 二・二八事件（2.28） 行政長官公署廃止し台湾省政府設立 国民大会代表選挙実施（11.21）	「中華民国憲法」において社会福祉，社会保険，公的扶助の国家責任が明記される（第155条） この年から1950年までに，公務員，軍人やその家族を対象とした医療手当や食糧配給などの優遇制度が数多く制定される
1948	立法院選挙実施（1.21） 「米援運用委員会」設立（7月）	「大学法」公布（1.12）
1949	台湾全土に戒厳令（5.19） 中華人民共和国樹立（10.1） 国民政府，暫定首都を台北に移転（12.9） 「三七五減租」実施。小作料の上限を生産物の37.5%に設定（4月）	
1950	朝鮮戦争勃発（～53年） 米第7艦隊，台湾海峡の警戒航行開始	中国国民党中央改造委員会第13回会議において「現段階政治主張」採択（3月）。この中で，社会保険の実施による労働者の生活の安定が明記される 台湾省，「台湾省労工保険弁法」施行，これにより労工保険が台湾省で実施（4.13）。当初の給付内容は出生，傷害，障害，死亡，老年給付 「軍人保険弁法」施行（5月）
1951	米の中華民国政府援助再開（米援）（～65年，軍事援助は74年まで） 「公地公領」実施。接収した旧日本人所有地を農民に売却	台湾省，「台湾省職業工人保険弁法」施行（8.2）
1952	サンフランシスコ講和条約発効，日華平和条約締結（4.28）	中国国民党第7回全国大会で，雇用保障，社会保険，社会福祉の実施による社会保障の推進を盛り込んだ党綱領が採択（10.18）
1953	「耕者有其田」実施（1.26），農地改革による自作農創設（この年，大きな風水害）	台湾省，「台湾省漁民保険弁法」施行（2.27） 「陸海空軍軍人保険条例」施行（11.19）。これにより「軍人保険弁法」廃止

年	政治・経済の動向	社会政策の展開
1954	第1次台湾海峡危機（5月。〜55年） 米中会談（第1回会談は8.1） 米華相互防衛援助条約締結（12.2）	公営住宅委員会設置 統一大学入試「連合考試」実施
1956		労工保険で医療給付（入院のみ）開始 台湾省と台糖公司の「蔗農保険約定書」により「蔗農保険」（サトウキビ農民保険）を実施 台湾省、「台湾省人民災害死傷および住宅倒壊弁法」制定
1958	第2次台湾海峡危機（8月）	「公務人員保険法」施行（1.29） 「勞工保険条例」施行（7.21）。これにより「台湾省労工保険弁法」廃止
1959		公営住宅計画委員会設置
1960	外資導入のために「投資奨励条例」制定（9.10）	「台湾省職業工人保険弁法」、「台湾省漁民保険弁法」廃止（4.15）
1963	「米援運用委員会」を「行政院経済合作発展委員会」に改組（9月）	
1964		中国国民党9期2全会において「民生主義現段階社会政策」が採択（11月）。この中で、社会保険、公的扶助、国民住宅、福祉サービス、社会教育、コミュニティデベロップメントの推進が「七大項目」として盛り込まれる
1965		「退職人員保険弁法」施行（8.1）。これにより、退職した公務員を対象とする退職公務員保険が実施された
1966	中国、「文化大革命」に入る（〜76年）	「行政院中央公務人員住宅購入補助委員会」設置（4.2）。公務員住宅購入補助実施
1967		「中華民国第1期台湾社会建設計画」実施。社会保険、公的扶助、国民住宅、障害者福祉、コミュニティデベロップメントが重点項目とされた
1968	＜1人当たりGDP304ドル＞	「労工保険条例」改正（7.23）。労工保険に「失業給付」を盛り込むも、実施時期は示されなかった 当年度より義務教育が6年制から9年制へ
1969	国民大会と立法院で欠員選挙実施（12.20）	中国国民党第10回全国代表大会において「現

年表：台湾

年	政治・経済の動向	社会政策の展開
1969		段階社会建設綱領」採択（3.29）。この中で，「民生主義的社会建設」として，社会保険被保険者の拡大，職業安定事業の推進，労働安全衛生と最低賃金保障，農漁民・退役軍人等を対象とした社会福祉サービスの充実，コミュニティデベロップメントの推進が盛り込まれた 「中華民国第2期台湾社会建設四年計画」実施。この中で，公的扶助，福祉サービス，社会保険，障害者福祉，国民住宅，公衆衛生等の推進が重点項目とされた 「中央公務人員住宅購入融資基金収支保管および運用弁法」公布（8.5）。政府による公務員住宅融資基金の運用
1970		労工保険で外来診療に対する医療給付を開始（1月） 「軍人保険条例」公布（2.12）。「陸海空軍軍人保険条例」廃止 中国国民党10期2中全会において「国民就業指導強化事業綱領」採択（3月）。この中で，職業安定事業の充実，労働安全衛生の充実，労工保険の老年給付，障害給付，遺族給付を年金制給付にあらためることなどが盛り込まれた
1971	キッシンジャー訪中（7.15） 中華民国，国連から脱退。中華人民共和国が国連における代表権獲得（10.25）	
1972	ニクソン訪中，「上海コミュニケ」（2.27） 蔣経国が行政院長に就任，李登輝が入閣（5.26） 日中国交樹立にともない日本と国交断絶（9.29） 国民大会と立法院の定員増加選挙実施（12.23）	
1973	「十大建設」計画発表（7.1） 「行政院経済合作発展委員会」を「行政院経済設計委員会」に改組（9月） （第2次産業就業者数が第1次産業を上回る）	「児童福祉法」公布（2.8）。12歳未満が適用対象であるが，当面は12～18歳未満まで準用 「中華民国第3期台湾社会建設4年計画」実施。この中で「国民健康保険」と「国民年金」の実施，児童福祉，公的扶助，福祉サービス，障害者福祉，公衆衛生，社会教育の推進等が重点項目とされた
1974	「十大建設」着手（～79年）	「私立学校法」公布（11.16）

年	政治・経済の動向	社会政策の展開
1975	蒋介石死去 (4.5)，厳家淦が総統に就任 (4.6)，蒋経国が国民党中央委員会主席に就任 (4.28)	台湾省，「台湾省学生団体保険弁法」公布 (7.19)，「国民住宅条例」公布 (7.12)。公営住宅，国民住宅融資等を規定
1976	中国で毛沢東死去 (9.26)	
1977	中壢事件 (11.19) 「行政院経済設計委員会」と「行政院財経小組」を合併し「行政院経済建設委員会」設立 (製造業就業者数が第1次産業を上回る)	
1978	国民大会が蒋経国を総統に指名 (3.21) 「十二項目建設」着手	「国民住宅融資弁法」公布 (2.25)。国民住宅融資実施 この年始まった「12項目建設」に，「国民住宅」の整備が盛り込まれる
1979	米中国交正常化 (1.1)，対米断交 (1.1)	「労工保険条例」改正 (2.19)。労工保険で結核を医療給付対象とした 「師範教育法」公布 (11.21)
1980	林義雄事件 (2.28) 国民大会代表定員増加選挙実施 (12.6) ＜1人当たりGDP2,343ドル＞	「老人福祉法」公布 (1.26) 「障害者福祉法（原文：残障福利法）」公布 (6.2)，「社会救助法」公布 (6.14) 「私立学校教職員保険条例」公布 (8.8)
1981	葉剣英，「九項目提案」(9.30) 地方選挙で陳水扁ら当選 (11.14)，李登輝が台湾省主席に就任 (11.26)	
1982		「公務人員家族疾病保険条例」公布 (1.23)。初の家族給付が実現。当初の給付対象は被保険者の配偶者のみ
1983	立法院定員増加選挙実施 (12.3) 死因別死亡率における「糖尿病」が「肺炎」と「結核」を上回り，台湾の疾病構造の成人病（慢性病）化が進行する	
1984	国民大会が蒋経国を総統に，李登輝を副総統に指名 (3.21～22) 「十四項目建設」発表 (8月)，実施へ	「労働基準法」施行 (8.1)
1985	(台湾総人口に占める65歳以上人口比率が5％を超える (5.05％))	「退職公務人員疾病保険弁法」，「退職公務人員配偶者疾病保険弁法」公布 (5.16) 台湾省，「台湾省農民健康保険暫定試行要点」公布 (10.25)。これにより，農民を対象とした健康保険が実現。なお，「蔗農保険」は同時に廃止された

年	政治・経済の動向	社会政策の展開
1985		「私立学校退職教職員および配偶者疾病保険」実施通達（11.22）
1986	民主進歩党結成（9.28） 国民大会と立法院の定員増加選挙実施（12.6）	
1987	戒厳令解除（7.14）	台湾省，「台湾省第2期試行農民健康保険暫定実施要点」公布（10.25）。これにより，農民健康保険の実施地域等が拡大された
1988	「報禁」（新聞の新規発行禁止）解除（1.1），蒋経国総統死去，李登輝が総統就任（1.13） 台北で米農産物輸入自由化反対請願行動が暴動に拡大（5.20） 行政院労工委員会設置（8.1）	「労工保険条例」改正（2.3）。精神病が医療給付対象になる
1989	国民大会と立法院の定員増加選挙実施（12.2）	「少年福祉法」公布（1月）。対象は12～18歳未満。これにより「児童福祉法」の適用対象は12歳未満に 「農民健康保険条例」公布（6.23）。これにより，農民健康保険が台湾全土で実施 「公務人員家族疾病保険」の給付対象を被保険者の父母に拡大（7月） 台湾省，「台湾省各級地方民意代表村里長および隣長健康保険暫定実施要点」公布（8.2），「無住屋者団結運動」（8月）。住宅価格の高騰に抗議する市民運動による街頭泊まり込み運動
1990	民主化要求デモやハンガーストライキなどの頻発（3月） 李登輝，「国是会議」（超党派の会談）を招集（6.28～7.4）	「私立学校教職員家族疾病保険弁法」施行（1.1）。当初の給付対象は被保険者の配偶者のみ
1991	「反乱鎮定動員時期臨時条款」（憲法の部分的停止規定）廃止（5.1） 国民大会の終身議員解消により全面改選が実現（12.21），国民大会，立法院，監察院の終身議員が全員退職（12.31）	「低収入戸健康保険暫定実施弁法」公布，施行（6.29） 「私立学校教職員家族疾病保険」の給付対象を被保険者の父母に拡大（11月）
1992	「中華民国憲法増補修正条文」第18条に全民健康保険の推進を謳う（5.28） 中韓国交樹立（8.24） 立法院の終身議員解消により全面改選が実現（12.19）	「公務人員家族疾病保険」の給付範囲を被保険者の子に拡大（7月）
1993	地方選挙（県・市長選挙）で，民主進歩党が「敬老手当」（老人手当）の実施を公約に掲	「中低収入戸老人生活手当」実施（7.1）。給付は1994年から

年	政治・経済の動向	社会政策の展開
1993	げる（12月）	
1994	「中華民国憲法増補修正条文」第9条に全民健康保険の推進を謳う（8.1）	「大学法」全面改正（1.5） 嘉義県など民主進歩党政権の地方政府で「敬老手当」の実施が相次ぐが，間もなく停止 「全民健康保険法」公布（8.9），「大学法施行細則」公布（8.26）
1995	李登輝が二・二八事件の謝罪（2.28） 中国が「江八点」（1月），台湾が「李六条」（4月）をそれぞれ主張 李登輝，非公式訪米（6.7～） （65歳以上人口比率7％を超える（7.63％）） 中国が台湾海峡でミサイル演習（7.21～24） 立法院選挙（12.2）	全民健康保険の実施（3.1） 「老年農民福祉手当」実施（6.8）。給付は7月から 行政院経済建設委員会，「国民年金企画報告」を公表。政府は1999年の年金実施を公言
1996	中国が台湾海峡でミサイル演習（3.8, 3.13）。これに対し米空母が台湾海峡を航行，国民大会代表選挙（3.23） 初の台湾総統直接選挙実施，李登輝が当選（5.23）	行政院教育改革審議委員会，「教育改革討議報告書」答申（12月）。生涯学習社会の建設を謳う
1997	国民大会，台湾省凍結決定 （「アジア通貨・金融危機」）	「師範教育法」を「教員資質育成法」に改称，全面改正（2.7） 「心身障害者保護法」公布（4.23）。「障害福祉法（原文：残障福利法）」の改称と全面改正 「公務人員住宅および福祉委員会」設置（5.19）。前身は「行政院中央公務人員住宅購入補助委員会」 「老人福祉法」改正公布（6.18）。法定扶養義務者による高齢者虐待に罰則規定，「国民住宅」や「公営住宅」への3世代世帯の優先枠，高齢者専用住宅の建設推進を謳う 「私立学校法」全面改正（6.18） 「アジア通貨・金融危機」を理由に「国民年金」実施を当初の1999年から2000年に延期
1998	立法院選挙実施（12.5）	行政院教育部，「学習社会に向けての白書」発表（3.18）
1999	李登輝，「特殊二国論」（7.8） 「九二一大地震」（9.21）	「労工保険失業給付実施弁法」施行（1.1）。失業給付の開始 「公教人員保険法」公布（5.29）。これにより，公務人員保険と私立学校教職員保険が合併 「全民健康保険法」改正（7.15） 「九二一大地震」により「国民年金」実施を2001年に延期

年	政治・経済の動向	社会政策の展開
2000	第2回総統選挙実施，陳水扁が月3000台湾元の老人手当給付，3歳以下医療費無料化，住宅購入低利融資実施を公約に当選（「三三三福利方案」）（3.18） 行政院，第四原発建設中止決定 立法委員選挙実施（12.1） ＜1人当たりGDP13,873ドル＞	国民年金の実施をめぐり与野党間で論戦，2001年からの国民年金実施見送り（9.16） 内政部，「青年住宅購入低利融資作業規定」公布（11.8）。陳水扁の公約である住宅購入低利融資の通達。実施期間が2001〜2007年の時限立法
2001	「台湾団結連盟」結成（8.12） 李登輝，国民党を除名される（9月）	「青年住宅購入低利融資」実施。20〜40歳，年収54万台湾元以下，はじめの7年間は年利3％以下の住宅ローンを毎年抽選で1万人に提供 入試改革。統一大学入試である「連合考試」廃止など
2002		陳水扁の公約である3歳以下の全民健康保険の自己負担を免除実施（3月） 陳水扁の公約である「敬老福祉生活手当暫定実施条例」公布（5.22）。65歳以上の高齢者に月額3000台湾元を，この年の元日に遡及して給付。ただし他法優先
2003		「児童および少年福祉法」公布（5.28）。これにより「児童福祉法」と「少年福祉法」が統合 「敬老福祉生活手当暫定実施条例」改正公布（6.18）。他法優先規制を緩和し給付対象者を拡大
2004	総統選挙実施，陳水扁が当選（3.20） 立法院選挙実施（12.11）	行政院，「社会福祉政策綱領」を策定（2.13）
2005		「大学法」全面改正（12.28）
2006		「国民住宅」，「公教住宅」等，公的住宅融資制度の整理が始まる。「公務人員住宅および福祉委員会」による公務員住宅融資の新規受付停止

【参考資料】
石田浩（1999）『台湾経済の構造と展開』大月書店
杵淵義房（1940）『臺灣社會事業史』徳友會
行政院（1993）『我國社會保險制度現況分析及整合問題』行政院研究發展考核委員會
行政院（1995）『我國社會救助體系整體規劃之研究』行政院研究發展考核委員會
高育仁（1997）「台湾社会安全概況についての紹介」『世界の福祉』No.40
江亮演（1986）『社會安全制度』五南圖書出版公司

隅谷三喜男ら（1992）『台湾の経済―典型NIESの光と影―』東京大学出版会
高橋隆（2000）「台湾における「全民健康保険」の成立と課題」『社会福祉学』第40巻第2号
高橋隆（2001）「台湾新政権における国民年金の政策過程―社会保障と政治的不安定要因―」『社会政策研究』第2号
若林正丈（1992）『東アジアの国家と社会2　台湾　分裂国家と民主化』東京大学出版会
若林正丈（2001）『台湾―変貌し躊躇するアイデンティティ』筑摩書房
盧政春（1995）「利益團體與社會福利資源分配―透視我國軍公教福利」『臺灣的社會福利：民間觀点』中華民國現代社會福利協会編　五南圖書出版公司
Ku, Yeun-wen (1995) The Development of State Welfare in the Asian NICs with Special Reference to Taiwan, *Social Policy and Administration*, 29 (4)：345-64
中國時報（中時電子報）　http://news.chinatimes.com/mainpage.htm
行政院内政部社會司　http://www.moi.gov.tw/dsa/
行政院内政部兒童局　http://www.cbi.gov.tw/welcome.jsp
行政院經擠建設委員會　http://www.cepd.gov.tw/index.jsp
行政院内政部衛生署中央健康保險局　http://www.doh.gov.tw/cht/index.aspx
行政院教育部　http://www.edu.tw/index.htm
行政院内政部營建署　http://www.cpami.gov.tw/index.php

訳者解説
埋橋孝文

　本書は Ian Holliday and Paul Wilding (ed.), *Welfare Capitalism in East Asia: Social Policy in the Tiger Economies*, Palgrave, 2003 を全訳し，巻末に香港，シンガポール，韓国，台湾における社会政策の発展の年表を付けたものである。
　わが国でも，近年，東アジアの社会政策に関する関心が高まってきた。それは，1997～98年のアジア金融危機によりこの地域での社会的セーフティネットの脆弱性が明らかになったことが1つの理由である。それまではアジアの急速な経済成長が研究者の興味をひいてきたが，アジア金融危機以降，関心の広がりがみられ，社会政策をテーマとする研究書の出版が相ついでいる。
　1990年代に東アジアにおいて（とりわけ韓国と台湾で）保健医療や社会保障などの分野で大きな再編，変化があったことも見逃せない。とくに韓国での変化はドラスティックであり，その結果，「東アジアにおいても福祉国家という視角が成立することを示した」といわれるまでになった［武川，2006：5］。一般的にいってこうした変化はそれに先立つ経済成長と二重の意味で関係している。一方では，経済成長にともなう不平等の顕在化や都市化によって従来の生活保障システムの限界が明らかになり，他方で経済成長によって社会政策に振り向けるリソースの拡大がもたらされたのである。
　上記のことは本書では取り上げられていないが，中国についても当てはまる。ひとつの興味深い点は，中国が1990年代の社会保障システムの全面的な再編成にあたってシンガポールの中央積立基金制度（Central Provident Fund, CPF）を参考にしたことである。つまり，社会保険制度と一種のプロビデント・ファンドである個人口座制を結合した形で，年金，医療保険制度を再構築した。本書が中国の社会政策の新しい動向を理解する一助になることも期待される。中国が本書のいう Tiger Economies になるのも時間の問題であるとすれば，本書の主張がどの程度中国に当てはまるかどうかは興味深い論点であろう。
　東アジアの国の間で「政策移転（policy transfer）のための共通の土俵」が生まれつつあることが，現在の特徴といえる。また，そうしたなかでアジアの社会（保障）政策は日本にとって参考にならないと考えられてきたこれまでの「常識」が変わりつつある。
　もう1つの理由は，これまでアジアでは日本のみが含まれていた国際比較研究の射程が，アジアの他の国にも広がってきたことである。欧米や日本を含むアジアの

研究者の間で「東アジア福祉モデル」がはたして存在するか，存在するとしたらどういう特徴をもっているのかが注目されてきた。社会政策学会でも2006年秋に学会編『東アジアにおける社会政策学の展開』を刊行し，また同年10月の全国大会（於・大分大学）の共通テーマが「東アジアの経済発展と社会政策—差異と共通性」であったことは，こうした問題への関心の高まりを示している。

ただし，これまでこれら東アジアの4つの国・地域の社会政策の全体領域を見渡し，複雑な制度のディテールに関する基礎的知識を提供し，しかも全体の主張が明確であるような著作は，内外を問わず，きわめて限られている。本書はそうした点を満足させる数少ない著作の1つである。

本書の大きな特徴は以下の3点にあると考えられる。

(1) 類書にありがちな国別の構成をとらず，主要な柱として教育，保健医療，住宅，社会保障の4大部門を挙げ，その中で各国の記述と比較を行っている。国別の章構成の類書は各章ばらばらで首尾一貫した比較の論理がないものが多い。また，「東アジア福祉モデル」論は魅力的ではあるが，やや抽象的な議論に陥っているものが散見される。しかし，本書は教育，保健，医療，住宅，社会保障の各分野がそれぞれひとつの章となっており，その中で4つの国・地域の状況が詳しく比較・分析されている。

(2) ＜政策の発展＞，＜サービスの規制＞，＜サービスの供給＞，＜サービスの財政＞という統一フォーマットに沿って各地域・国の状況が比較され，わかりやすく説明されている。しかも，各章の最後には＜評価（assessment）＞の節がおかれ，「長所と短所」「今後の課題」が明らかにされている。つまり，「現在何が進行しているのか」「今後の課題や展望」の解明を重視している。本書は「分析的アプローチ」を標榜しているが（本書第1章4節），その面目躍如というべきである。

(3) 懇切丁寧な説明を試みつつも，理論的・実証的にこれら4つの国・地域に共通する特徴を見出そうとしていること（＝productivist welfare capitalism，「生産主義的福祉資本主義」）。こうした指摘は今後のアジアの社会政策の方向や展望を考える際に重要な示唆を与えてくれる。

ここで内外の研究動向を参照しつつ，本書の内容についてコメントしておきたい。

まず第1に，本書の中核的なコンセプトである「生産主義」についてであるが，日本でも，本書のような緻密な実証に立脚したものでないとしても，ほぼ同じような議論が展開されてきたことが想起される。

「後発資本主義国が一般に経済政策をもって福祉政策に代替させなければならなかったこと，あるいは『開発補完型社会政策』を展開せざるを得なかったことはすでに指摘されている［Deyo, 1992］。本補論の3人の執筆者（宮本，ペング，埋橋のこと）はさま

ざまな視角からこのことを分析してきた」[宮本・ペング・埋橋, 2003:299]。

また，エスピン－アンデルセンもこの用語を用いている。しかし彼の場合は，次の引用文が示すようにまったく異なる意味合いで用いられている。

「スカンジナヴィア諸国の福祉と雇用政策は，つねづね，生産主義（productivism）という言葉で言い表されてきた。この言葉は，市民の生産的な可能性を最大限に引き出そうということを意味する。……北欧諸国の『生産主義』では，福祉国家は，すべての国民が労働するための必要な資源と動機と（仕事と）を持つことを保証しようというのである」（エスピン－アンデルセン，邦訳2000：123］

東アジアの「生産主義」概念には批判もある。資本主義である限りどの国の福祉レジームでも多かれ少なかれこうした「生産主義」的傾向が存在するとの新川の批判もあるが，もっとも厳しく批判しているのが，金淵明［Kim, Y., 2006；2005：277-9］である。

金は1990年代半ばからの韓国での市民社会主導福祉政治（civil society-led welfare politics）の出現と普遍主義的社会保障制度の拡大により，「韓国が証明したことは，…（中略）…アジアの特徴をはるかに乗り越えるような現代福祉国家の普遍的な特徴を急速に強化したこと」であり，「東アジアの『残余的福祉』（'welfare residual'）に関する通説――生産主義的福祉資本主義論（PWC）を含む――は，韓国の福祉システムにおける新しい発展傾向を理解する際の理論的有効性を失ったように思われる」と述べている。

上の論点は，生産主義的福祉資本主義論が，1990年代以降の新しい展開をどの程度視野に収めているかに関わる。つまり，それまでの基調を説明するものと理解するのか，あるいは，今後の展開をも規定するというふうに理解するかによってその評価が変わってくる（第7章「結論」の節のタイトルが現在完了形であることにも注意）。金の議論は，「社会政策の超高速的拡大」（イ・ヘギョン）を反映した韓国の「勢い」を感じさせるものであり，わが国で一般的な議論との「温度差」を感じさせる。この点は「韓国福祉国家性格論争」のゆくえ，決着とも関係しているが，どの議論が将来のリアリティを的確に示しえているかの検証には，もう少し時間の経過が必要かもしれない。

第2に，4つの国・地域の間での機能や展望をめぐる分岐についてである。本書全体を通して，(A)税方式の香港，CPF方式のシンガポールと(B)社会保険方式の韓国と台湾，両者のコントラストが浮き彫りになっている。著者らは保健医療については(A)を評価しているが，他方で生産主義からの脱却の可能性を後者(B)に見出している（本書の第7章「結論」の最後のパラグラフを参照のこと）。金の批判に対して別

に著者らを擁護するわけではないが，本書は今後の展開についてある程度の「含み」を残していると考えられる。ただし，こうした展望をめぐる違いが社会保険方式という制度的要因によるものか，あるいは，政治状況の変化を視野に入れてのものなのかは検討の余地がある。

　第3に，本書は労働／雇用政策あるいは労使関係にはふれていない。このことはある種の限界をもたらすかもしれない。というのは，後発福祉資本主義の場合，こうした＜労働＞と＜福祉＞，あるいは＜労働＞と人材形成を行う＜教育＞との関係の分析が必要不可欠であるからである［埋橋，2006：249-52］。もっとも，本書で労働／雇用政策を取り上げることができなかったのは「こうした分野では，詳細で体系的な比較研究があまり行われておらず，それは可能でないことが判明した」ためである（本書第1章16頁）。これと関係して，デヨのいう「開発主義」と本書の「生産主義」ははたしてほぼ同義なのかという点も解明されるべき論点である。この点に関して，前者を経済との関係で捉えた社会保障・福祉の相対的位置，後者を社会保障・福祉制度に組み込まれた特徴を示す，というふうに理解することも可能である。いずれにせよ，この論点をめぐっては，企業福祉の現状と公的福祉との関係などをさらに実証的に検討する必要があるように思われる。

　本書は2003年に出版されたのであるが，取り上げられている事象はほぼ2000年前後までに限られる。それ以降の推移については巻末の年表を参照し検討していただければ幸いである。これらの年表は原著にはないものであり，本書の理解を容易にし，また，深めるために作成された知的労作である。時間と手間をかけて作成してくださった三宅洋一，孫希叔，高橋隆の各氏にお礼を申し上げる。また，翻訳に際して西村一之氏（日本女子大学人間社会学部助教授，日本台湾学会会員）と崔銀珠氏（同志社大学大学院社会学研究科博士後期課程）から貴重なアドバイスを得た。

　最後に本翻訳の数度におよぶ打ち合わせ会に出席し，プロの編集者として有益な示唆をしていただくなど，終始，温かい支援を惜しまれなかった田靡純子氏に訳者を代表してお礼申し上げたい。

【参考文献】
エスピン－アンデルセン，G. 渡辺雅男・渡辺景子訳（2000）『ポスト工業経済の社会的基礎―市場・福祉国家・家族の政治経済学―』桜井書店
Kim, Yeon-Myung [2006] Beyond East Asian Welfare Productism：The Experience of South Korea, Paper presented at the 2006 Summer International Symposium and Lectures on Social Policy, 24th-27th August, 2006, Beijing Normal University, Beijing, China.
宮本太郎・イト・ペング，埋橋孝文（2003）「日本型福祉国家の位置と動態」エスピン－ア

ンデルセン著,埋橋孝文監訳『転換期の福祉国家―グローバル経済下の適応戦略―』早稲田大学出版部
新川敏光（2005）『日本型福祉レジームの発展と変容』ミネルヴァ書房
武川正吾（2006）「東アジアにおける社会政策学の可能性」社会政策学会編『東アジアにおける社会政策学の展開』法律文化社
埋橋孝文（2006）「東アジア社会政策の新時代」社会政策学会編『東アジアにおける社会政策学の展開』法律文化社

人名索引

あ

ウェード, R. 2, 26, 35, 36, 187
エスピン-アンデルセン, G. 5-7, 13, 18, 19, 41, 194

か

カステル, M. 4, 5, 30, 34, 184
カミングス 44
キム, Y. H. 58
金泳三 133
金大中 86, 92, 104, 192
キングドン, J. W. 40
クァー, J. S. T. 189
クー, Y. W. 38, 163, 166
クォン, H. J. 34, 35, 182, 196, 200, 201
クォン, S. 197
グッドマン, D. 8, 9, 12, 18, 186, 191, 196, 200
ケインズ, J. M. 187
ゴー, C. T.（首相） 32, 49, 188
ゴールド, T. 37
ゴフ, I. 148

さ

サッチャー, M. 185
サバティエ, P. 40
ジェイコブス, D. 164, 165, 168, 185, 192, 193, 197, 200
ジェソップ, B. 4
蔣介石 38
ジョーンズ, C. 7, 8, 18, 25, 188
ジョンソン, C. 40, 184
シン, D. 165
スマート, A. 118
スワンク, D. 205, 206
セルニー, P. 5

た

タン, K. L. 10, 13, 164, 165, 175, 182, 183, 185, 186, 189, 191, 201, 204
チェネリー, H. 42
チェン, T. J. 37
チェン, T. Y. 42
チャン, C. O. 142
チュア, B. H. 116
陳水扁 134, 201
デヨ, E. C. 11, 12, 28, 42, 185, 186
董健華 29, 48, 84
トレメワン, C. 182

な

盧泰愚（大統領） 132

は

ハイラ, A. 141
ハガード, S. 42
朴正熙（将軍） 34, 38
パッテン, C. 4, 29, 185
ピアソン, P. 205
フリードマン, M. 185
ベヴァリッジ 147, 187
ベネロッソ, F. 2
ペング, I. 8, 186, 191
ペンペル, T. J. 28, 43, 44, 184
ボールドウィン, P. 13
ホリデイ, I. 9, 16, 17, 186, 195
ホワイト, G. 8, 12, 18, 186, 196, 200

ま

マイナーズ, N. 29
マクルホース, M.（卿） 30
ミジリー, J. 6, 160

ら

ラーミッシュ, M.　11, 12, 110, 163, 165, 169, 188, 203-205, 207
ライブフリード, S.　205, 206
ラウ, S. K.　40
リー, K. Y.（上級相）　31, 32, 38, 84, 120, 183, 186, 189, 198
リン, K.　8

李明亮　88
ルート, H. L.　42, 184
レーガン, R.　185
ロゥエン, H. S.　42
ロダン, G.　32

わ

ワイルディング, P.　9

事項索引

あ

アカウンタビリティ　50, 76
アジア金融危機　2, 27, 35, 77, 83
e-市民センター（シンガポール）　100
e-薬局（シンガポール）　100
維持可能性　20
１次医療機関　84, 85
医薬分業制（韓国）　99
医療保険法（韓国）　86
インターネットの保健医療サービス　99
衛生局（台湾）　89, 91
衛生福利及食物局（香港）　89, 90
ＮＧＯ　92
温情主義　153

か

開発支援的社会政策　186
開発主義
　——国家　4, 31, 43, 122
　——的アプローチ　185
　——的福祉システム　186
価格シーリングシステム　127
家計間の所得移転　166
家産的福祉国家　7
家族内移転　199
家族扶養義務　189
学校卓越性モデル（シンガポール）　49, 56
学校に基礎をおくマネジメント　53, 55, 64, 67
カリキュラム・デザイン　53, 55, 56, 58
環境問題　202
韓国開発研究院（KDI）　35
韓国経済企画院（EPB）　41
韓国国家住宅公団（KNHC）　126, 133
韓国住宅銀行（Korean Housing Bank）　133
韓国住宅銀行基金　137
韓国土地開発公団（KLDC）　126, 133
韓国労働福祉公団　158
完全雇用　21, 184, 185
機会平等　202
規制緩和　61, 62
教　育
　——（の）機会　74, 75
　——（の）発展　46, 47, 51, 55, 74, 76, 78
　——（の）供給　63, 65
　——（の）達成　74, 75
　——にアクセスする機会　75
　——の規制　52, 53
　——の規制緩和　61
　——の質保証　47, 53-57, 61
　——の私的セクター　61, 63, 66-69, 71-73
　——の分権化　53, 59, 61
強制積立基金（香港）　30, 150, 155, 162, 166 -168
　——局　155, 168
競争国家　5
協調組合主義　107
共同出資（share-equity）（香港）　135
　——方式　130
近代医療　81
クローニー資本主義　3
グローバリゼーション　45, 47, 59, 75
軍人年金保険（韓国）　151
軍人保険（台湾）　151, 158, 170
経済成長　21
ケインズ学派　187
健康保険制度　193
　——の発展　191
権　利　200
公共住宅委員会（台湾）　119
公共住宅政策　190

公的扶助　30, 33, 38, 150, 156, 203
購入・賃貸オプション事業（香港）　130
公務員年金保険（韓国）　151
公務人員保険（台湾）　158, 170
効率性　76
公立総合診療所（シンガポール）　97
高齢化　109, 198
高齢者手当（香港）
　高額──　150, 154
　普通──　150, 154
国民基礎生活保障法（韓国）　151, 157
国民健康生活計画（シンガポール）　88
国民健康保険（韓国）　166
国民健康保険公団（韓国）　86, 104
国民党（台湾）　36
国民年金（台湾）　158, 166
国民年金（韓国）　151, 157, 162, 164, 166, 169
国民年金管理公団（韓国）　157
国民保健サービス（イギリス）　87
国連開発計画（UNDP）　1, 15
国家住宅基金（韓国）　133, 137
国家の財政的危機　4
雇用保険（韓国）　35, 151, 158, 169
「困窮者」の医療サービス（シンガポール）　103

さ

３Ｍ制度（シンガポール）　103
産業災害補償保険（韓国）　35, 151, 169, 158
残余的福祉レジーム　149
失業保険　158, 163, 192, 194
実用主義　187, 191
市民の草の根運動　184
社会運動　109
社会救助法（台湾）　152, 159
社会福祉署（香港）　154
社会扶助　152, 155, 157, 159, 161-163, 168
社会保険　158, 159, 164, 167, 169, 170
社会保障手当（香港）　150, 154, 160

就学率　74
住宅開発（戦後）　117
住宅開発庁（ＨＤＢ）（シンガポール）　118
住宅建設促進法（韓国）　126
住宅購入ローン事業（香港）　130
住宅スターターローン事業（香港）　130
住宅政策　193
住宅都市開発公社（シンガポール）　132
住宅200万戸建設計画（韓国）　126
住宅の供給と需要のミスマッチ　128
住宅問題　84
住民移転　118
儒　教　5, 11, 25, 27, 28, 46
　──社会　189
　──主義　11
　──主義的福祉国家　7, 8, 18
シュンペーター的ワークフェア国家　4
障害者手当（香港）
　高額──　155
　普通──　154
女　性　202
所得代替率　173
傳貰（賃貸）システム（韓国）　121, 137
進学率　74
シンガポール経済開発局　41
シンガポール土地収用法　125
シンガポール病院機構　98
シングヘルス（シンガポール）　98
人口構造　15
新住宅局（Housing Bureau）（香港）　130
浸透理論　185
新保守主義　205
人民行動党（ＰＡＰ）（シンガポール）　31-33, 39
垂直的所得再分配　135
スティグマ　132
生活保護（韓国）　151
生産主義（productivism）　9, 27, 28, 83, 177

――的従属関係　195
――的福祉　21
――的福祉資本主義　16, 110, 186, 196
――的保健医療制度　111, 112
税収　120
石硤尾不法居住者キャンプ（香港）　118
積極的不介入主義（香港）　30
全民健康保険（台湾）　87, 92, 152, 166

た

タイガー（経済）地域　1, 15, 17, 28
　――アプローチ　20, 21
第4の福祉資本主義　194
台湾経済建設委員会（CEPD）　41
タウン・カウンシル（シンガポール）　125
ＷＨＯ　88, 89
中央積立基金（CPF）（シンガポール）　32,
　33, 85, 124, 150, 155, 162, 166-168, 182
　――住宅開発庁（CPF-HDB）モデル　136
　――口座　155
　――庁　155
中国医療・薬局委員会（台湾）　95
中国医療条例（香港）　96
中国革命　29, 84
中国伝統医療専門家法（シンガポール）
　96
中低収入戸老人生活手当（台湾）　152
長期貸付システム（韓国）　119
朝鮮戦争　28, 86
帝国主義　82
低所得家族インセンティブ（シンガポール）
　131
伝統医療　81
伝統的請負　124
「統一給付の分立制度」　158
東洋医療局（韓国）　95
独裁政権　182
特別住宅援助事業（シンガポール）　131
都市化率　115
土地指向の資本蓄積　143
土地売却利益　123

な

2次医療機関　84, 85
人間開発指標　15
農・漁村地域保健医療特別法（韓国）　99

は

ハーバード報告（香港）　94
8月8日措置（韓国）　126
反応力　50
東アジアの「奇跡」　2, 27
東アジア福祉モデル　9, 182
東アジア福祉レジーム　6
病院評価システム　93
賦課方式　105
福祉国家の危機　188
『福祉資本主義の三つの世界』　5
不動産の有価証券化　128
部分積立方式　169
包括的社会保険制度（台湾）　105
包括的社会保障扶助制度（香港）　150,
　154, 160
保健省医療規制部（シンガポール）　89,
　90
保健福祉部（韓国）　91, 156, 157
保守主義的コーポラティズム　8
補助対象持ち家マンション（香港）　130
ポスト植民地時代　82
香港病院局　84

ま

前売り方式　138
マクロ経済政策　122
マクロレベルの規制　122
ミーンズ・テスト　124
民間社会給付　165
民主化　200
メディシールド　85, 103
メディシールドプラス　85
メディセイブ　85, 103, 156
メディファンド　85, 108

持ち家社会（home-owning society）　183
持ち家政策機構（香港）　123

や

やみ銀行　127
ヨーロッパ福祉国家　13
「4つの小龍」　1

ら

利害関係者参与型持ち家所有システム　120
利息保証付きの国債　125

両親扶養法（シンガポール）　166
類型論　6
レーニン（主義）　37
レッセフェール
　——アプローチ　123
　——の自由主義　4
労工保険（台湾）　151, 152, 158, 163, 170
労働／雇用政策　16
労働運動　194
労働基準法　165
労働災害　165
老年農民福祉手当（台湾）　152

	2007年5月31日　初版第1刷発行

東アジアの福祉資本主義
―教育，保健医療，住宅，社会保障の動き―

編　者	イアン・ホリデイ ポール・ワイルディング
訳　者	埋橋孝文・小田川華子 木村清美・三宅洋一 矢野裕俊・鷲巣典代
発行者	秋　山　　　泰

発行所　株式会社　法律文化社

〒603-8053　京都市北区上賀茂岩ヶ垣内町71
TEL 075(791)7131　FAX 075(721)8400
URL:http://www.hou-bun.co.jp/

© 2007 T.Uzuhashi, H.Odagawa, K.Kimura
Y.Miyake, H.Yano, N.Washizu Printed in Japan
印刷：一進印刷㈱／製本：㈱藤沢製本
ISBN 978-4-589-03031-3

社会政策学会編	経済成長のもと，中国や韓国の社会政策が大きく変わりつつある。社会政策学会において蓄積されてきた東アジアの社会政策研究の成果を一挙に掲載，先行研究や今日の研究動向と特徴を確認し，東アジアの社会政策学確立の可能性をさぐる。
東アジアにおける社会政策学の展開	
A5判・290頁・3990円	
真田是・宮田和明・加藤薗子・河合克義編	初版（04年）以降の制度の動向，改変をふまえ，加筆修正を施した最新版。人権としての社会保障の視点から，制度の現実を直視して問題点と課題を整理し，今後の展望を示す。左頁に本文，右頁に資料を収載したハンドブック。
図説 日本の社会福祉〔第2版〕	
A5判・240頁・2625円	
秋元美世著	社会福祉政策においてともすれば無視される福祉の権利について，その構造と特質を英米の理論と日本の福祉政策に照らし論究する。権利か裁量かの二者択一的な従来の議論に対して新しい権利保障の枠組みを提示する。
福祉政策と権利保障 ―社会福祉学と法律学との接点―	
A5判・220頁・3360円	
室住眞麻子著	所得格差や家族の多様化…社会が大きく変動するなかで深刻化している日本の貧困。家族内での家計配分に焦点をあて，これまで見逃されてきた女性や子どもの貧困の現状を解明。社会保障のあり方と貧困克服の方途をさぐる。
日 本 の 貧 困 ―家計とジェンダーからの考察―	
A5判・214頁・3255円	
鍾 仁耀著	改革・開放政策が浸透し，市場経済化が進むなかで始められた公的年金改革について，登場の背景からその後の展開，実施状況を詳細に解説し，その全体像を明らかにする。社会保障制度の国際比較にとって有益な1冊。
中 国 の 公 的 年 金 改 革	
A5判・234頁・5880円	
山本 隆著	福祉の財源，権限，人員の視点から，1960年代以降の英国の社会福祉における中央政府と地方自治体の関係の内実を解明する。中央の役割，自治体の自主財源や政策決定での自律性，民間の規制等を通して福祉改革を学ぶ。
イギリスの福祉行財政 ―政府間関係の視点―	
A5判・410頁・6825円	

――――**法律文化社**――――

表示価格は定価（税込価格）です